ちくま新書

日本金融百年史

横山和輝
Yokoyama kazuki

1593

日本金融百年史【目次】

はじめに

一九二〇（大正九）年三月、株式市場ではどの銘柄も軒並み相場が暴落した。当時この事態は「瓦落《がら》」と呼ばれた。今で言えばバブルが崩壊したのである。この瓦落をはじめとして、日本は様々な経済危機に直面した。

本書はこの瓦落からスタートして一〇〇年の金融の歴史を追いかける。株式市場をめぐる歴史、あるいは銀行システムをめぐる歴史のなかで、日本経済はしばしば危機に見舞われた。その危機をどう乗り越えたのかが全体を貫く共通のテーマである。

ただし、平成の時代について説明する箇所になると本書の力点が変わる。危機への政策対応において、昭和初期の歴史の教訓が意識されたのである。平成の時代について語る際には歴史の教訓を活かす試みの是非を説明することに力点が移ることになる。

一貫した視点やキーワードがなければ筆者自身が筆を進めることはできなかった。本書が寄って立つそのキーワードとは、「ナラティブ（narrative）」である。

ナラティブは物語と訳されるが、特に口々に語られる状況を指している。つづりがナレーション（narration）と似ている点はヒントになるだろう。ナラティブは、人々の間でシェアされる何らかのビジョン、噂、あるいはスローガンのことでもある。

筆者がこの原稿を進めつつあるさなか、NHK大河ドラマ『青天を衝け』が放映されている。このドラマのセリフのなかで攘夷思想を「流行り病」と表現する箇所がしばしば登場する。登場人物が攘夷思想の広まる様子を感染になぞらえているのである。こうした「流行病のように蔓延する話題」こそナラティブである。

様々なナラティブのなかで、本書が最終的なターゲットにするのが「歴史の教訓」である。ナラティブが制度変更や経済成長に影響を与えるプロセスを確認しつつ、金融システムをめぐる制度変更や政策において歴史の教訓と称したナラティブが影響したなりゆきを説明する。

各章でどのような話題に言及するのかを示しておく。

第一章「瓦落と震災」は、一九二〇（大正九）年の株価暴落、すなわち瓦落から一九二三（大正一二）年関東大震災について、それぞれの危機がどのようにして深刻化したのか、さらにどのように危機が克服されたのかを説明する。

第二章「金融恐慌とプルーデンス政策」は、一九二七（昭和二）年の金融恐慌について説明する。金融恐慌については大蔵大臣の失言が引き金だと説明されることも少なくない。

この章はそうした説明に否定的であり、銀行システムへの不信が失言とあまり関わりなく蔓延したプロセスを説明する。

第三章「国際金本位制をめぐって」は、一九三〇（昭和五）年の昭和恐慌とその克服について説明する。国際金本位制への復帰に関するナラティブの現代的意義とともに、復帰の何が問題だったのか、さらに復帰がもたらした大不況の様相とその克服について説明する。

第四章「コーポレート・ガバナンスの変容」および第五章「高度成長への道」は、株式会社における経営者の姿勢のただし方を軸として、金融の歴史を説明する。このうち第四章では株主の役割が弱体化されて政府の役割が強化されるプロセス、第五章では銀行の役割が強化されるプロセスを説明する。

第六章「自由化とバブル」は、一九八〇年代のバブルが発生した原因と、崩壊したあとの顛末について説明する。同時に、バブル崩壊後の政策対応について金融恐慌に関する歴史の教訓の引き出し方に問題があったことを指摘する。

第七章「今そこにある歴史」は、一九九〇年代の金融ビッグバン以降の状況について説明する。ビッグバンが不備を抱えながら実施された点、さらには日本銀行が伝統的な枠組みに囚われることなく政策を実施するようになった経緯を説明する。

これら七つの章での説明に際して、本書は二人の人物の生涯をフォーカスする。この二人は、本書において会話もなければ出会いもない。二人は決して金融の世界で活躍したわけではないが、それぞれの人生の様々な局面で金融史の動きに関わっている。この二人がそれぞれ誰であるかは第三章で明らかにする。

では、一〇〇年におよぶ金融の物語、幕開けである。

第一章 瓦落と震災

1 成金ブームと瓦落

†二人の女性の物語（一）――誕生

一九二〇（大正九）年五月、京都府京都市で産声をあげた女の子がいる。彼女はミツ（美津）と名づけられた。同じ年の六月、神奈川県橘樹郡《たちばなぐん》に女の子が生まれた。彼女はマサエ（昌江）と名付けられた。この年は、一九一八（大正七）年から大流行していた「スペイン風邪」の第二波の真只中にあった。幸いにもミツとマサエは無事に生まれ、育っていく。

二人が生まれる直前の三月一五日、東京株式取引所（現在の東京証券取引所）は大混乱に見舞われた。兆しは数日前から見られたが、この日ついに軒並み大暴落が起きた。事態の鎮静化のため、東京株式取引所は一六日と一七日の立会を停止した。相場の大暴落は当時「瓦落」と呼ばれていた。本書でもこの年の大暴落を瓦落と呼ぶことにする。彼女たち二人が生まれた年に生じた瓦落は、その後の日本経済が経験する様々な苦難の幕開けでもあった。

一九二〇年代、そして三〇年代に日本経済が経験することになる苦難を、彼女たちもまたそれぞれの日々の中で迎えることになる。瓦落は、それら苦難の幕開けであった。

本節では瓦落が発生する以前の状況を概観しておこう。

†混乱の前兆

一九一四（大正三）年八月、日本の同盟国イギリスがドイツに宣戦布告した。元老（天皇の重臣だが憲法上の規定のない地位）の井上馨《いのうえかおる》は、同じく元老の山県有朋と内閣総理大臣・大隈重信に意見書を伝達した。この意見書に「大正新時代ノ天佑《てんゆう》」という言葉が記されている（井上馨侯伝記編纂会『世外井上公伝』第五巻、三六七頁）。「天佑」は天の恵みを意味する言葉で、一九〇四（明治三七）年日露戦争開始時に流行語となった。井上は「大正新時代ノ天佑」を通じて日本経済躍進の糸口を見出した。第一次大戦開戦とともに、天佑は再び流行語となったのである（島 1994）。

一九一五（大正四）年日本の対外債務問題が解消したことで景気の上昇機運が高まった。当時の主力産業は繊維部門（紡績・生糸）である。日本の繊維産業は軍服などの需要増に応じて輸出を拡大した。戦争で新たなビジネスチャンスを拡大した点では造船業も目覚ましい伸展を遂げた。輸出先の国々では戦争のさなかインフレが生じた。開戦に際して、米国ドルおよび日本円は英国ポンドとの交換レートを固定した。輸出が拡大し、なおかつ輸出先ではインフレが進行していたので、日本の通貨供給量は急増した。日本経済は貿易の伸展とともに急激なインフレと金利低下が同時進行する局面を迎えたのである（中村1985; 武田2019）。

金利の低下は資産家や事業家の投資意欲を刺激した。大戦景気のなか、大手企業は概して収益性を高めるとともに、株主への配当も急増した。羽振りが急に良くなった事業家は「成金」と呼ばれた。こうした事業家は、戦争終結後も会社を新設したり資本金規模を拡大したりした。株式市場は活況を呈した。

図表1-1は日本銀行が公表した株価指数の推移を示すものである。この株価指数は、東京株式取引所の定期取引の主要銘柄について、一九一四年七月を基準とする一〇六銘柄から算出されたデータ系列（一九二八年一二月まで）と、一九二四年一月を基準とする九八銘柄からなるデータ系列（一九四〇年一二月まで）とがある。いずれも払込資本金に対

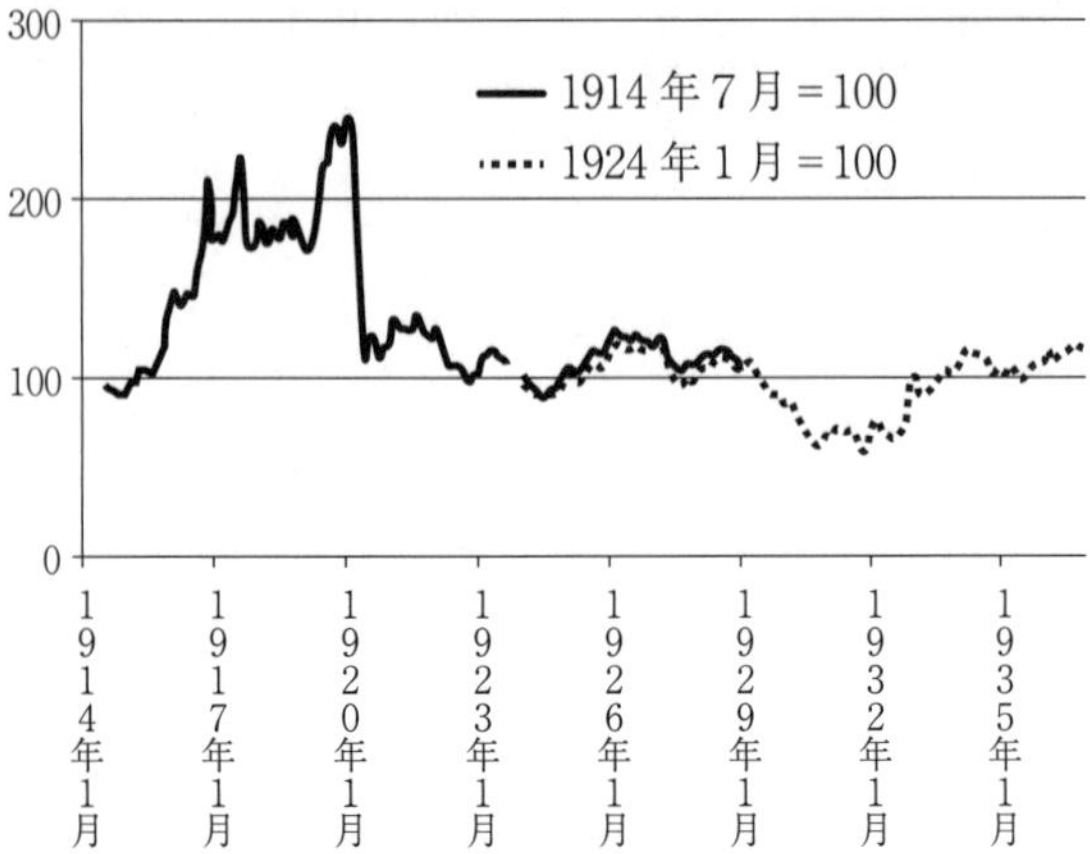

図表1－1　日銀推計による戦前の株価指数：1914:7–1936:12
資料出所：日本銀行『本邦経済統計』

する時価総額の大きさをもとに算出されたものである。

大戦勃発時、丸三商店（後の丸三証券）の創業者・川北徳三郎は雑誌『ダイヤモンド』で「復活の期近き株式市場」と題した論説を発表した。確かに一九一四（大正三）年以降、株価は上昇局面にあった。だが一九一七（大正六）年一月になると上昇機運は消えて、株価は乱高下を繰り返す。一九一九（大正八）年四月、大蔵大臣高橋是清が財界振興政策を発表した。この政策に刺激されて株価は急上昇する。一九二〇（大正九）年三月株価は顕著に暴落する。この暴落が瓦落である。天佑によって生じた成金ブームは、瓦落によって幕を閉じたのである。

†株式会社および株式取引の制度の変遷

大正時代の金融の話をイメージできるように、株式会社制度と株式取引制度それぞれの変遷を少し整理しておこう。

日本で最初の株式会社は一八七三（明治六）年創設の第一国立銀行である。国立銀行とは、一八七二（明治五）年国立銀行条例が制定された際に定められた民間の金融機関のことで、アメリカの国法銀行（national bank）に対して当時あてられた訳語である。「銀」は貴金属の銀であり、「行」は会社を示す字である。国立銀行条例を起草した渋沢栄一は、この訳出について「適切に翻訳することができず、大いに困却した結果、当時名ある学者のところへ相談に出かけたりした」と回想している（渋沢 1927、三八四頁）。国立銀行条例は、国立銀行の企業組織を五人以上の株主による株式会社とし、株式への払い込みは分割可能とも定めていた。この株式分割払込制度は商法の枠組みでも引き継がれた。

一八九九（明治三七）年施行の商法は、株式会社の資本金について四分の一を払い込めば良いものと定めた。この規定は投資家に出資のインセンティブを与えた一方で、払い込まれた資金の規模をはるかに超える設備投資を促す要因ともなった。一九四八（昭和二三）年改正商法において株式分割払込制度は廃止された（斎藤 2006; 南條・粕谷 2007; 寺西・結城2017）。

株式会社の株式は、株式取引所・商品取引所もしくは現物問屋（現物商・現物屋）で取引できた。取引所外取引、つまりは違法な株式取引も相当な程度で横行していた（片岡1999）。とはいえ本書は取引所、東京株式取引所をフォーカスする。

一八七八（明治一一）年株式取引所条例が発布された。この年、東京株式取引所が株式会社組織として創設されるとともに、同取引所は自己株式を上場した。この自己株式、通称「東株」が東京株式取引所の上場銘柄第一号である。一八九三（明治二六）年取引所法制定により法整備が一段落したことを受け、東京株式取引所は増資した。このとき新たに発行された株式が「新東」である。

上場基準は取引所法で明文化されず、各取引所の内規によっていた（司法省調査部1941）。東京株式取引所の内規では、設立二年以上という条件のほか、払込資本金、株式数などに条件がおかれ、取引所の理事と取引員で構成される商議員会が上場の是非を決定した。先物市場への上場の場合、商議員会のさらなる審査を経て主務大臣に認可を申請するという手続きがとられた。

上場銘柄を売買するには三つの取引方法があった。まず二つ、直取引と延取引は現代でいう先渡取引である。これらは約定した相場で期間内（直取引は五日以内、延取引は一五〇日以内）に代金の支払いと株式の受け渡しを行うものである。もうひとつの方法が定期取引である。明治・大正時代、株式取引と言えばこの定期取引が圧倒的であった。定期取引は三カ月を限月（期限）とする先物取引、すなわち売り手と買い手が三カ月後に売り買いする相場と株式の枚数を約定する取引である。ただし株式を受け渡せず差金決済することも可能である。例えば三カ月後に八〇円で取引することを約定して実際の相場が一〇〇円になった場合があるとする。一〇〇円の株式を八〇円で売買するため、売り手は二〇円の損、買い手は二〇円の得となる。ここで受け渡しをせずに、売り手が買い手に二〇円渡すことで成立するのが差金決済である。徳川時代の大坂堂島米会所での帳合米取引の慣行が引き継がれたものであった（東京株式取引所 1938; 小林 2012; 日本証券取引所グループ 2017）。

先物相場には現物相場の予想をアナウンスする効果がある。現物相場が下落する傾向にある場合には、先物相場で買いポジに立つことでリスクヘッジ（保険つなぎ）の効果も見込まれる。明治・大正期における株式取引の制度的枠組みは、このような先物取引のメリットを前提としたものであった（永田 1940）。

一九一一（明治四四）年および一九一三（大正二）年改正商法により、不正経営の罰則が強化された。一九一八（大正七）年東京株式取引所は監察部を創設してチェック体制を強化した。本社を東日本に置かない会社も次々と上場するようになった（Hamao, Hoshi, and Okazaki 2009)。

†株価の決まり方

東京株式取引所の建物内には五九七坪（約1,973.6m² = 44.43m 四方）ほどの立会場があった（画像1）。高台と呼ばれる一段高いところには取引員が数十名立ち並んだ。

取引員にはそれぞれ係員としての役割があった。例えば相場を知らせるために拍子木を持つ係員は撃柝《げきたく》、あるいは記録担当の係員は帳付《ちょうづけ》と呼ばれた。係員は高等小学校卒業程度が過半であったが、世襲で係員となった場合は往々にして高等教育機関を卒業していた（司法省調査局 1941）。取引店の店員は女人禁制の立会場で取引にあたる。投資家たちは、ホール内部を上から一覧できる参観席に腰を下ろし、取引を眺めることができた。

取引所内には「第一部・第二部・第三部」と三つのエリアが設けられた。取引される銘柄は各エリアごとに割り当てられた。それぞれのエリアで所定の順序で一銘柄ずつ立会がなされた。この立会は前場（午前九時開始）と後場（午後一時開始）と一日二回に分けて行われた。どの銘柄も、直・延取引と定期取引は同じエリアで同じ時間帯で行われた。直・延取引では売り手と買い手の当事者が面と向かって相談しあう、つまり相対《あいたい》取引が行われた。一方、定期取引は後述する方法でオークション売買が行われた。ただし、同じエリアで同じ時間帯で行われることもあり、どちらかの取引が停止される場合など特殊事情でもない限り、直・延取引と定期取引の相場は似通った動きになった。

一九二〇（大正九）年で東京株式取引所の定期取引の上場銘柄数は二三八銘柄に及んだ（司法省調査局 1941）。株式のオークション取引を成立させる方法として、タイミングが優先されるザラバ方式と、価格が優先されるイタヨセ方式とがある。とはいえ、時代は明治・大正期、千人程度が短時間で合図する取引をコンピュータもなくアナログな手段で済まさなくてはならない。そのため、ザラバ方式ともイタヨセ方法とも言い難い方法で取引が行われた。その方法が競売買である。

競売買は、売り買いの注文を仮の相場で成立させておき、取引そのものは最終的な落札相場で行う方法である。例えば、投資家の委託を受けて取引店店員Aが新東五〇株を一株九九円を上限として購入するものとしておく。撃柝が「新東九〇円」とアナウンスすればAは「五〇株買う」と合図する。このとき別の取引店店員Bから五〇株の売り注文が出れば取引成立である。売り注文が五〇株に達しなければ、撃柝は相場を引き上げて売り注文を呼び込む。九九円までに五〇株の売

画像1　東京株式取引所の立会場風景（東京証券取引所 HP より）

り注文が出れば取引は成立する。競売買は、ザラバ方式で個別的に約定させておき、イタヨセ式で売買を一つの相場で成立させる点でザラバとイタヨセのハイブリッド方式とも言える。

ところで、投資家の設定した上限を超えて「新東一〇〇円」と撃柝がアナウンスし、別の取引店店員Cが五〇株の買いを表明したとする。その場合でも、Aはこの落札相場で買わなくてはならない。だが投資家の言い渡した上限を超えてしまうとAは購入に応じられない。この場合、Aは反対売買、つまり買いから売りへとポジションを替える手に出る。すなわちAは「五〇株売る」と合図を送り、買ったものをすぐに売り飛ばすかたちで取引から降りるのである。売り飛ばされたCに転売されることになる。こうしたことが起こるため、撃柝には手際の良さと慎重さが求められた。取引の所用時間は一銘柄で一分から二分だが、新東のような花形株は三〇分以上かかることもあった（東京株式取引所調査課1932）。

この点で、明治・大正期の株価形成が適切であったかどうかは、撃柝の能力や気分次第であった側面がある。新東は取引する順番が最後であった（東京商工会議所 1928）。投資家自身あるいは代理の誰かがその日の立会の様子を眺めていれば取引所の儲かり具合は明白だった。新東は発行銘柄のなかでも、業績に関する情報収集が容易であり、投資家間で見通しをシェアしやすい銘柄であった。

†バブルの発生と崩壊――ナラティブの蔓延

資産価格が急激な上昇トレンドを見せる現象はバブル（bubbles）と呼ばれる。バブルの語源は一八世紀イギリスの南海泡沫事件（South Sea Bubble）である。ただし商品への熱狂としては、一七世紀前半のオランダでのチューリップ熱が前例となる。バブルが発生すると、資産価格がファンダメンタルズ（実態）で説明できる本来の水準から離れ続けるほどに上昇する（Samuelson 1958; Tirole 1985）。

株価が上がることを見込んで早めに買っておき、値上がりした時点で売り抜ければ差益を手にすることができる。こうして売り抜くことを投機と呼んでおく。自分自身では価値が見出せない場合でも、次の買い手が現れる見込みがあるなら投機の余地がある。買い手自身が異常と感じていても、異常とも思える値よりさらに高い値で買う人が現れる見込みがあれば売り抜けようとするのである（Malkiel 1981; Abreu and Brunnermeier 2003; Barlevy 2015）。

投資家の間で何らかのビジョンがシェアされていると、「次の買い手が現れる」かどうかの判断がしやすくなる。歴史上のバブルでは、往々にして、新時代到来に関するビジョンが広まっている。例えば一七世紀オランダのチューリップ熱では「貴族の嗜みであるチューリップ栽培が一般庶民の娯楽になる」ことを喜ぶ人々がいた。投資家どうしの状況把握が投機熱の背後にあったのである（Chancellor 1999）。

ここでクローズアップされてくるのがナラティブ（narrative）である。「はじめに」でも記したように、ナラティブとは、人々が口々にする筋書きや物語を指す。その筋書きが真実かどうかは関係なく、人々が噂をするかどうかが重要である。噂は伝染病や感染症のように蔓延し、人々に免疫がつけば収束する。ウィルスの流行は感染者数を用いて可視化される。ナラティブの蔓延は、キーワードを通じてインターネットやSNS上でのトレンド分析などで可視化できる（Shiller 2019）。

一九一〇年代の成金ブームは出版業界でも現れた。成金について記した書物の多くは、投資術を解説したものや、ビジネスでの成功話を記したものである。なかには、次のように投機によって金銭を得ることに対して羨望と嫉妬を記した著作も刊行されている（一部、旧漢字、仮名づかい、あるいは句読点を改変している）。

「金銭が欲しい財宝が欲しいとやたらに騒ぎまわる連中は、ほんとうに金や財産が欲しいのではない、ただ成金を見て羨みねたむだけだ。金銀財宝は頭の上にも足の下にも前後左右、世の中に浮き満ちて、取る者を待ちこがれているのだ。それを一攫千金を夢見て確実な勤勉によらない投機的手段で得ようとするのだから、本当に金の欲しいのでない証拠だ」

（磯部1918、一二〇頁）

図表1-2は国立国会図書館デジタルコレクションで、「成金」と検索した場合にヒットする件数を著作の出版年次別に示したものである。なお「助成金」など、投資や事業を通じて成功したこととは明らかに文脈が異なるものは除外している。一九一〇年代後半になってこの言葉が出版業界で頻繁に使われるようになったこと、さらに一九一九（大正八）年がピークとなっていることが窺える。

	「成金」のヒット件数
1911	1
1912	3
1913	2
1914	N.A.
1915	1
1916	6
1917	17
1918	17
1919	24
1920	22
1921	7

図表1-2　国立国会図書館デジタルコレクション検索結果

資料出所：国立国会図書館 HP（URL: https://dl.ndl.go.jp/）

成金のナラティブが蔓延するなかで、株式に限らず、生糸・綿糸、毛織物、あるいは肥料といった商品市場でもバブルが発生した。こうした状況のなか、投資家に投資資金を融資する銀行は少なくなかった（志村 1969; 石井 1999）。

一九二〇（大正九）年三月、成金ブームに水を差す事態が生じた。「銀行は其需要に応じ切れずして、如何に確実なる担保の提供に対しても、融通を断ってゐる」とした経済記事が掲載された（『東洋経済新報』第八八七号、一頁）。この記事がきっかけとなって瓦落が発生したのである。その影響については次節で見ていくことにしよう。

2 瓦落の影響

†二人の女性の物語（二）──京都の騒動

一九二〇（大正九）年五月九日ミツは京都祇園の芸妓の子として生まれた。

この頃、京都市は都市整備事業（第二琵琶湖疏水開削・上水道整備・道路拡築および市電敷設）が一段落したタイミングにあった。市電の開通、あるいは高瀬川舟運の廃止など、目に見えるかたちで交通のイノベーションも進んでいた。次の段階として、都市建築の開発と美観との両立、あるいは都市計画と歴史的測量との両立の必要性が主張されてもいた。

開発については京都市の周辺地域にも目が向けられるようになった。京都市周縁部で事業会社の創設が相次ぎ、中心部では銀行や商業関連会社が密集するなど、さながら企業ブームが到来していた（秋元 2009; 渡邊 2017）。

京都に限らず、東京市や大阪市などの各都市で人口急増に伴う社会問題が一九一〇年代から深刻化した。後藤新平を中心とする都市研究会を筆頭に、都市問題の解決に向けた具体的な政策論議も活発となった。政府の指針として、一九二〇（大正九）年一月都市計画法が施行された。この法律の制定に前後して、東京市・大阪市など自治体レベルでも都市計画をめぐる様々な取り組みが始まっていた。京都市の都市整備事業は、こうした流れの先駆けでもあった。

さて、ミツの父親は京都大学の現役学生であった。そのため彼女の両親の結婚は、父親の実家から猛反対された。ミツは京都・木屋町で割烹旅館を営む母親の実家で育てられることになった。彼女は近くに鴨川と高瀬川が流れる場所で育ったのである。彼女の母親の兄つまり叔父の一家も一緒に住んでいた。この叔父の長男、つまり従兄弟にあたる人物がやがて彼女の人生を大きく変えることになる。

母親の職場のお座敷は、京都の産業発展に関する情報交換の場ともなっていたと思われる。京都市内は銀行や商業関連会社が密集していたことから、銀行経営者が酒の席で話に花を咲かせることも珍しくなかっただろう。

ミツが生まれた五月、その情報交換の場で緊張が走ったに違いない。左右田銀行京都支店の前に人々が殺到し、預金引き出しの行列ができたのである。産業発展のただなかにあった京都の銀行では、預金取付をもたらす大きな不安要因を抱えてはいなかった。むしろ後述するように一旦解決したはずであった。このあたり、さらに事情を掘り下げてみることとしよう。

†増田ビルブローカー銀行の破綻と救済融資

一九二〇（大正九）年四月七日、増田ビルブローカー銀行が経営破綻の危機にあると公表した。この日、大阪や東京など各地の株式取引所で株価が軒並み暴落した。立会はその日の後場から中止となった。

ビルブローカー銀行とは、手形引受を行う業態の銀行のことだが、実質的にはインターバンク（銀行間）取引の仲介役を果たしていた。銀行は、ビルブローカー銀行に依頼すれば資金を調達することができ、あるいは資金を運用することができた。増田ビルブローカー銀行は、大阪を拠点としてインターバンク取引を仲介し、なおかつ株式投資を行う投資家向けの貸出も拡大していた。このため同行は瓦落の直撃で一挙に経営が悪化した。もし破綻となれば、関西経済圏の決済システムが機能不全に陥ることは必至であった（靏見2000）。

立会再開は四月一三日とされたが、関西を拠点とする有力銀行七行（鴻池・住友・山口・加島・三十四・近江・浪速）は立会再開までに増田ビルブローカー銀行に対する救済方針を固めた。救済融資はどこかの銀行が単独で引き受けるのではなく、これら七銀行が協調融資団を結成して融資団全体で実施するものとした。資金やリスクあるいは監視など諸の負担が特定の銀行に偏ることを避けたのである。この融資団には右記七行のほか大阪野村銀行ものちに加入した。増田ビルブローカー銀行の破綻は、関西の有力銀行が一致団結して回避せねばならないほどの事態だったのである（志村1969; 寺西1982; 小林2012）。

協調融資団は日本銀行に対して公的資金の投入を嘆願した。救済に必要な資金を用意することは難しかったのである。こうした嘆願は異例であった。だが瓦落の打撃で破綻の危機に瀕したのは増田ビルブローカーだけではない。この嘆願が前例となって、日銀への救済融資の嘆願が相次いだのである。東京・大阪・名古屋の株式取引所理事らが嘆願に動き、生糸・綿糸、毛織物、さらに肥料といった商品の業界団体や各地の商工会議所もロビー活動を展開した（日本銀行1983）。

こうした嘆願の動きは横浜でも起きた。横浜の混乱は、綿糸の暴落により茂木商店が経営危機に瀕したことが発端であった。茂木商店を主要貸出先とする同じく横浜の七十四銀行とその姉妹銀行の横浜貯蓄銀行は休業を発表した。両行の休業のニュースが引き金となって、左右田銀行など横浜の各銀行に預金取付が伝染した。この情報を耳にした京都の預金者が左右田銀行京都支店に駆け込んだのである。

京都は実体経済としては好調であったが、銀行取り付けは無縁ではなかった。大正時代の預金者は、情報が行き渡った瞬間にまずは引き出しに駆け込むなど、銀行の不健全経営に対して敏感に行動していた。銀行の経営を疑うナラティブが蔓延すれば、銀行は取り付けに遭っていたのである。この点は第二章でも言及する。

動揺した横浜の銀行業を立て直すため、原富太郎といった横浜の有力者もまた結束して日銀に特別融資を仰いだ。この特別融資を元手として原たちは新たに横浜興信銀行を設立し、七十四銀行・横浜貯蓄銀行の業務を引き受けて整理することにしたのである（横浜銀行 1961）。なお左右田銀行は取り付け騒動を乗り切ったが、後年、再び危機が訪れる。この点も第二章で言及する。

一九二〇（大正九）年日銀の公的資金投入額は、銀行支払準備資金、株式市場救済資金、綿糸資金、臨時蚕業資金、あるいは銑鉄《せんてつ》資金といった名称のもと、総計三億八五二九万円に達した。この額は同年のGNP推計値（一一四億二二〇〇万円）の三・四％である（大

川・高松・山本 1974; 日本銀行 1983)。

日銀の公的資金投入については当時の経済論壇でも様々な議論が交わされた。嘆願次第で公的資金による救済が見込まれる点で、不公平を訴える声が少なくなかった。銀行救済については、危機に瀕した銀行ではなくシンジケートの銀行に資金が一旦融通されることなど時間面のロスが生じることも問題視された。株式市場や各種商品市場の安定を意図した公的資金投入に対しては、救済がもたらす商品価格の回復がさらに投機を招くことも懸念された(日本銀行 1983; 高橋・森 1993)。

瓦落および商品市場でのバブル崩壊に対する人々の対応は、後年の金融恐慌の遠因となった。銀行経営が不振であっても、日銀へのロビー活動を重ねることで経営破綻の危機を回避できる可能性が拓かれたのである。経営努力を怠った銀行は、やがて一九二七(昭和二)年金融恐慌において次々と休業の憂き目に遭うことになる。この点は第二章であらためて説明する。

†税制改革と株式市場

一九二二(大正一一)年改正取引所法により、株式取引は実物取引(従来の直取引と延取引)と清算取引(従来の定期取引)の二種類とされた。一九二四(大正一三)年には早受渡

	実物取引売買代金の割合（%）
1919	12.0
1920	10.2
1921	18.9
1922	23.4
1923	21.6
1924	13.0
1925	5.4
1926	4.2
1927	5.9
1928	6.9
1929	6.9
1930	7.9

図表1-3　東京株式取引所の株式売買代金総額に占める実物取引売買代金の割合
資料出所：東京株式取引所（1938）

制度が導入され、受け渡しを希望する売り方に対して早受渡手形（期日翌日を支払日とする約束手形）を発行できるようになった。

図表1-3は、東京株式取引所におけるすべての株式取引に占める実物取引（直取引と延取引）の割合（売買代金ベース）がどのように推移したのかを示している。取引所法が改正された一九二二（大正一一）年は確かに実物取引の割合が増えている。ただしこの年をピークにその後は停滞している。一九二一（大正一〇）年にはすでに前年の一〇・二%から一八・九%で大幅に増加している。実のところ、取引所法の改正とは別の背後事情によって、実物取引が一旦増えてやがて元に戻ったのである。

実物取引が一時的に増加した別の要因とは、税制改革である。この改革は選挙で大勝した立憲政友会が進めたものであった。

一九二〇（大正九）年五月一〇日、第一四回衆議院議員総選挙が実施された。前回の総選挙では有権者が一四二万二二二六人（直接国税一〇円以上納税の満二五歳以上の男性日本国民）であったが、一九一九（大正八）年選挙法改正を受け、第一四回総選挙では、有権者の数は三〇六万九一四八人（直接国税三円以上納税の満二五歳以上の男性日本国民）に増大した。なおかつ小選挙区制が導入されたことで大規模な政党はそもそも有利であった。立憲政友会は四六四議席中二七八議席を獲得し、この総選挙に勝利した。名望家層の利益になる立法手続きは容易となったのである（川人 1992; 猪木・リュッターマン 2014）。

立憲政友会の支持母体のひとつが、村落地域の名望家であった。名望家は、徳川時代において村役人を果たした家の者であり、明治以後も各地の自治体の名誉職に就くなどして村落社会をリードした地主層・富裕層を指す。地主であれば小作料収入で株式を購入するなど資金は潤沢であった。名望家となれば、知名度を利用して銀行を創設し、地元の人々から預金を吸収することもできた。こうした銀行が、名望家本人あるいは関係者に向けて貸し出された。彼らはその資金を用いて起業さもなくば証券に投資することができた（志村 1969; 伊牟田 1976）。

名望家は地域社会における名声を担保にすることで産業化の資金を動員したのである。自らが関わる銀行と事業会社の役員を兼任する名望家は少なくなかった。もっとも、預かった資金を村落社会の人々の望まない用途に振り向けるとすれば名声を失うことになった。

株式会社の経営者あるいは大株主は、株主総会を前に全会一致を原則として奔走していた(片岡1988; 寺西2003; 鈴木・小早川・和田2009)。

ここで話を税制改革に戻そう。一九二二(大正一一)年改正所得税法により、税制が土地税重視から所得税重視に切り替えられ、新たに配当・利子に対する課税がスタートした。それまで配当・利子については法人がすでに所得税を支払った後の残りとみなされ、非課税だったのである。この切り替えは、土地よりも証券が付加価値をもたらすほど産業化が進展したことの現れであると同時に、地主層としての名望家を優遇する措置であった。

しかし、株式を大量に保有する名望家には不利な税制改革であった。彼らの多くは、株式などの資産を所有させる法人を新たに創設するなど、節税対策を講じた。あるいは株式を手放す資産家も少なくなかった。こうした背後事情のもと、実物取引での株式の受け渡しが一時的に急増したのである(志村1969; 武田1986)。

†M&Aの増大

株式所有に関わる税制改革が施され、株式ポートフォリオの組み替えが進むとともに、M&A(merger and acquisition: 合併・買収)が増大した。瓦落を通じて企業の業績が低迷するなかで、買収のターゲットになる企業が増えたのである。

	1893-1919年		1920-29年	
産業分野	件数	比率	件数	比率
電力	148	0.41	252	0.50
繊維	80	0.22	59	0.12
鉄道	23	0.06	75	0.15
食品	29	0.08	22	0.04
製紙	17	0.05	21	0.04
小計	297	0.82	429	0.86
その他含む合計	364	1.00	500	1.00

図表 1－4　M&A の件数
資料出所：今城・宮島（2008）

図表1－4は、一九一〇年代以前と一九二〇年代とでM＆A（merger and acquisition: 合併・買収）の件数を産業別に示すものである。電力・繊維・鉄道・食品・製紙だけで八割程度の件数を占めている。現在では電力会社は地域独占の代表例とされるが、明治・大正時代においては産業組織として競争的であり、M＆Aも顕著に多かった。その傾向は一九二〇年代に顕著となった（橘川 1995; 加藤 2005; 川本・宮島 2008）。

電力会社がM＆Aに積極的であった理由は、ひとつには規模の経済性（economies of scale）、つまり生産規模の拡大によるコスト面の効率化を達成できる点にある。その際に電力会社特有の事情がM＆Aを後押しした。この点少し掘り下げておこう。

明治期の電気事業は、都市部の照明用の電気を届けることが主眼であった。電気事業は、都市近郊の水源に水力発電を設置することで電気の供給体制を築くことで成立した。産業化が進むなかで都市部の電気事業は二つの流れに直面した。一つは、都市の人口増大に伴って照明用電気の需要と市街鉄道や産業用動力の需要が増大する流れである。もう一つの流れは立地の問題で、各種工場が都市港湾部に相次いで設置されたことで都市近郊に発電所を設置することが難しくなったのである。都市から離れた場所で集中統合化した大規模な水力発電所あるいは火力発電所を建設し、都市部に電力を供給するのが電力会社の基本的な体制となった（東京電灯 1936; 電気事業講座編集委員会 1986）。

電力会社は、電力需要に対応しようにも、都市部に電力供給源を設置することが難しくなった。こうした状況で、すでに都市部に電力を供給する設備を備えている電力会社を買収することは実に魅力的な選択肢であった。積極的にM&Aを手がけた電力会社の代表例が、一八八七（明治二〇）年送電事業をスタートした東京電灯株式会社（現在の東京電力）であった。

図表1-5は東京電灯のM&Aを整理したものである。東電は、大容量発電機を抱える電力会社をターゲットにM&Aを進めた。M&Aによって規模を拡張するだけでなく、設備を地理的に分散して所有することができたのである。関東大震災直前には事業区域が一二府県（東京・神奈川・静岡・山梨・千葉・埼玉・栃木・茨城・群馬・長野・福島・新潟）に

	合併か 買収か	対象企業	公称資本金(百万円)
1917年1月	買収	江戸川電気	50
1920年3月	合併	日本電灯	50
1921年4月	合併	利根発電	146
	買収	利根軌道	146
5月	合併	横浜電気	166
10月	合併	第二東信電気	171
12月	合併	高崎水力電気	176
	合併	熊川電機	177
1922年2月	合併	桂川電力	219
10月	合併	日本水力	222
11月	買収	烏川電力	222
1923年2月	買収	水上発電	222
4月	合併	猪苗代水力電気	258
	合併	忍野水力電気	258
1924年10月	買収	日本鉄合金	258
1925年4月	買収	東洋モスリン電気事業部	258
10月	合併	京浜電力	278
		富士水電	296
1926年5月	合併	帝国電灯	346

図表1－5　東京電灯のM&A：1917-1926

資料出所：横山（2016、図表6－5）

も及んだ。これほどまでに立地面で広範囲にM&Aを仕掛けたことは、一部設備が自然災害に直面した場合でもある程度の電力供給を維持できる素地を築いた。だからこそ、一九二三（大正一二）年関東大震災が発生してもなお、同社はM&Aを通じてビジネス拡大を図ったのである（横山 2016）。

次節ではこの関東大震災と日本の金融について説明する。

3 関東大震災

†二人の女性の物語（三）――震災と復興

本節は関東大震災と金融の話を取り上げる。マサエの育った横浜もまたこの震災で甚大なダメージを受けたこともあり、まずは横浜の話をしておく。

横浜は、明治維新を前後して生糸輸出で成長した港町である。横浜と八王子を結ぶルートは「絹の道」とも呼ばれた。八王子は、徳川時代から絹織が盛んであったが、横浜開港とともに山梨・長野から横浜に輸送する中継地として栄えるようになった。横浜の生糸売込商（輸出商）は、生産者に対して代金支払いとともに前貸金として資金を提供した。委託販売の口銭（仲介手数料）とともに前貸金の利子は、生糸売込商が製糸業者とパイプを持つからこそ得られる利潤の源泉であった。生糸売込商は積極的に銀行から資金を借り入れていたが、こうした利潤があったからこそ利子を支払うことができた。生糸売込商と製糸業者とのパイプは、横浜の生糸輸出や実体経済、さらに銀行業も支えていた（山口1978; 加藤2010）。

マサエの父親は家業として日本橋で生糸商を営んでいたが、彼が横浜にビジネスの拠点を移した。ただし大正期横浜の『職業別電話帳』からはその名前を確認することができなかったため、店舗の代表者ではなかったと考えられる。

画像2　震災直後の神奈川県庁と税関（横浜市HPより）

一九二三（大正一二）年九月一日土曜日午前一一時五八分、相模湾北西沖を震源とするマグニチュード七・九の地震が発生した。この本震に続き、東京湾北部を震源とする揺れ、さらに神奈川県西部を震源とする揺れなど余震が数分おきに発生した（武村1999）。

関東大震災の死者・行方不明者総数は一〇万五三八五名、うち東京市で六万八六六〇名、横浜市で二万六六二三名とされる（諸井・武村2004）。被害総額は五五億六二三八万円ともされ、この額は前年一九二二（大正一一）年の名目GNP一五五億七三〇〇万円の三五・四%に相当する（日本銀行 1966; 大川・高松・山本 1974）。

神奈川県橘樹郡程ヶ谷（保土ヶ谷）のマサエたちの住まいは倒壊した。マサエの母親がこの頃から心身の不調が見られたとの記録もあるが、ともかく家族はみな無事だった。マサエたち一家は建て直された家屋で過ごすことになる。

東京市・横浜市は政府の「帝都復興計画」のもと復興事業をスタートする。帝都復興計画の策定中心メンバーは後藤新平である。台湾総督府民政長官、南満州鉄道株式会社総裁、さらに東京市長を歴任するなど、後藤は一区域の経済発展を託された経歴が豊富であった。復興計画は、災害救護だけでなく生活・産業の復興にも目を配るなど、後藤の構想は全方位的とされた（鶴見 2006; 越澤 2011）。

震災復興に際しての後藤の立場は第二次山本権兵衛内閣の内務大臣であり、山本を委員長とする帝都復興審議会のメンバーである。八月二四日に首相の加藤友三郎が自宅で息を引き取ったため、震災当日は首相不在だった。九月二日夜、元老・西園寺公望の推挙で山本権兵衛が内閣総理大臣に就任した。山本首相は、後藤を内務大臣に起用し、自らを代表とする帝都復興審議会を創設した。審議会メンバーとして、各国務大臣、枢密院顧問官、日銀総裁（市来乙彦）、立憲政友会総裁（高橋是清）、憲政会総裁（加藤高明）、さらに実業家として渋沢栄一らが参加した。

後藤の復興構想は莫大な予算を必要としたが、最終的には四億六八〇〇万円の予算で帝都復興計画が実施された。一九二三（大正一二）年一二月、第四七回帝国議会衆議院本会議にて、大蔵大臣の井上準之助は「資源ヲ外国市場ニ仰グト云フ事ハ必要デアル」として外国債を発行してでも財源を確保して復興に予算を費やすべきだと主張した（「帝国議会会議録検索システム」、URL: http://teikokugikai-i.ndl.go.jp/）。

当初、復興計画には区画整理のため土地の公有化を盛り込んでいた。この公用化案は予算上の問題から最終的には見送られた。公有化案に関して、枢密院の伊東巳代治《いとうみよじ》が猛反対したこと、さらにその反対理由として彼が銀座に土地を持っていたことが説明に引き合いに出されることもある（鶴見 2006）。ただしその説明は筋書きをわかりやすくするためのフィクションである。伊東が実際に問題視したのは所有権の侵害が憲法違反に該当しかねない点であった（安場 1999; 吉川 2011）。

審議会メンバーの渋沢栄一は、自らが副会長を務める財団法人協調会の関係者を動員して炊き出しに回り、罹災者収容あるいは臨時病院の確保など、政府や自治体では手続きに時間を要するサポートに尽力していた。被災状況とともに長年の経験から、渋沢は港湾整備の重要性を強調した（渋沢栄一記念財団渋沢史料館 2010）。

横浜港の再整備も進んだ。ただし信越・関西地方の製糸業者からすれば横浜港ではなく神戸港からの生糸輸出に振り向ける機会となった。外国商人も横浜から神戸に次々と事務所を移転した。神戸港は、関西地方の製糸家が米国向け生糸を供給する発信地として躍進した。この躍進は「二港体制」とも称される状況を生んだ。こうした背後事情から、横浜の銀行業は既存の利潤機会の相当程度の部分を失うことになった（横浜市 1976; 小林 2009; 平野 2016）。

関東大震災後、ダメージが比較的軽度で済んだ地域への労働力人口の移動も生じ、より幅広い地域で産業化が進んだ（Okazaki 2016）。裏を返せば、アドバンテージを失った地域では、金融部門も含めて再編を余儀なくされたのである。

†震災直後の対応――モラトリアム

関東大震災に対して、金融に関して真っ先に講じられた政策的措置がモラトリアムである。モラトリアムとは預金支払いに対して猶予を与えること、つまり預金業務を事実上停止するための措置である。

震災当日の九月一日土曜日から週明け三日月曜日までの間に、東京市内に本店を置く銀行一三八行のうち一二一行が、支店を置く三一〇行のうち二二二行が被災した。東京市内ではほぼ全ての銀行が営業を継続できず休業状態となった。横浜市内では本店を置く一九行、支店をおく二三行すべてが被災した。横浜市内でも各行とも臨時休業を申し合わせた。預金引き出しを請求されても応じることはできないし、通信手段が破壊されたことで手形や小切手を用いた取引も不可能となった。こうした困難に加えて、金庫の防犯上の問題も深刻となった。

震災直後、政府が真っ先につきつけられた現実は治安の悪化であった。九月二日外務大臣の内田康哉が臨時首相として臨時閣議を開いた。東京市および東京府内五郡に戒厳令が出されるとともに、救援物資の確保を目的とする非常徴発令が施行された。混乱が続いたことで、三日には戒厳令の範囲が東京府および神奈川県の全域に拡張された。様々な不安を煽るナラティブが蔓延するなか、預金取り付けが続発してもおかしくない状況であった。本震は土曜日の正午前に発生した。銀行業の安定を図るには、週明け月曜日までに何らかの決断を下し、人々の不安を解消する必要があった。

日本銀行は四日火曜日から焼失した現金の引き換えに応じている。一九二四（大正一三）年九月二〇日までの間に、日銀は合計二八八万円以上の銀行券（二〇三万円分）・政府紙幣（一〇万円分）・補助貨幣（七五万円分）の引き換えに応じた。紙幣不足に対応するため三億円分の二百円券（一五〇万枚）が印刷されていたが、懸念したほどの騒動ではなかったことからこれら二百円券は消却処分となった（日本銀行 1983）。震災直後の政策的対応は、結果として、日本銀行や政府が当初懸念したほどの混乱を抑えた側面がある。

東京銀行集会所（現在の東京銀行協会）は協議を重ねて対応策を練るとともに政府に要請を出した。九月三日、東京銀行集会所理事、東京手形交換所（東京市内の銀行が手形や小切手を交換する場）の委員、さらに主要銀行の代表が会合し、一カ月間のモラトリアム（預金支払い制限）、ならびに銀行営業所・金庫に対する軍隊による警備を政府に要請した。

要請を受け入れた大蔵大臣井上準之助は、閣議および枢密院会議（天皇の諮問機関）での了承に取り付けた。九月六日東京銀行集会所（現在の東京銀行協会）理事と主要銀行の代表が会合し、被災を免れた銀行は九月八日から営業を再開することとした（日本銀行 1983; 高橋・森垣 1993）。

九月七日緊急勅令第四〇四号（「私法上ノ金銭債務ノ支払延期及手形等ノ権利保存行為ノ期間延長ニ関スル件」）が発布された。この勅令がモラトリアム令である。債務者の住所（または営業所所在地）が東京府・神奈川県・静岡県・埼玉県・千葉県である場合、すべての金銭債務の支払い期日は三〇日間延期するものとされた。ただし、俸給・賃金の支払いやそれら支払いのための銀行預金の支払い、および一日一〇〇円以下の銀行預金の支払いは延期できないものとされた。

モラトリアムと言ってもすべて預金引き出しが不可能になったわけではない。生活に必要な最低限度の預金が支払われる配慮は施されていた。こうした措置は一九二七（昭和二）年金融恐慌後にも講じられることになる。

九月八日一部の銀行が営業を再開したことに合わせて東京手形交換所組合銀行（東京手形交換所のメンバー銀行）五〇行の代表者が会合した。これら五〇行は、預金総額約一八億円の二割以上について、無担保で融資するよう政府に要請した。政府はこの要請に応じ、日本銀行の援助を図る旨を市中銀行に伝えた。

日銀は対応策を公表するとともに、日銀貸出のこれまでの制限を撤廃して救済融資を行なうものとした。担保については範囲を拡張するだけでなく無担保も視野に入れられており、救済対象は普段からの取引先銀行に限らないものとされた。この取引先銀行とは日頃から日銀の取引先となっている銀行のことである。通常、取引先銀行は手元の資金が不足した際に日銀から資金を調達し、資金が余った場合はインターバンク市場で貸し手（出手）となって他の銀行（取手）に貸し付けることができる。日銀はこうした取引先銀行に対する貸出（日銀貸出）を通じて間接的に銀行間ネットワークに資金を提供していた（石井 1999）。

政府や日本銀行の対応は、震災直後で混乱する首都圏においては預金取り付けを防ぐ役割を果たした。九日夕刻以降、一八日までの間に東京手形交換所組合銀行はすべて営業を再開した。再開した銀行に対して預金者が引き出しに殺到することは免れた。むしろ新たに預け入れる預金者も少なくなかった。ただし、大阪・名古屋・福島・広島の日銀各支店では、首都圏に支店を置いていた銀行が取り付けに直面したことが記録として伝わっていた（日本銀行 1983）。

銀行間ネットワークが拡大していたことに加えて、預金者の側も新聞報道など他の地域の情報を入手しやすくなっていた。取付騒動を防ぐ上で、局所的な対応だけでなく全国的に視野を広げる必要のある時代が、すでに到来していたのである。

†日銀による資金サポート

モラトリアムが緊急対応として講じられた次の段階として、ある程度の日数が経過したのちに非常事態への対応を施す必要があった。モラトリアム期間における混乱が懸念したほどではなかったとはいえ、予断を許さない状況が続いていた。

震災によるダメージが壊滅的であったことから、被災した銀行、あるいは貸出先が被災した銀行は、不良債権、いわば返済見込みの薄い債権を抱えた状態になった。ここで注意しなくてはならないのは、一九二〇（大正九）年の瓦落を前後して不良債権を抱えるようになった銀行が少なくなかった点である。政策当局からすれば、銀行の抱える不良債権が震災によるものなのか震災以前から抱えているものなのか、区別が難しいものになったのである。

日本銀行は救済融資に踏み切った。九月二七日、勅令第四二四号「日本銀行ノ手形ノ割引ニ因ル損失ノ補償ニ関スル財政上必要処分ノ件」が公布された。

震災手形とは、関東大震災を受けて日本銀行が再割引した手形のことである。再割引の話の前に、割り引きから確認しておこう。決済に際して、買い手は約束手形を振り出す。約束手形は所定の期日に所定の金額が支払われることを約束したものである。ただし約束手形を受け取った相手は、期日前であっても銀行で換金することができる。この換金に際して、銀行は利息や手数料に相当する分を割り引く。この割り引きは、銀行側から見れば、金利(割引率)を受け取った上で手形で資金を提供しているのと同じである。この手形を中央銀行で割り引いてもらうことで資金を調達することができる。中央銀行による割り引きが再割引である。すなわち再割引は中央銀行による銀行への貸出でもある。再割引での割引率が公定歩合(現在の日本では「基準割引率および基準貸付利率」)である。

震災手形割引損失補償令は、債権回収の見込みがなくなった手形を日銀に再割引させるための措置であった。そのねらいは銀行の資金力を回復することであった。再割引の期限

	取引先銀行	臨時取引先銀行
銀行数	64	80
融通高	264.2	41.8
震災手形残高	54.9	15.1

図表1－6　1923（大正12）年10月末の日本銀行融通高（百万円）
資料出所：日本銀行（1983、69頁）

は一九二四（大正一三）年三月三一日までとされ、一億円を限度に日銀に対する政府の損失補償が定められた。法案の審議に際して、震災手形は五億円と概算され、そのうちの二割は回収不能と見積もられた。この回収不能分については、政府による補償が必要とされたのである（日本銀行1983; 高橋・森垣1993）。

震災手形とは別に、日銀は銀行に対する貸出金について、金利の適用方針を緩和し、担保の価格を引き上げるなどの措置を取った。震災直後にアナウンスした通り、従来の取引先銀行以外の銀行も臨時取引先銀行として貸出先に含まれることとなった。

図表1-6は、一九二三（大正一二）年一〇月末現在の日本銀行融通高（百万円）について、日本銀行の取引先銀行、および臨時取引先銀行に分けて示している。関東大震災後の資金融通では取引先銀行六四行のほか、取引先ではない八〇行を臨時取引先銀行として救済した。震災直後にアナウンスした通りの救済を果たしたとはいえ、臨時取引先八〇行よりも取引先六四行への融資額が優先されていた。取引先への融通高は二億六四二〇万円（震災手形は五四九〇万円）であったのに対し、臨時取引先へは四一八〇万円（震災手形は一五一〇万円）である。

震災手形にせよ、臨時の特別融通にせよ、日銀による資金の融通は継続したが、基本的には取引先重視もしくは、収益性重視であった（石井 1999; Okazaki 2007）。この点については、第二章でも言及することになる。

日銀の資金サポートは、証券市場にも向けられた。モラトリアムに伴い東京株式取引所は一カ月半にわたって閉鎖された。この間、投資家にとっては資産を奪われたも同然であった。一般投資家はもとより、非常事態にあって支払手段を確保しておきたい地方自治体や公共団体にとっては、証券を売却・換金できないことが大きな痛手であった。このため、日銀は国債売却請求に応じた。取引所は一〇月一六日に再開する。日銀は一一月二七日までに諸団体から総額一五二三万円の国債を、一般投資家（一人額面一〇〇〇円以内）から七万四九〇〇円の国債を買い取った（日本銀行 1983）。

被災直後の自治体や公共団体に必要な資金を提供することが日銀による資金サポートのねらいであった。こうした資金面での政策的対応もまた、各自治体や地域の復興活動をサポートすることになったのである。もっとも、こうしたサポートは反省材料を抱えたものであった。その反省材料は、一九二七（昭和二）年の金融恐慌として現実の金融危機として発生することになる（第二章参照）。

第二章　金融恐慌とプルーデンス政策

1　金融恐慌

†金融恐慌で何が起きたのか

本章では一九二七（昭和二）年の金融恐慌について説明する。

まず、端的に金融恐慌を整理した文章を紹介しておこう。その文章とは、山口県を本拠とした第百十銀行（現在の山口銀行）による次の述懐である。

「第一次金融恐慌から第二次金融恐慌に至る県下の状況をみると、三月一五日東京渡邊銀行の休業をはじめとする、関東地方の取付け騒ぎは、山口県には全くと言っていいほど影響していない。また、第二次金融恐慌の始まりでもある四月八日、神戸の第六十五銀行に続く一連の銀行破綻でも、山口県下はまだ動揺していない。同月台湾銀行の休業で、全国的に動揺が広がったが、二〇日広島地方の取付け騒ぎがようやく県下東部に伝わり、二一日十五銀行の突然の休業を契機に県下全域にわたり一挙に取付けの嵐に見舞われた」

（山口銀行 1999、五頁）

この述懐では「第一次」と「第二次」という区分が使われているが、三月の騒動はもっぱら関東の騒動であり、四月の混乱は全国的な取付騒動が激化したパニックであった。金融恐慌は三月の騒動と四月の混乱とを総称した用語である。ただし三月の騒動と四月の混乱のいずれもが、一九二〇（大正九）年の瓦落以来の出来事の積み重ねとして生じたものであった。

では金融恐慌について、順を追って説明しよう。

†三月までに何が起きていたのか

三月の騒動の発端は震災手形問題にさかのぼる（第一章第三節参照）。震災手形には、震災が理由で焦げ付いた手形だけでなく、震災とは無関係な不良債権もカウントされていた。

震災手形の償却は遅々として進まなかった。震災手形の取り立ての猶予期限は、当初は一九二五（大正一四）年九月末とされていたが、二度の期限延長の末、一九二七（予定では大正一六）年九月末とされた。

図表2-1は、再割引を受けた九六行の再割引高の総計、一九二六（昭和元）年末時点での未決済高および未決済率（割引高に対する未決済高の割合）を、再割引高上位二〇行について示している。一九二六（昭和元）年末の時点で震災手形総額の四八・〇％にあたる二億六八〇〇万円分が未決済であった。

一九二六（昭和元）年末時点で未決済高トップは一八九九（明治三二）年開業の台湾銀行である。同行は台湾での通貨の発行権を持つなど、植民地経営の拠点でもありながら不良債権を抱えていた。一九二六（昭和元）年末時点で台銀の貸出総額は四億九四〇〇万円で、その七割を超える三億五〇〇〇万円が鈴木商店関連の融資であった（高橋・森垣1993、一一三頁）。鈴木商店は、一八七四（明治七）年に鈴木岩治郎が兵庫で開業した貿易商社である。創業時は台湾からの砂糖や樟脳《しょうのう》（薬用成分）の仕入れが中心であったが、製糖・製粉・製鋼など事業は多角化した。その鈴木商店が大戦ブーム後の瓦落をきっかけに経営を悪化させたことで、台銀の貸出内容も悪化した。

一九二六（昭和元）年末時点で未決済率トップは東京渡辺銀行である。同行の前身、第

銀行名	再割引高（千円）	未決済高（千円）	未決済率（%）
96行総計	430,816	206,800	48.0
再割引高上位20行合計			
台湾	115,225	100,035	86.8
藤本ビルブローカー	37,214	2,181	5.9
朝鮮	35,987	21,606	60.0
安田	25,000	0	0.0
村井	20,429	15,204	74.4
十五	20,073	0	0.0
川崎	19,373	3,720	19.2
近江	13,423	9,319	69.4
早川ビルブローカー	12,624	0	0.0
豊国	10,724	3,380	31.5
柳田ビルブローカー	9,920	0	0.0
第二	9,299	7,685	82.6
左右田	8,017	5,430	67.7
第百	7,925	0	0.0
東京渡辺	7,519	6,533	86.9
東海	7,375	730	9.9
若尾	5,733	4,214	73.5
第十九	5,492	1,910	34.8
中井	4,955	2,547	51.4
八十四	4,590	2,260	49.2
上位20行合計	380,897	186,754	49.0

図表2-1　震災手形の再割引高、1926年末時点未決済高および未決済率

資料出所：日本銀行（1983b、101頁、第2-15表）

二十七銀行は一八七七（明治一〇）年の設立である。初代頭取は、江戸日本橋で明石屋という商店を営んできた渡辺家の第九代目、渡辺治右衛門である。渡辺家は次々と事業会社を設立する。一九〇一（明治三四）年東京渡辺銀行の姉妹金融機関として、あかぢ貯蓄銀行が設立される（ネーミングは「明石屋治右衛門」に由来）。第二十七銀行が東京渡辺銀行と改称するのは一九二〇（大正九）年のことである。治右衛門の三男・勝三郎は、日本製麻・東洋製油・上毛モスリンなど三〇社以上の役員に就任しており、こうした一族の事業会社に優先的な融資を進めた。加えて、使用人の使い込んだ金までもが当人への貸付として勘定されるようになった。東京渡辺銀行・あかぢ貯蓄銀行の貸出内容は悪化する（高橋1930; 高橋・森垣 1993; 小川 1996）。

台湾銀行の鈴木商店関連融資、あるいは東京渡辺銀行の渡辺一族への貸付など、特定の融資先を優先する銀行は機関銀行とも称された。貸出先の経営に対する規律が不十分な場合でも監視体制の改善もなく融資が継続される傾向があった。銀行の収益性を見ても、役員が事業会社役員を兼任する場合には他の銀行に比べてパフォーマンスが劣っていた（加藤 1957; 高橋 1977; Okazaki, Sawada and Yokoyama 2005）。

第一章で言及したように、名望家層について言えば銀行役員と事業会社役員との兼任は珍しいことではなかった。彼らは自らの名声を担保にして産業化資金を動員していたはずであった。ただし、経営手腕が不十分な次世代に事業が引き継がれた場合には、親世代の名声を汚す事態も免れなかったのである（緒方 1927）。

図表2-1の上位二〇行のなかで、チェックしておきたい銀行があと二つある。一つは左右田銀行である。同行は第一次大戦後の瓦落が波及し、横浜や京都で取り付けを経験した（第一章参照）。震災手形の未決済率は六七・七％であり、不健全経営を窺わせる高さではある。

もう一つは十五銀行である。一八七七（明治一〇）年開業の同行は、初代頭取が長州藩第一四代藩主毛利《もうり》元徳《もとのり》、創設の呼びかけ人が岩倉具視という経緯から華族銀行とも呼ばれていた。一九一四（大正三）年同行が宮内省の御用金を取り扱うことになった。華族銀行とまで称された十五銀行が、未決済率は〇％とはいえ、震災手形を一度手にしていた。一九二〇（大正九）年同行は浪速・丁酉《ていゆう》・神戸川崎の三行を合併するが、この時期から川崎造船所に対する貸出を拡大した。大戦景気以後、造船業は好条件を失い、十五銀行の貸出内容も悪化していたのである。

一九二七（昭和二）年一月政府は公的資金投入に向けて二つの法案を議会に提出した。一つは震災手形損失補償公債法である。この法律は、政府が日銀に対して一億円以内で補償することを定めた。つまり政府は未決済高のうち一億円程度は償却不能だと見積もっていたのである。もう一つは震災手形善後処理法である。この法律は、政府が五分利付国債を交付することで震災手形を処理できない銀行に再建資金を提供することを定めたものである（高橋・森垣 1993）。

三月までに起きたことを一言でまとめておこう。震災手形の未決済高として、複数の銀行の不良債権が可視化されていた。この数値は誰もがすぐ入手できる情報ではないが、野党や新聞記者が政府に詰め寄るターゲットになった。一方、政府は当然ながら不良債権の状況を把握しており、だからこそ対応を急いだのである。

†三月に何が起きたのか

三月一四日、公的資金投入をめぐる衆議院予算委員会のさなか、大蔵大臣片岡直温《かたおかなおはる》は東京渡辺銀行が破綻したと発言した。同行はこの時点で休業していなかったが、翌一五日の新聞各紙の報道を受けてあかぢ貯蓄銀行とともに大蔵省に休業届を提出した。ただし、この時点では同時多発的な取り付けが発生したわけではなかった。

ここで、第一章で言及した左右田銀行の話になる。同行は一九二〇（大正九）年五月の取り付けを乗り切ったが、このときは頭取の左右田喜一郎が機転を利かせていた。彼は東京商科大学講師を勤めていたこともあり、自宅に多くの蔵書があった。取り付けに直面した際、書籍が店舗の窓口に積まれた。左右田銀行はこの書籍の上に紙幣を並べ、フェイクの札束を用意した上で預金者を説得したのである。その七年後の一九二七（昭和二）年三月、東京渡辺銀行休業が話題となるなかでこの逸話が口外された。この話は瞬く間に預金者に知れ渡った（中村 1994）。

三月二二日左右田銀行は大蔵省に休業届を提出した。左右田銀行への取り付けは、東京の中井・村井・中沢・八十四、さらに埼玉の久喜にも波及し、これらの銀行は休業を余儀なくされた。左右田と久喜の支店がある京阪地方にも騒動は飛び火した。飛び火先でも伝染が生じ、京都の山城および桑船も休業した。

銀行に駆け込んだのは預金者だけではなかった。同じ営業圏にある比較的有力な銀行の行員が、チャンスと見込んで引き出しを終えた預金者をターゲットにして預金勧誘の営業に出向くこともあったのである（大阪朝日新聞 1928、五七頁）。都市部の中小規模の銀行は預金を失う傾向にあったが、そうした預金の多くは大規模な銀行もしくは郵便貯金に流れ込んだ。他府県に本店を置く銀行が多くの支店を設置するような府県では、その府県に本店を構える銀行が休業しやすい傾向にあった（伊牟田 2002; 横山 2005）。

こうした預金者の行動は理論的にも説明しやすいものではある。預金者は銀行の貸出内容を具体的には把握できないし、貸出内容を監視することもできない。だからこそ銀行経営に関する不穏な情報をキャッチすれば、預金者はまず銀行に駆け込む。健全だと安心できれば預金を引き出す動機はなくなるが、安心できなければ引き出しを要求する。銀行経営の健全性について確証が得られない限り、預金者には引き出しをやめる理由がない(Gorton 1985)。

政府は震災手形損失補償公債法・震災手形善後処理法の制定を急いだ。これら二つの法案は三月二三日に貴族院議会で可決された。震災手形処理にある程度の目処がついたことで首都圏の騒動は一段落した。しかし、別の地域ではさらなる混乱の前兆が起きつつあった。

†四月に何が起きたのか

四月一日台湾銀行による鈴木商店向けの新規貸出が打ち切られたことが新聞で報道された。四日には第六十五銀行も鈴木商店との絶縁を宣言し、五日には鈴木商店が営業停止に追い込まれた。この日、若槻礼次郎内閣と日本銀行により台湾銀行調査会が発足した。四月八日この対応が間に合わないまま、第六十五銀行が休業した。若槻内閣は台湾銀行救済のための勅令案を練り、一四日から枢密院の精査委員会で審議を開始した。一七日の枢密院本会議にて、国務大臣を除く出席顧問全一九名の反対で勅令案は否決された。枢密院出席顧問は、ときの外務大臣幣原喜重郎《しではらきじゅうろう》の外交政策、いわゆる「幣原外交（中国に対する融和的関係、および欧米諸国との協調路線）」を快く思っていなかったのである（高橋・森垣1993; 中村1994）。

四月一八日台湾銀行は内地および海外支店出張所の休業を決定した。台銀休業は二つの波紋を広げた。第一の波紋は預金取り付けの波である。一八日には近江銀行が、続いて、泉陽（大阪）、芦品（広島）、さらに西江原（岡山）が取り付けによる休業に陥った。もう一つの波紋として、インターバンク市場が麻痺した。台銀は慢性的に取出（借り手）であり、三月末日時点で大手四〇行から計二億円以上の資金を借り入れていた（日本銀行1969a、二七八-九頁）。その台銀が休業したことは出手（貸し手）にとって痛手となった。十五銀行も出手の一つであった。

十五銀行は震災手形を完済したとはいえ、関西発信の取り付けの波に巻き込まれることになった。二月末の時点で三億六一八二万円にも達していた同行の預金総額は四月二〇日には二億五六八二万円へと三割も失った（日本銀行1969a、五一六頁）。この状態で、インターバンク市場が麻痺したのである。四月二一日十五銀行は休業した。

図表2-2は四月二一日午後の東京の取付騒動について、時間帯、店舗ならびに各店舗ごとに整理したものである。この日の朝には十五銀行休業が報じられた。この報道が引き

時刻	店舗	状況
13時20分頃	東京貯蓄銀行須田町支店	二、三百名群衆
	川崎銀行松住町支店	二、三百名群衆 / 殆混乱状態
	安田銀行本郷三丁目支店	多数群衆
13時40分から14時30分	三井銀行本店	百二、三十名押シ掛ケ居レリ
	安田貯蓄銀行本町本店	五、六百名群衆 / 警官立会居レリ
	安田貯蓄銀行茅町支店	五、六百名
	安田銀行黒門町支店	自転車五六十台
	安田銀行浅草・茅町支店	五、六百名群衆
	川崎銀行富沢町支店	五、六百乃至千名
15時	住友銀行東京支店	五六十人
	三菱銀行本店	四百人位
	安田銀行本店	三菱ヨリモ多数 / 警官静止ニテ整理
	第一銀行本店	百人足ラズ / 静カニ順番ヲ待チ居レリ

図表2－2　1927（昭和2）年4月21日午後の東京市における取付の状況

資料出所：石井（2001）

金となり、当時のビッグファイブ（三井・三菱・住友・安田・第一）が取付騒動に遭遇したのである。安田に至っては警官が立ち入るほどの騒ぎであった。三月の騒動のように健全性を疑うのではなく、もはや銀行システムそのものが信頼を失っている事態だとも言える（是永ほか2001）。

四月の混乱も理論的に説明することはできる。預金者は、預金を引き出して現金化して買い物できるし、預金を通じてキャッシュレス決済もできる。どちらの行動であれ、銀行は預金者の要求に応じて現金もしくは預金を手放さなくてはならない。現金および預金をひとまとめにして流動性と表現しておく。銀行がいつ流動性を提供しなくてはならないかは不確実である。この不確実性を流動性リスクと呼んでおく。銀行は、日頃から流動性を手元に準備しておくか、インターバンク市場を通じて他の銀行から流動性を調達することで流動性リスクへの対応力を備えることができる。インターバンク市場が麻痺するとこの対応力は瞬時に激減する。こうした信頼を失くすようなインパクトのある情報が流れると、預金者は早い者勝ちで損失を回避しようとする。預金者のこうした自己都合の結果、どの銀行にも預金引き出しの行列ができる(Diamond and Dybvig 1983; Goldstein and Pauzner 2005)。

預金通貨が使えなくなる。ここに銀行危機の深刻さがある。マネーは確かな存在のようでいて、突然使えなくなりかねないバーチャルな代物なのである。こうしたことを防ぐ事前的な措置としては個々の銀行が健全性を維持するための制度的な工夫を施すことになるだろうが、実際に起きてしまった事後的な措置となると流動性のサポート役が必要になる。このサポート役が「最後の貸し手(lender of last resort)」である。出手をサポートして資金需要を削減するにせよ、取手をサポートして資金供給の減少を抑えるにせよ、中央銀行には最後の貸し手としてインターバンク市場を正常化する働きが期待される(Bagehot 1873; Freixas, Martin, and Skeie 2011)。

図表2-3は、一九二七(昭和二)年三月一九日から四月二一日までの東京・大阪・神戸の銀行集会所の参加銀行のコールローン総額、ならびに日銀貸出(日本銀行一般貸出)

日付	銀行集会所銀行コールローン 東京	大阪	神戸	日本銀行 日銀貸出	民間預金
3/19	318	169	18	301	57
3/26	272	169	16	528	115
3/31	266	160	19	539	68
4/2	277	172	17	494	79
4/9	280	160	11	525	153
4/16	231	122	10	581	263
4/21	N.A.	109	N.A.	1,665	175

図表2－3　金融恐慌下の銀行集会所銀行コールローンと日本銀行勘定（百万円）

資料出所：『銀行通信録』第83巻第495－6号、日本銀行（1983, 173-179頁）

と民間預金（いわゆる日銀当預）の推移を示している。ここでのコールローンは翌日の返済を条件とした無担保のインターバンク貸出を指す。東京・大阪・神戸とも期間内で集会所メンバー銀行はこの貸出を控えていた。十五銀行が休業した四月二一日には東京と神戸ではコール取引が停止していた。一方、日銀貸出は四月一六日から二一日にかけて激増した。同じタイミングで民間預金（日銀当座預金）は減少している。各銀行が日本銀行に預けていた当座預金を取り崩して資金を補塡した様子が窺える。

四月の混乱では苦肉の策を講じた銀行も少なくない。「支払係を一人とし、預金利子の計算、支払金の勘定等は、特に入念にして」時間稼ぎする銀行や、行員が風呂敷に札束を抱えて裏口から出て、窓口に立ち、預金者の目の前で札束を預け入れる姿を見せる銀行など、もはや行員の演技力が頼りとなっていた。ある銀行では日銀から援助の資金を受ける予定なので安心して下さいと預金者に伝えたところ、「自分の金庫に金がないのぢゃな、日本銀行のお助けを受けるようでは信用が出来ん」と返されてむしろ状況が悪化したという（大阪朝日新聞経済部 1928、六六‐七九頁）。

三月の騒動では貸出内容の健全性や健全化のための銀行の経営努力が預金者にとっては一大事であった。こうした健全性はソルベンシー（solvency）とも呼ばれるが、十五銀行休業を引き金とする混乱はソルベンシー不足が理由で生じたものではない。預金者はもはや銀行システムの流動性供給機能を問題視していた。三月の騒動と四月の混乱は、銀行パニックとして全く異質なのである（是永ほか 2001）。

三月一五日から四月二五日までの間に普通銀行だけで三〇行が大蔵省に休業届けを出していた。自主休業も含めれば相当な数に及んだものと考えられる。もはや個々の銀行でどうとなる状況ではなかった。政策当局レベルでの英断が必要であった。次節ではその政策的対応について説明することにしよう。

2 事後的措置と制度整備

て説明する。

†応急的な措置——モラトリアムと現金供給

本節は、金融恐慌の事後的措置について説明した上で、銀行システムの制度整備について説明する。

一九二七（昭和二）年四月二〇日、憲政会の若槻内閣退陣を受けて立憲政友会の田中義一が組閣人事に着手した。大蔵大臣に就任したのが高橋是清である。二二日枢密院本会議の可決を経て、勅令九六号「支払猶予緊急勅令」、いわゆるモラトリアム令が二二日公布・即日施行された。四月二二日から五月一二日まで、給与支払いなど例外を除き、預金引き出しに限度額（五〇〇円）が設けられた。同じ期間内が期日となる手形の決済は延期された。株式・商品取引所も立会中止となった。震災直後に被災地限定で実施された前例があるとはいえ、全国でのモラトリアムは初の試みであった。

ここで注意しておきたいことがある。モラトリアムは高橋の英断ではあったが、高橋が独断で進めたものではなかった。むしろ高橋は根回しを手早く済ませていた。

大正・昭和初期は憲政会と立憲政友会との二大政党の時代でもある。経済政策に関しては憲政会が緊縮財政方針、政友会が積極財政方針を掲げるなど、対立関係は明瞭であった。したがって政策立案のための議論が互いの中傷合戦に陥ることは珍しくなかった（筒井

2012)。その一方で、政権運営について政治家あるいは官僚が経験を重ねやすい土壌も出来上がっていた（井上2012）。

緊急事態に対応するには中傷合戦に陥ることは避けなくてはならない。彼はいわば経験値の高さを発揮して調整に臨んだ。モラトリアムでまず懸念されたのは治安である。この懸念は、関東大震災の記憶がまだ鮮明な彼らにとっては切実であった。憲政会や枢密院が治安面でモラトリアムに難色を示せば事態収拾どころではなくなる。この点で、内務省から警保局局長の名で一三府県に対して厳重注意の通達が発出されたことはモラトリアムを円滑に実施する上で不可欠な手続きであった。

モラトリアム実施にあたり、銀行業に対する調整も必要であった。準備段階のないまま四月二二日金曜日から即日断行するとなれば、現場の混乱は必至であった。そこで高橋は二二日金曜日と二三日土曜日に全国の銀行を一斉休業する提案を東京・大阪の銀行集会所に投げかけた。その上で各々の集会所が音頭を取り、全国の銀行が二日間一斉に休業するに至った。こうした経緯のもと、週明けの四月二五日月曜日、事実上モラトリアム下の初日の営業日を迎えることができたのである。この年の六月一四日、東京銀行倶楽部（東京銀行集会所メンバーの同好会）の晩餐会でのスピーチにおいて、高橋は四月の一斉休業について次のように回想している。

「もし政府が支払猶予令を出すということが世間に洩れたら恐らく全国の銀行の六分通りは休業するのやむを得ざるに至るであろう。また二十一日の形勢を見ましても、其翌日にしてなお取付が続いたならば殆んど暴民の行動ともいうようなことになりはせぬかということを心配致しまして銀行家諸君に相談致しました所、幸にも左様に政府が決心して臨時議会を開くということになる以上はひとつ二十二日二十三日の二日間休業しよう、ということになって、私も初めて安心を致したのであります」

（東京銀行集会所発行『銀行通信録』第八四巻第四九八号、二一一頁）

銀行の預金業務が停止したことで日本経済は一時的に大量の決済手段を失うことになる。日銀は代わりとなる決済手段として、二百円券発行を急いだ。時間節約のため印刷は表面のみとされた。この二百円券発行は、銀行員にはそれまでの感覚が通用しないため相当困惑したようである。次のエピソードがある。

「三重県の百五銀行では、取付けの急場に備え、支払準備金二百万円を引取るため、同行行員一五名を本行名古屋支店へ派遣した。二百万円というと、十円札で二百束（一束千枚）であるから、一人で十五束、すなわち十五万円ずつ持つとすれば、十三人を要する勘定になる。これに予備付添二人を加えて、一五名とした。なにぶん、緊急の際なので、この現金の受渡しは国鉄名古屋駅で行われたが、東京からの列車が到着し、駅のホームで本行の行員から引渡された札束は、なんと一〇個だけであった。

初めて見る二百円札（一束二〇万円）が手渡され、百五銀行行員一同は呆然とした。これでは一人の持ち分にも足りないので、残りの一四人は手ぶらで帰ったという」

（日本銀行 1982、一一二頁）

†公的資金の投入

一九二七（昭和二）年五月九日、日本銀行特別融通及損失保証法が公布された。この法律は、申し出があった銀行から選定された対象について同法公布から一年以内を期限として特別融資を実施することを定めたものである。モラトリアム開始から法令公布までの期間内の手形についても日銀が再割引した場合に特別融通に含められることになった。特別融資の回収が不可能となった場合、政府が五億円を制限として損失を補償することも定められた。

	救済対象103行	救済対象外1,261行
日銀特融（千円）	5,238.3	0
公称資本金（千円）	4,288.6	1,502.7
ROE（%）	8.39	12.06

図表2-4　救済融資対象銀行と対象外銀行の資本金と収益性

資料出所：大蔵省『第五十一次大蔵省銀行局年報』、日本銀行(1962)

日銀総裁の市来《いちき》乙彦《おとひこ》は特別融通審査会を設置した。審査会の設置は画期的なことであった。従来の日銀の取引先でない銀行も含め、救済の申し出があった銀行から救済対象を選別する方針が掲げられた。五月一〇日市来は総裁職を辞任し、新たな総裁にこの重要な局面を託した。その新総裁が井上準之助である。井上は休業銀行も救済対象に加えるものとしたが、健全経営が見込まれる場合に限るとして健全性重視の方針を強調した（永廣 2000）。

図表2-4は、普通銀行のうち、救済対象一〇三銀行、および対象外一二六一行のそれぞれのグループについて、日銀特融として得た資金の平均（千円）、一九二六年末時点の公称資本金の平均（千円）とROE（return on equity、%）の平均値を示している。救済対象銀行に与えられた日銀特融の平均額は四捨五入して五二四万円、それら銀行の資本金は平均（四捨五入）で四二九万円である。救済対象外の資本金平均（四捨五入）は一五〇万円である。対象銀行は資本金規模が比較的大き

く、その規模を上回るほどの資金サポートを得ていたことが窺える。収益性指標であるROEを見てみると、救済対象銀行では平均で八・三九%であり、救済対象外の平均一二・〇六%を下回っている。救済された銀行の収益性は、対象外の銀行に比べて劣っている。

ここで注意しなければならないのは、意思決定が二段階に渡っている点である。日銀が救済先を選定する前に、各々の銀行が日銀に救済融資を希望するかどうかの意思決定を済ませているのである。この点では、不健全経営の銀行ほど資金援助を求めることだろう。不健全な銀行ほど日銀に援助を申し入れがちであったなかで、日銀はかろうじて将来性のある銀行を選別しなくてはならなかった。健全な銀行を救済する意図に反して、救済された銀行が比較的不健全となることは不自然なことではない。金融恐慌以前、日銀は各府県内のなかで資産規模上位にランクインする銀行、なおかつ収益性が良好な銀行と取引関係を構築していた。金融恐慌後の特別融資でも、救済の申し出のあった銀行のなかから、そうした銀行が引き続き優先的に救済された（高橋・森垣 1993; 石井 1999; Okazaki 2007）。

井上総裁がアナウンスしたように、健全な銀行を救済すると宣言することには重要な意味がある。一九世紀英国の著述家ウォルター・バジョットは、ロンバート街（ロンドンの金融街）のビジネス慣行や銀行危機の状況把握をもとに、最後の貸し手の行動原則を打ち立てた。その原則とは、（1）救済対象を貸出内容が健全な銀行に限ること、（2）ペナルティとしてプレミアムを含む金利で貸し付けること、そして（3）これら（1）と（2）の原則を事前にアナウンスすること、の三点である（Bagehot 1873）。

ソルベンシー不足の銀行でも救済される見込みがあるなら、銀行経営者が貸出リスクのコントロールを怠りかねない。そうした努力忌避を避けるため、ソルベンシーの十分な銀行しか救済しない、と釘を刺すのがバジョットの原則である。井上総裁はこの原則を可能な限り守ろうとした。ただし、ペナルティ金利に関しては金融恐慌の事後措置はバジョットの原則から離れざるを得なかった。当時の公定歩合は六％であったから、日銀特融も六％かそれ以上の金利で貸し付けるのがバジョット流である（現在の「ロンバード金利」は基準貸付利率と同一とされる）。日銀特融に際して設定された金利は概ね三％前後であった（日本銀行 1962; 高橋・森垣 1993）。

不健全であろうと、救済された銀行は営業を続けるチャンスができた。ただし、そうした銀行が救済されたことで弊害は生じた。救済された休業銀行の一部は預金を切り崩してしまい、預金者を泣き寝入りさせてしまったのである（永廣 2000）。第二次大戦を経てもなお日銀特融は完済されなかった。サンフランシスコ平和条約の発効直後、一九五二（昭和二七）年五月には五二八三万円（二五行）が回収不能として強制的に処理された（日本銀行 1982）。

†資本金規制の変遷

一九二七（昭和二）年制定の銀行法は、普通銀行の資本金について一〇〇万円（東京・大阪に本店を置く場合は二〇〇万円）を最低水準に定めた。制定以前の歴史的背後事情を説明しておこう。

普通銀行という業態が初めて定められたのは一八九〇（明治二三）年制定した銀行条例である。普通銀行の資本金規制の変遷は、預金取り付けや銀行の破綻など、銀行システムの危機に対する政策的な適応の歴史でもあった。この銀行条例は、資本金の最低水準を定めなかったものの、一人または一社への貸出を資本金の一〇分の一以内とした点でリスクテイキングの抑止を意図したものであった。ただし、いわゆる民法典論争・商法典論争によりこれら法令の施行が延期されたことで、関連条例として施行がやはりしばらく見送られた。民法典論争・商法典論争が一段落して、ようやく一八九三（明治二六）年に銀行条例は施行されることになった。しかし施行以前から、新聞報道を引き金とした取り付け騒動がしばしば発生した。一八九一（明治二四）年徳島では取付騒動が原因で銀行が破綻する事態にまで発展した（伊丹 1996）。一八九五（明治二八）年改正銀行条例は、普通銀行の資本金最低水準を二〇万円と定める条項を盛り込んだ。

一九〇一（明治三四）年四月から五月にかけて、北清事変の影響で三一行が預金支払い停止に陥った。この三一行のうち二七行が資本金二〇万円以下であった。大蔵大臣曽禰《そね》荒助《あらすけ》は資本金規制の見直しを図り、株式会社形態の銀行の資本金を最低五〇万円とする内訓を各府県知事に発した（日本銀行 1983a、一三二頁）。一九一四（大正三）年大阪に本店を構える北浜銀行が、資本金一〇〇〇万円ながら経営破綻に陥った。この破綻を機に、銀行の資本金について全国一律で規制するのではなく、地域別に設定することが望ましいものとする声が強まった。一九一六（大正五）年改正銀行条例は最低資本金に関する条項が取り外されたが、その意図は将来的に地域別の資本金基規制を設定することにあった（粕谷 2000）。

政府は二つのサポート的措置を通じて資本金規模の引き上げを狙った。第一の措置として、新設銀行の最低資本金が地域別に設定された。一九一八（大正七）年大蔵省は新設銀行の認可条件として、人口一〇万人以上の大都市に本店を置く場合は二〇〇万円、それ以外は五〇万円と定めた。第二の措置が銀行合同を通じて資本金規模を拡大につなげることであった。一九二〇（大正九）年改正銀行条例により銀行の合併手続きが簡素化された。名望家の広範囲に渡る名声や立憲政友会勢力の調整を前提とした上で、合同を通じて銀行の資本金規模の引き上げが促されたのである（白鳥 2000）。

地域別に資本金規制を定めることのないまま、一九二〇（大正九）年の瓦落に始まる一連の混乱が生じた。一九二三（大正一二）年三月大蔵省は金融制度調査準備委員会を設置し、銀行業の新たな法秩序として銀行法の制定と施行を目指した。その途中段階で関東大震災が生じ、大詰めの段階で金融恐慌が生じたのである。銀行法は、一九二七（昭和二）年三月に制定され、一九二八（昭和三）年一月からの施行となった。

銀行法は、（1）普通銀行は株式会社組織に限定すると定めた上で最低資本金額一〇〇万円（東京もしくは大阪に本店を有する場合は二〇〇万円）、（2）利益金の一〇％以上を積み立てることの義務付け、（3）銀行業務およびその付随業務以外の兼業を禁止、さらに（4）監査役による調書作成の義務づけ、という四点をメインの改革とした。これらのうち、（1）と（2）は自己資本を充足させる制度設計である。弱小銀行の整理を通じて機関銀行的経営を衰退させる意図が盛り込まれていた点で、（1）と（3）は同じ効果が期待された。さらに（3）と（4）には私的利益を目当てにした貸出を防ぐ効果が期待された。こうして銀行経営に規律を与えるための秩序が整えられたのである（伊藤 1995）。

図表2-5は、一九二六（大正一五・昭和元）年から一九三六（昭和一一）年までを対象に、普通銀行数（A）、支店数（B）、自己資本（C）、一行平均支店数（B/A）、および一行平均自己資本（C/A）の推移を示している。一行平均支店数は、一九二六年の三七四店

	普通銀行数（A）	支店数（B）	自己資本（C）	B/A	C/A
1926	1,417	5,297	3,024	3.74	2.13
1927	1,280	5,218	2,974	4.08	2.32
1928	1,028	5,044	2,762	4.91	2.69
1929	878	4,917	2,763	5.60	3.15
1930	779	4,763	2,610	6.11	3.35
1931	680	4,542	2,474	6.68	3.64
1932	538	4,311	2,442	8.01	4.54
1933	516	4,021	2,370	7.79	4.59
1934	484	3,893	2,355	8.04	4.87
1935	466	3,708	2,330	7.96	5.00
1936	424	3,654	2,289	8.62	5.40

図表２－５　普通銀行の店舗数と自己資本（1926-36年：百万円）
注：自己資本は公称資本金と積立金の和。
資料出所：大蔵省『金融事項参考書』各年版

から一九三六年の八六二店へと増加した。銀行がM&Aによる支店網獲得を通じて営業圏を拡大したことが読み取れる。銀行法制定時には、資本金規制を満たさない銀行には五年間の猶予が与えられていた。そのため、一九二八（昭和三）年から一九三三（昭和八）年にかけて平均支店数および平均自己資本は著しく増加した。

銀行法制定以後、銀行の貸出市場も変化した。銀行法制定以前、各府県の貸出金利は一つの水準に収束する動きを見せていた。つまり全国の銀行の貸出市場が一つの金利水準のもとに統合されている状況にあった。しかし銀行法制定後になると、貸出金利が収束する水準は四つに分かれた。地域間を超えた銀行貸出に制限が加わったのである（Okazaki and Sakai 2020）。

銀行法施行により営業報告書・貸借対照表・損益

計算書・剰余金処分計算書それぞれについて営業内容を公表しなくてはならなくなった。限られた勘定科目について業務報告を行うだけで事足りたそれ以前までとは必要とされる会計知識は格段に広がることになった。安田銀行など一部の銀行では原価計算の導入が試みられた。しかし原価計算の基本的な知識や当時の先端的な議論をフォローできる銀行経営者や銀行員は多くはなかった（太田 1933; 矢本 1957）。

†プルーデンス政策の有効性と限界

金融システムの安定性を保つための政策枠組みをプルーデンス政策（prudential policies）という。現代では、個々の銀行の経営リスクを抑えることを目的とするミクロ・プルーデンスと、金融システムが直面するシステミック・リスク（systemic risk）の評価を基礎とするマクロ・プルーデンスとがプルーデンス政策の両軸とされている（Crockett 2000; 日本銀行 2011）。

マクロ・プルーデンス政策は、一九九〇年代のアジア通貨危機をはじめとする金融危機で重要性が主張されたものである。この点では金融恐慌後の制度整備が及ばないのは致し方のないことではある。とはいえ、システミック・リスクの軽減について、銀行業の側から自己的努力で改革が進められた点は注目して良いだろう。第一章で言及した増田ビルブローカー銀行の破綻以後、ビルブローカー銀行を介したインターバンク取引が忌避されるようになった。こうした仲介が滞りを見せたことで特定の銀行どうしでの取引が慢性化したことが金融恐慌を招いた側面は否めない。金融恐慌の反省から、東京や大阪の銀行集会所メンバーがインターバンク取引のイニシアチブをとった。互いに協定を結ぶなど、銀行どうしがダイレクトに取引できる素地が形成されたのである（靎見2000）。

金融恐慌に前後して、ミクロ・プルーデンスの面で抜本的に改革が進んだ。すなわち銀行への監督強化として、日銀が取引先銀行への考査を開始したのである。大蔵省による銀行検査は明治期から行われていた（邊2007）。しかし銀行役員が大蔵官僚を会食の場に接待するなどして懐柔策に出ることはめずらしくなかった。銀行法施行後であっても、大蔵官僚が抜き打ち検査に出向いた際、大蔵官僚が前泊した宿屋の女将が事情を察して対象銀行の頭取に連絡していたことで抜き打ちの意味がなくなったこともある（星野1967、四〇頁）。

一九二八（昭和三）年六月、日本銀行は総裁直轄の部署として考査部を新設し、取引先銀行に対する書面調査と実地調査を行わせることとした。書面調査としては、財務指標（預貸率、支払準備率、有価証券保有率、収益率など）についてＡＢＣＤ順でランク付けし、各銀行の監査役が作成する監査書（重役関係貸出、大口貸出、回収不能貸出・回収困難貸出などがリストアップ）も精査する方針が採られた。実地調査は対面によるものであった。ただし対面だからこそごまかされることは珍しいことではなかった。銀行経営者からの中身のないプレゼンテーションを目の当たりにして辟易することもあったという。実地調査、つまり対面での調査となれば相手に場の雰囲気を作られてしまったら考査が進まないこともある。考査の第一号となった三井銀行の頭取・池田成彬《いけだしげあき》は、次のような毅然とした強気な態度で考査を突っぱねていた。

「自分の銀行は、中小企業とはあまり関係ない。それは、きちんと背広を着てやっている銀行は、なかなか前掛けをかけている企業の世話はできないんだ。そういう見地で自分の銀行はやっている」

（日本銀行 1982、二七－八頁）

日銀考査で全国二二二行の取引先を調査するには三～四年を要した（日本銀行 1982、二八頁）。日銀考査が銀行システムの安定性を保つ役割を果たせるのは、一九三〇年代、高橋財政の時期になってからのことである。

銀行に対する監督強化を徹底しても政策的には限界を伴う。銀行が何らかの企業グループのメンバーとなっている場合、その銀行が健全であってもグループ内企業の経営が悪化することで銀行の健全性が損なわれることは十分に考えられる。この場合、資本市場における不特定多数の投資家による企業への規律づけにも期待が寄せられてくる（Dewatripont and Tirole 1993）。銀行と企業との関係性をめぐる問題については今一度考えておく必要があるが、この点は第三章あるいは第四章で説明する。

3　金融リテラシー

†二人の女性の物語（四）――小学校

さて、ここで二人の女性たちの話をしておこう。一九二七（昭和二）年春、ミツとマサエは尋常小学校に入学した。本節では小学校の話に目を向ける。一九二七（昭和二）年三月の騒動や四月の混乱で銀行に駆け込んだ預金者の金融リテラシーについて、金融教育を軸として議論しておきたい。結論を先に示しておくと、一九二〇年代は教員世代も児童世代もともに金融リテラシーが低下した局面だったのである。

ミツが通学したのは、京都鴨川沿いの銅駝《どうだ》尋常小学校である（現在は京都市立銅駝美術工芸高等学校)。あくまで彼女が書き記したところによると、成績は四〇名ほどのクラスでほぼ五番目に入るくらいだったという。学校帰りに友達と少女漫画を読んだことや憧れの女優について話題にしたと彼女は自伝で回想している。

マサエが通学した程ヶ谷尋常小学校は、もともと程ヶ谷町立の小学校であったが、程ヶ谷町(現在の保土ケ谷区)が彼女の入学と同時に横浜市に編入された。校舎は関東大震災後に再建されたことで、いわば新築であった。伝記によるとマサエの成績が極めて優秀だったことが再三強調されている。彼女は学校の先生になりたかったとも、いつか外国に行きたい、とも夢を口にしていたという。

当時、尋常小学校の六年間が義務教育期間と定められていた。ミツとマサエたちは、尋常小学校で修身・国語・算術・図画・唱歌・体操・手工といった学科を教わり、第四学年で裁縫、第五学年で日本歴史・地理・理科をさらに学ぶことになった。

一九〇三(明治三六)年文部省は国定教科書の使用を開始した(その前年、教科書採用をめぐる贈収賄事件が生じていた)。教えるべきことは学年・学科ごとに定められていた。例えば「唱歌」の時間でも学年ごとに学ぶべき歌が指定された。第一学年では丸い満月が出たことを唄う「月」、第六学年では「われは海の子」などである。これら二曲は、一九一〇(明治四三)年文部省『尋常小学校読本唱歌』に採用されてから一九八〇(昭和五五)

年文部省「指導要領による共通教材」で対象外となるまで、文部唱歌とされていた。ミツとマサエもおそらくは教室でこれらの曲を歌ったのだろう。

一九二二（大正一一）年から使用された第六学年用の教科書、文部省『算術書』には、「歩合算」の章がある。その章には「損益」、「租税」、「利息」、さらに「公債株式」といった単元がある。このうち「公債株式」では次のような計算問題が掲載されている。いずれの問題とも、有価証券に関する基礎事項が理解できなければ解答できない。

「六分利附ノ債券カラ半年毎ニ利子七円五〇銭ヲ得ルト、其ノ債券ノ額面高ハ幾ラカ」
「或人ガ或株券額面一〇〇円ノモノヲ一六八円デ買入レタ。此ノ株カラ年一割二分ノ配当ガアルト利回リハ幾ラニ当ルカ」
「或会社ノ半季決算ニ配当率ガ年一割一分デアッタ。此ノトキ配当金六八円七五銭ヲ受取ッタ人ハ幾株ノ株主デアルカ。此ノ会社ノ一株金額ハ五〇円デアル」
（海後 1962、三六六－三六七頁）

ミツやマサエが入学した頃、先輩の六年生たちはこうした計算問題を解かされていた。しかし、彼女たちの親世代にあたる明治期の小学生たちはさらに難しい問題に取り組んでいた。

†複利計算を学ぶ小学生

明治一〇年代から二〇年代に小学校算術の教科書として用いられた尾関正求『数学三千題』では、「重利法」つまり複利を学習する単元がある。複利計算が小学校上級学年向けに教えられていた。例として演習問題とその回答を示しておく。

「元金五百円年二割にして二年三ヶ月の重利は元金六百円年一割にて若干年の単利に均しと云う。その年数幾何なるや」
「四年三ヶ月六日」
（尾関 1883）

複利の場合、筆算では複雑で手間がかかるが、例えばそろばんを用いるか、あるいは複利表（金利と年数から利息の大きさを示す一覧表）を使えば比較的速めに済む。それらの計算方法は、明治・大正期の小学校で教えられていた。

一八七一（明治四）年に設置された文部省が中心となって学校教育制度が整備されるこ

ととなった。一八七二（明治五）年九月、太政官布告（被仰出書）として学制が頒布された。学制は、算術の内容として「九〻数位加減乗除但洋法ヲ用フ」と但し書きを通じて洋算を教える方針を掲げていた（教育史編纂会1938、二八三頁）。洋算は、欧米諸国で培われた数学体系を指す言葉である。徳川時代以来の計算に関する知識体系は算術と称されたし、科目名としてもその名は残る。ただし洋算と区別する意味で和算といった名称が用いられるようになる。和算と洋算の決定的な違いは計算方法にある。珠算つまりそろばんを用いる計算か、筆算かの違いは切実であった。

徳川時代に算術が普及するきっかけとなったのは、吉田光由（一五九八－一六七三）の『塵劫記《じんこうき》』である。初版は一六二七（寛永四）年だが、幾度となく版を重ね、コピーもしくは孫コピーの類書が二〇〇冊近く執筆された。前例となる算術書は存在したが、『塵劫記』は天下統一以後の全国共通の度量衡や貨幣制度を用いたことでいわばベストセラーともロングセラーともなった。『塵劫記』を通じて、耕地面積、税率、売買代金、あるいは金利などのトピックを題材に、四則演算、開平（平方根を求める計算）・開立（立方根を求める計算）でのそろばんの使い方を学ぶことができた。私塾や寺子屋が『塵劫記』や類書を教材としたことで、全国の人々が計算の知識をシェアしていたのである（深川1998; 佐藤2005; 新井2017）。

明治維新を前後して、欧米諸国のスタイルを導入することが目標とされた。和算に関しては、物体の運動を関数で表現することについての開発と蓄積が洋算と比べてとりわけ見劣りするものとされた。洋算による自然科学の発達への貢献を引き合いに、和算は「知の遊戯」とさえ扱われた（Morishima 1984）。

洋算を理解するには筆算を体得しなければならなかった。幕末・維新期には、欧米の数学書の中国語訳が一部の算術家の間で出回っていたし、欧米の数学書の和訳・解説書が次々と刊行されていた。筆算ができる人材は皆無ではなかった。だが全国の小学校が筆算を教える人材を確保できたわけではない。人材育成には年月がかかる。学制は洋算を教える方針を掲げたが、教育行政ではその方針の修正が幾度も行われた。そのたびに地域の実情に合わせるものとして留意事項が添えられた。そろばんは明治・大正期も引き続き教えられた（平山 1961; 松原 1982）。

珠算と筆算は、一長一短が裏合わせである。珠算は手速く計算できるが、計算過程を記録できない。筆算は計算過程を手で記録するが、この手書きに時間がかかる。こうした違いは、開平（平方根を求める計算）・開立（立方根を求める計算）、あるいは複利計算などの複雑な計算で顕著となる。筆算重視の人々には、手書きに要する労力を精神の鍛錬とみなす考え方がシェアされるようになった。ただし、開平・開立・複利計算を筆算でさせるのは小学生には負担が大きいとの判断もあった。このため算術カリキュラム論議のなかで、筆算重視の立場から開平・開立・複利計算の学習内容を薄くしようとする潮流が現れた（山本 1999）。

一九〇七（明治四〇）年改正小学校令施行規則は、開平・開立を指導内容から除外するとともに、複利計算については、複利表を用いるように定めた。多くの地域で珠算が引き続き教えられるようになったが、少なくとも開平・開立・複利計算を珠算で教えることは教員の業務から外れていく。同時に、複利計算を学ぶ小学生も徐々に減ることになる。一九〇七（明治四〇）年時点で小学校一年生だった児童のなかには、一九二〇年代に若手教員として教壇に立つことになる子どもたちも少なくなかった。一九二〇年代は、小学校時代に珠算で複利計算を学んだことのない教員が徐々に現れ始める局面となったのである（横山 2019）。

†金融の新潮流

一九一〇年代から一九二〇年代、いわゆる大正デモクラシーの風潮のなか、明治期に成立した教育カリキュラムを見直す潮流が現れた。そうした潮流のなかで、株式や公社債の利回り計算を教えることを疑問視する声が上がるようになった。そうした疑問は、小学校創設に尽力したはずの名望家層たる地主にまで突きつけられることになった。小作争議において、小学校の学習内容が将来役に立つと思えないなどとして小作人たちが地主層にクレームすることもあった（菊池2003）。

名望家へのクレームは、立憲政友会を動かした。一九二五（大正一四）年立憲政友会は「実生活に即した」内容に変えるべく、教育カリキュラムについての方針をまとめた。算術については次の方針が掲げられた。

「多岐形式の学弊を廃し、国民の実際生活に適したる教授を行わしむること。即ち現行小学校中学校高等女学校等の教授内容は、徒らに多岐にわたり又は詰込主義に陥り実生活に迂遠なるの弊多きを以て、小学校教科書及中学校高等女学校等の教授要目に一大改正を加え、殊に理科数学歴史地理等の教科にありては、徒に学問的体系に由ることなく実生活に即したる教材を選択すること」

（石川1962、六八八頁）

こうした潮流のなかで、算術教育の研究者の間で、金利計算の教材として公債株式ではなく郵便貯金を教材としてクローズアップする次のような声が強まった。

「郵便貯金は最も安全な貯金機関である。又全国到る処にあり、預入れ引出し共に手続きが簡単な為に極めて便利な貯金機関でもある。自分の村の郵便局の位置はもう知ってゐるであらう」

（岩下 1932、三〇一頁）

こうした提言は一九四一（昭和一六）年四月、国民学校令施行規則で結実する。この施行規則に基づいて編纂された文部省『尋常小学校小学算術第六学年用』では、単元として「公債株式」はなくなっており、代わりに「貯金」が登場した（横山 2019）。

金融恐慌を前後して、郵便貯金が増加した。当時、郵便貯金は大蔵省預金部が運用していた。小切手払いや為替として決済手段に用いることもできる。資金運用の面でも決済システムの面でも郵便貯金は信頼を集めることになった。金融恐慌を前後して、引き出された預金は他の健全な銀行や大銀行に吸収されたほか、郵便貯金にシフトした（寺西 1982; 伊藤 1995; 杉浦 2001）。

金融恐慌の発生に伴う郵便貯金への資金シフトを通じて、金融恐慌のプロセスを今一度ビジュアルで捉えることにしよう。

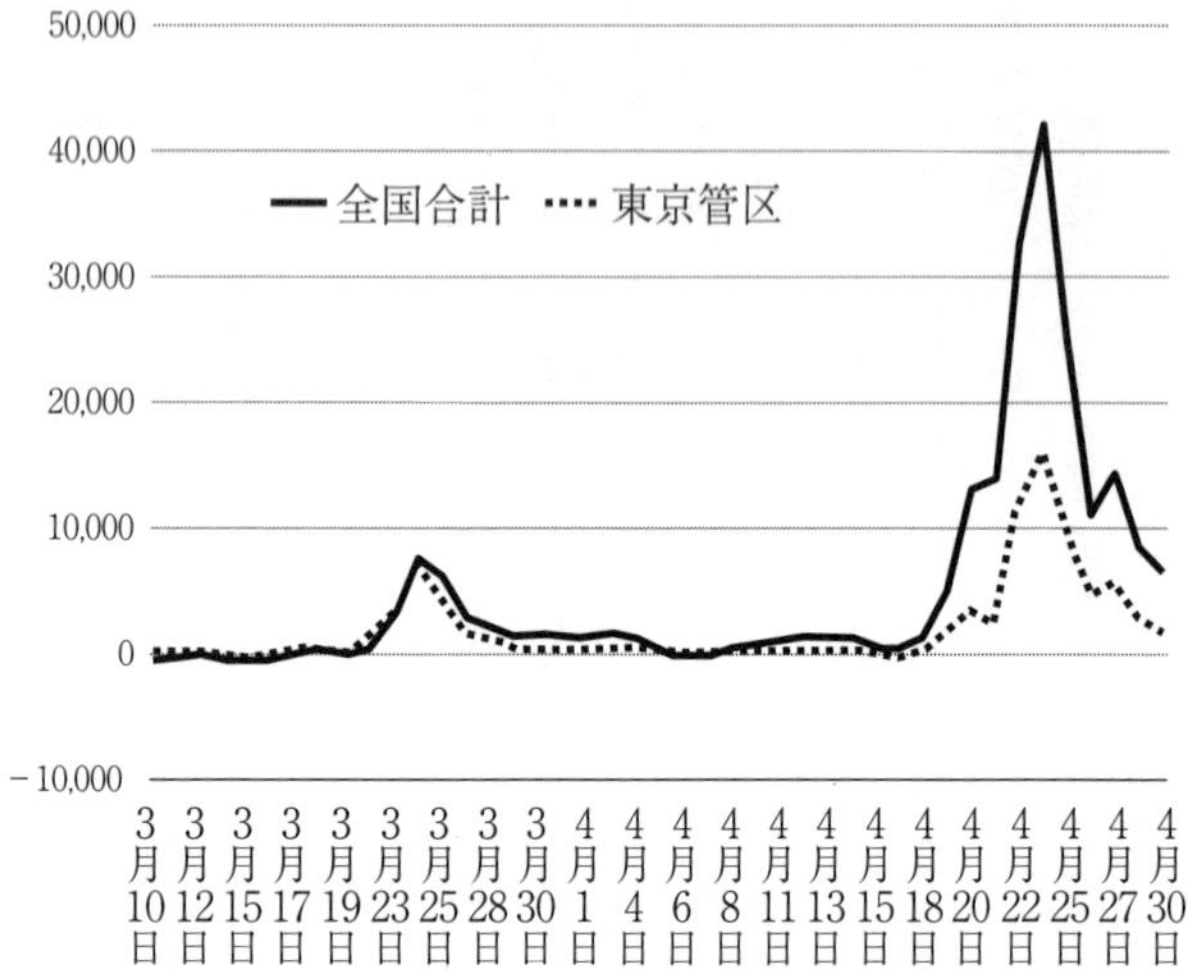

図表2-6　1927（昭和2）年3月10日から4月30日の郵便貯金純預入額（千円）

資料出所：「最近内地郵便貯金受払高並ニ増加額」（日本銀行1969b、118頁）

図表2-6は一九二七（昭和二）年三月一〇日から四月三〇日について、郵便貯金の預け入れから払い戻しの差額、つまり純預入額の推移を示すもので、実線が全国、点線が東京管区（関東地方）での動向である。郵便貯金の預け入れを銀行預金からのシフトと捉えるならば、その純増額は取付騒動と混乱が可視化したものと考えられる。左右田銀行をはじめ首都圏で連鎖休業を招いた三月二二日前後でも増額傾向を見せるが、この増額はほぼ東京で占められている。一方、四月一八日台湾銀行休業から四月二一日の十五銀行休業

の局面では東京管区のみならず全国レベルで激増している。本章冒頭で第百十銀行（現在の山口銀行）の述懐から説明したように、「三月の騒動はもっぱら関東の騒動であり、四月の混乱は全国的な取付騒動が激化したパニック」だったのである。

こうした可視化から、金融恐慌を次のようなナラティブの拡散過程とした仮説を提起することもできる。三月の騒動は首都圏の銀行についてソルベンシーを疑うナラティブが蔓延したことによる資金シフトである。一方、四月は銀行システムの流動性供給機能を疑うナラティブが全国的に拡散した。資金シフトの波は第一波、あるいは第二波と二回生じたが、蔓延したナラティブは全く異なるものなのである。

金融恐慌は、三月の首都圏を中心とする騒動と四月の全国的な混乱として進行し、大蔵大臣の高橋是清と日本銀行総裁の井上準之助とにより事後的措置が取られた。プルーデンス政策、とりわけミクロ・プルーデンスの面で銀行システムは再起動することになった。こうした変化のなかで、銀行と企業との関係性がどのように変質したのかについて、第三章以降で説明することとしたい。

第三章

国際金本位制をめぐって

1 国境を越えた通貨を求めて

†国際金本位制の現代的意義

本章の内容は、昭和恐慌がなぜ発生したのか、そしてどのように脱却できたのかをメインとする。本節はそのきっかけとなる国際金本位制の復帰について説明する。

国際金本位制の前に、まず金本位制を説明しておこう。金本位制は、貴金属としての金（gold）が貨幣の価値を裏打ちする仕組みを指す。金本位制の下では、紙幣を金と引き換えることができる。このような紙幣は兌換《だかん》紙幣と呼ばれる。現在の日本銀行券はいずれも不換紙幣であるから、銀行で貴金属と兌換してもらえるわけではない。

国際金本位制は、金本位制を採用している国々が金の輸出入を自由化することで成立した国際協調の体制である。この体制で覇権を握ったのが英国であった。英国は一八一六年から一ポンド通貨を金貨として鋳造していた。英国の植民地経営を通じてポンドは国境を越えて利用される通貨となった。ドイツ、フランス、さらにアメリカなど様々な国々が英国のポンドと自国通貨の価値とを紐づけるため協調体制に参加した。参加国の企業や資産家は、ポンド建てで決済できるようになったのである。

一八九七（明治三〇）年貨幣法の公布・施行をもって日本は国際金本位制に参加した。この法律では「純金ノ量目二分ヲ以テ価格ノ単位ト為シ之ヲ円ト称ス」と平価（金と円の交換比率）が定められた（第二条）。一円が金〇・七五グラムに裏打ちされたことで、一ポンドは九・七六円および四・八七ドル（一〇〇円が四九・八七五ドル）に相当することになった。国際金本位制に参加したことで、日本はカントリー・リスクを抑えた利率で外国債を発行できるようにもなった（Mitchener, Shizume and Weidenmier 2010）。

金本位制のもとでは、金の裏打ちのない量の通貨を発行することはできないため、充分な金準備（政策当局が兌換の準備として保有する金）が必要である。日本と英国との取引において、円を支払う際には、支払う円の価値を裏打ちする金も英国に渡さなくてはならない。金を渡すことを金現送という。あらかじめ中央銀行の海外事務所に金を保蔵しておくので決済のたびに船や飛行機で金を運ぶわけではない。

人々はときとして国家の支配の枠組みを超えた通貨を志向する（坂井2019）。国際金本位制における通貨とビットコイン（ＢＴＣ）などの暗号通貨とはそうした志向の面など共通点を持つ。例えば、金採掘のコストが通貨価値を裏打ちするかのように、暗号通貨のマイニング事業における計算資源のコストが暗号通貨の価値を裏打ちしていると説明されることがある（横山2018）。しかしこうした共通点の見出し方はミスリーディングである。暗号通貨のマイニングにおける計算コストはブロックチェーンの改ざんを防ぐために費やされる。ただし改ざん防止のためには、計算コストの浪費に頼らない手立ても開発されつつある。これらの手立てはユーザから見ると違いはない。したがって、一方の手立てが通貨の価値を裏打ちし、もう一方が裏打ちしない、と捉えるのは理にかなっていない。

国際金本位制と暗号資産との共通点として注目すべきは、通貨の総量が決定される点である。例えばビットコインのルール自体が世界全体のビットコインの総量を決定している。国際金本位制においても、各国の通貨量はそれぞれの国の金準備に制限されていた。だからこそ、決済に応じて自由に金現送できることが国際金本位制の要であり、暗号資産との重要な共通点であると言える。

国際金本位制に参加する動機は二つあった。一つは国際協調の証し、もう一つは貿易格差の是正であった。この貿易格差の是正について説明しておこう。

輸出減退で赤字となった国は自国の正貨（金に裏打ちされた通貨）を黒字国に渡す。すなわち、赤字国から黒字国に金が現送される。赤字国は金準備を減らすため、その分だけ通貨量を減らさなくてはならない。こうした通貨量の減少がデフレを招くことで、赤字国の輸出品価格は低下する。一方、黒字国では金準備が増える。黒字国で逆のことが起きると考えれば、通貨量の増大とともにインフレが進行し、輸出品価格の上昇が生じる。赤字国産品の価格が下落して黒字国産品の価格が上昇するならば、赤字国は黒字国に対して国際競争力を高めることになる。こうした価格メカニズムを通じて、貿易格差が是正される筋書きを示すことができる。

当時の経済学者は国際金本位制を積極的に評価しており、いわゆる古典派経済学の体系においては、価格メカニズムに対する信奉が強かった。価格メカニズムが何らかの社会問題を解決することは、当時の経済学を信奉する経済学者にとって好都合であった。国際金本位制の下での貿易格差の是正は、古典派経済学のいわば美意識に通じる筋書きであった（Keynes 1923）。

ところで右の筋書きには難点がある。価格メカニズムを通じた貿易格差の是正は確約されたものではない。すなわち、金準備を増やした黒字国が通貨量が増やす保証はないのである。赤字国は金準備の減少に応じて通貨量を減らさなくてはならない。一方の黒字国は金準備が増大しても中央銀行が売りオペ（民間銀行への国債の売却）を実施すればインフレを抑制できる。このような不胎化介入（通貨量を変えないための為替政策上の措置）を実施すれば、黒字国は国際競争力の低下を免れるのである。その場合、格差是正のメカニズムは機能しない。

第一次大戦勃発により、各国は金輸出禁止を表明して国際金本位制からの離脱を宣言した。日本は英国ポンドと円の交換レートを固定させたが、一九一七（大正六）年に金輸出を禁止した。では第一次大戦が終了したあとにどうするか、この点こそが大問題となった。

†金解禁論争

一九二二（大正一一）年三四ヶ国の代表者がイタリアのジェノヴァで会議を開いた。様々な国々でインフレもしくはハイパーインフレが進行したことを受けて、このジェノヴァ会議では大戦後の国際経済の枠組みとその展望が議論された。会議では各国とも旧来の平価で国際金本位制に復帰することが方針として定められた。各国とも貿易格差の是正を要望したわけではなかった。国際金本位制への復帰を通じてあくまで国際協調に賛同する姿勢を見せることが主眼とされた（Eichengreen and Temin 2000）。

日本も方針として旧平価で解禁することになった。しかしながら、瓦落、関東大震災、さらに金融恐慌など、相次ぐトラブルのなか、日本は金輸出解禁、すなわち金解禁のタイミングを失っていた。一九二八（昭和三）年銀行法施行に前後して金融システムは再起動の局面を迎えた。この状況改善を受けて金解禁をめぐる論争がヒートアップする。一九二〇年代、日本円の価値は実質的に低下していた。ジェノヴァ会議の議決をもとに旧平価で解禁すると、円切り上げ、つまり政策的に円高を起こすことになる。解禁に際して新たな平価として一〇〇円のレートとして四六五〇ドル程度が相当だとする論者も現れた。その代表的存在が石橋湛山《いしばしたんざん》である（石橋 1929）。

財界では、旧平価解禁でも差し支えないとする声、解禁を機に新平価を望む声、あるいは時期尚早とする声など様々であった。一九二八（昭和三）年は輸入超過が続き、円相場は依然として旧平価に及ばない水準が続く局面であった。この年、日本工業倶楽部が会員企業に対して金解禁に関するアンケート調査を実施した。同グループは、一九一七（大正六）年に設立された経営者の団体であり、初代理事長は三井合名理事長の団琢磨である。

図表3-1は、日本工業倶楽部による金輸出解禁に関するアンケート調査の結果を整理したものである。回答総数九九通のうち、意見の明記のない一二通を除外した八七通の意見は、「即時解禁」、「条件付き解禁賛成」（時期あるいは円相場について一定条件を満たしてからの金解禁に賛成）、そして「解禁反対」（時期尚早）の三つに分類することができる。総

	即時解禁	条件付き賛成	解禁反対	計
総計（A+B + C）	26	33	28	87
商業				
銀行・保険・信託・証券	9	3	1	13
海外投資・貿易・海運	4	7	3	14
その他含む計（A）	13	10	4	27
工業および鉱業				
生糸・絹紡・綿・毛糸紡織	3	5	4	12
電機・機械	1	–	3	4
石油・石炭・化学	–	7	2	9
金属精錬	–	2	5	7
その他含む計（B）	4	14	14	32
その他商工業（C）	9	9	10	28

図表3－1　金解禁に対する「日本工業倶楽部」会員の意見
資料出所：日本銀行（1969、688-689頁）

計に示されているように、即時解禁二六通、条件付き賛成三三通、および解禁反対二八通である。どの意見が極端に多いとも少ないとも断定できるものではなく、財界では意見が割れていたことが窺える。

八七通の会員企業の内訳は、「工業および鉱業」、「商業」および「その他商工業関係者」の三つに分かれる。「工業および鉱業」と「商業」を対比させると、「工業および鉱業」において解禁反対の声が強い。「工業および鉱業」について見てみると、「金属精錬」では即時解禁の意見表明なし、条件付き解禁二通、および解禁反対五通である。輸出面での打撃に対する不安、あるいは円への投機熱が先行きの見通しを悪くすることへの懸念など、工業部門からは旧平価解禁に対して疑問の声が上がっていた。鉄鋼業では、輸入鉄鋼価格が下落することで国内のマーケットが侵食されることが懸念され、やはり旧平価解禁に猛反対の声が上がった（日本銀行 1969; 三和 2003）。

「商業」について見てみると、「銀行・保険・信託」では即時解禁九通、条件付き解禁三通、および解禁反対一通である。この結果は、池田《いけだ》成彬《しげあき》（東京手形交換所理事長、後の三井合名の理事長）が即時解禁論者であったことを反映している。貿易の安定が見込めること、あるいは日本からの資本逃避が避けられることなどが即時解禁派の主たる根拠であった。日本興業銀行（農工業振興の目的で特別法により創設された銀行）の総裁である結城豊太郎や、土方成美といった研究者も旧平価解禁論者として発言した（日本銀行 1969; 中村 1994）。

旧平価解禁論者のうち、結城豊太郎は社債浄化運動と呼ばれるキャンペーンを展開した。一九二〇年代には社債のデフォルト（債務不履行）が相次いだ。当時はデフォルト後に担保を換金した場合の分与方法について具体的な規定がなく、デフォルト処理は概して二年以上の年数を要した。こうした制度上の問題は、社債を引き受けて投資家との関係を確保したい社債引受機関にとって切実な改善点であった。ただし社債引受は銀行と証券が担っていたため、デフォルト処理を始めとする様々な情報交換には調整役が必要であった。興銀は、東京市・大阪市などの公債、東京電灯などの電力債、あるいは南満州鉄道などの植民地経営機関など、多額の資金を動員するメインプレイヤーであった。興銀総裁の結城は、銀行業と証券業との調整役も果たしつつ、有担保原則をはじめ投資家保護の強化を主張した。こうした投資家保護は、やがて旧平価解禁によるデフレショックを緩和する措置として捉えられるようになる（長谷川 1938; 竹中 1956; 寺西 2011）。

田中義一内閣の大蔵大臣は高橋是清から三土忠造にバトンタッチされたが、後任の三土は日銀特融の処理や為替相場の回復を待ってから解禁すべきだと表明した。こうした表明には新聞雑誌も反応したが、旧平価解禁の論説に誘導するよう根拠のない憶測を記事に織り交ぜることも珍しくなかった（若田部 2004; 中村 2004）。

前大蔵大臣の高橋是清は、『東京日日新聞』のインタビューに答えて、自身の主張が勝手に綴られたとして抵抗の意も示している。

「……わが輩が金解禁に不賛成で勢い三土蔵相等をも牽制しているかに伝える向きもあるが右は全くの虚構でわが輩はかつて金解禁の是非に対する意見を何人にも話したことはない。殊に自分の様な隠居の身が責任ある一国の国務大臣に対して意見がましいことをいうとは全く受取れぬ話で三土君は三土君の責任においてその所信に邁進すべきは疑いのないところである」

（日本銀行一九六八、七八四頁）

高橋は続けて自身の見解について、自身はすでに隠居の身であることも添えつつ、条件さえ整っているのならば解禁すべきだとして次のように表明している。

「しからば金解禁に対するわが輩の意見はといえばその用意と自信さえ出来ていれば一刻も早く解禁を断行すべしということに帰するのである。すなわち断行後の国際貸借が均衡を得るようにでき、または近き将来に充分に均衡し得る様に出来上がっているかいなかの点にあるが、同時にこの国際貸借の均衡は外債の如きものによらず全く一国産業の振興、すなわち輸出が輸入をまかない、さらに貿易外の受払勘定が少なくとも収支均衡を得る程度まで行っていなければ（または近き将来に行けるという施設と自信がなければ）いけないのであるが、日本の現状は果たしてここまで行っているかどうか、わが輩隠居の身でこの調査を行なっておらず、さらにその事情も知っていないゆえに漫然と解禁の是非をいう訳にはいかないが、政府において右の調査が充分に行なわれており、さらに解禁後、国内財界に大なる動揺なしとの自信が充分あれば解禁は一刻も早く断行するのがよいと思う」

（日本銀行一九六八、七八四頁）

田中義一内閣による解禁は実現せず、一九二九（昭和四）年七月、立憲民政党の党首・濱口雄幸が内閣総理大臣に就任した。濱口は大蔵大臣に意外な人物を起用した。

†サプライズ人事

濱口雄幸首相は旧平価解禁の断行を公約に掲げた。立憲民政党は、対外政策として「幣原外交」、すなわち欧米諸国との協調を掲げ、国際経済の枠組みについても旧平価解禁による国際協調実現を掲げた。立憲民政党は旧憲政会と旧政友本党が合流して成立したが、議席数は過半数を下回っていた。そのため、新平価を定めようにも貨幣法改正案が可決するまでの道のりは険しくなるものと考えられた。

濱口は、旧平価解禁断行とともに、日本経済の国際競争力を高めるものとしてデフレ実現を至上命題とした。問題となったのは、緊縮政策を誰が仕切るのかである。すでに一九二九（昭和四）年度予算は田中義一内閣のもとで編成されており、この予算編成に帝国議会が協賛していた。実行予算の削減ともなれば立憲政友会勢力が黙るはずがない。よほどの敏腕と経験の持ち主が必要であった。

濱口雄幸は大蔵大臣の職を井上準之助に託した。『東京朝日新聞』や『報知新聞』など新聞各社は、この組閣をサプライズ人事として報じた。

第一章や第二章でも言及したが、井上は財政出動に積極的で緊縮財政とは正反対の存在であった。関東大震災直後、井上は大蔵大臣として復興財源の捻出に尽力した。金融恐慌後、日銀総裁として前例にない規模の特別融資を発動した。財政出動の積極性ゆえに井上は非難されることさえあった。その例が、第一次大戦後、横浜の茂木商店に日銀特融が実施されたときのことである。この特融に関して、『東洋経済新報』は茂木商店と井上との私的な関係に言及しつつ、第一次大戦後の緊縮すべき局面で財政出動を図った責任を追及し、井上に日銀総裁の辞職を呼びかけた。

濱口の抜擢は、井上の心変わりにも見える。だが井上には一貫性があった。その一貫性とは、国際金本位制が体現する英国の古典的な経済学の美意識に対する信奉であった。その信奉ゆえに、当時赤字国であった日本にとっては国内の物価を引き下げて国際競争力を高めることが最善だと井上は考えたのである（中村 1994）。

一九二九（昭和四）年九月刊行の雑誌『改造』に掲載された論説で、井上は新平価であろうと旧平価であろうと消費節約と財政健全が必要であるとして新平価解禁論を牽制している。その一部を次に引用しておく。

「……仮りに理論上貿易の均衡を得べき筈の為替相場が見付かり、夫《それ》を標準として新平価を定めた所で、夫のみに依て金本位制は完全に維持されるべきでない。只解禁に依る為替及物価の一時的変動を避くると云ふ消極的目的を達するに過ぎないのであつて、財政状態が依然放漫であり、財界の整理も行はれず、国民の消費節約も行はれぬと云ふことであれば、新平価の下に於ても再入超の現象は繰返さるるに過ぎないのであつて、結局財政の緊縮、財界の整理と云ふ過程を一度は経ねばならぬことを発見するに過ぎぬであらう」

（日本銀行 1969、一〇〇頁）

旧平価解禁の断行を掲げる井上は、消費節約と財政の健全化が日本の発展につながる、とするナラティブの拡散に務めた。一九二九（昭和四）年井上は関西婦人連合会が主催する「消費経済講演会」において演説している。まず彼はオーディエンスの立場に留意しながら消費節約への協力を呼びかける。

「私が勘定いたしまするると、一国のなかで十のうちの九割以上必ず婦人の手によって消費されております。あなた方がこの消費節約の事情をお聴き下さってわれわれにご協力下さるならばこれより有力なことはないのであります。消費者としての婦人の地位はあなた方がお考へになるとスグ判ります。あなた方が国の生産というものをつかさどってをるといってもよいのであります」

（井上 1929、三頁）

井上は続けて「子供」世代を引き合いに出しつつ、財政健全のもたらす前向きなビジョンについて力説する。

「もう少し経済的に楽に出来、ゆっくりしたのびのびした家庭が出来てそののびのびした家庭に子弟が育たないと、あなた方の子供さんも立派な子供衆になり得ないのであります。（中略）精神的に日本人はだんだん堕落しております。それは多くこの経済上の辻褄の合わない不都合なところから来ております。即ち金は取れない、借金もできない、依然として贅沢はしたいというような状態が今日なお残っておることが、この日本の精神の頽廃、思想の悪化なりに重大な関係があるのであります。（中略）そこで政府といたしましては、借金をして其の日の暮らしを立てるような辻褄の合わないことを断じてやめよう、即ち一般会計――と申しますとあなた方の日常の台所の暮らしであります――それには借金を一切やめます。これまで一億近い公債を計上しておりましたがそれを断じてやめて今後は入るを計って出づるを制する、即ち相当の余裕まで残してみよう、また今日まで非常な不景気に遭遇して収入の減った国民であるから理想的には是非租税までひとつ減《へ》して行こうという位の理想を持っているのであります」

（井上 1929、一四－五頁）

右の演説では「是非租税までひとつ減して行こう」とまで言及しているが、井上は将来の減税の可能性をちらつかせてまで消費節約と健全財政の必要性を強調した。こうしたナラティブの拡散を通じて、井上は旧平価解禁を断行した。だが皮肉にも、大不況が到来する。この大不況こそ、昭和恐慌である。

2　昭和恐慌

†旧平価解禁

濱口雄幸内閣は緊縮財政に着手した。田中義一内閣が編成した一九二九（昭和四）年度一般会計予算から九一〇〇万円ほど削減され、一六億八一〇〇万円の実行予算が組まれた。大幅な税制改革は実施せず、地方補助費、あるいは軍事費などの支出項目を中心に会計予算を大幅に縮小する手立てが取られた。当初、歳出削減の矛先は官吏の俸給にも向けられた。しかし司法省判事や官僚、とりわけ商工省の若手官僚から猛反対の声が上がった。民政党内部でも官吏減俸は次の総選挙に影響するとして懸念の声が上がった。濱口首相はこの方針を撤回した。ただし、一九三一（昭和六）年六月から官吏減俸は実施されることになる。

中央財政と地方財政との関係、政府と軍令部との関係、あるいは官僚組織内部において軋轢や取引コストが生じるなか、旧平価解禁が実施されることになった。一九二九（昭和四）年一一月二〇日、政府は金解禁を公表した。解禁の日付は一九三〇（昭和五）年一月一一日に決まった。二月二〇日に控えていた総選挙前に旧平価解禁が断行されることになったのである。その総選挙では立憲民政党の議席が過半数を超えた。解禁から間もないタイミングで有権者（満二五歳以上の成人男子）の支持を得るほど、旧平価解禁論のナラティブは拡散していたのである。

国際競争力を高めるため、井上は生産性向上を目標として企業合同とカルテルを促した。企業合同は、生産性の高い企業がそうでない企業の資産や従業員をより効率良く活用できること、いわばM&Aのメリットに着目したものであった。カルテルは生産数量割当もしくは価格協定を指すが、とりわけ価格協定によって価格水準を維持することは企業の利潤を確保することにつながるものと考えられたのである。企業合同とカルテルを促進する政策的枠組みは産業合理化と称された。

一九三〇（昭和五）年商工省に産業合理化の実働部隊として臨時産業合理局が設置された。一九三一（昭和六）年三月「重要産業ノ統制ニ関スル法律」、いわゆる重要産業統制法が制定された。重要産業とは主務大臣が指定できるものであった。重要産業内のカルテルについて、「加盟者三分ノ二以上ノ申請アリタル場合」には、主務大臣がカルテル不参加の企業に対し参加を命じることができた（第二条）。

図表3-2は、金解禁を前後しての円ドル相場と物価指数の推移を示している。一九三

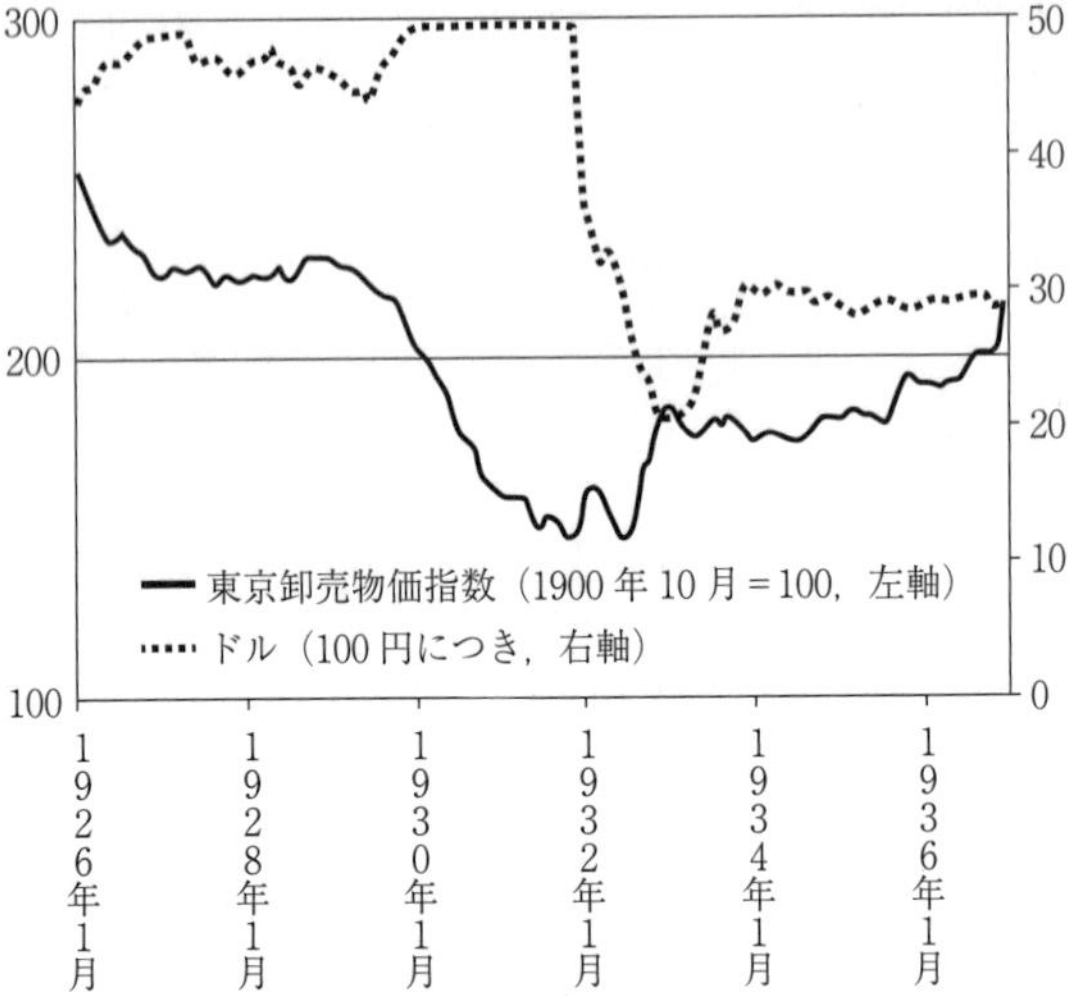

図表3－2　東京卸売物価指数と円ドル相場
資料出所：日本銀行『本邦経済統計』各年版

〇（昭和五）年一月から一九三一（昭和六）年一二月までは国際金本位制に復帰した期間であり、為替相場を示す点線が一定水準（一〇〇円＝四九・三八ドル）を維持している。復帰以前の上昇局面では、旧平価解禁がアナウンスされてから円買いが進んでいたことが窺える。復帰後、東京卸売物価指数は大幅に下落した。濱口内閣の狙い通り、デフレは進行したのである。

　地方補助費が削減されたことで村落地域の経済は停滞していた。勤労や節約の重要性を精神面から訴えかけるキャンペーンとして農村経済厚生運動が展開されたことで、村落地域では消費低迷が一層促された。このタイミングで、一九三〇（昭和五）年は米が豊作であった。一九一八（大正七）年米騒動を機に政府は植民地での米の増産に力を入れており、台湾米・朝鮮米が大量に移入されていた。こうした状況で米価が下落したことは、米作農家にとって痛手となった。村落世帯の所得は半減とも推計されるほどに激減する。翌年の一九三一（昭和六）年、東北地方を中心に今度は凶作飢饉が発生した（尾高 1989；石井 1991）。

村落経済の窮乏により、都市の失業問題は深刻化した。工業部門の労働者が失業の憂き目に遭った場合、再び親元に帰るという選択肢が残されていたはずであった。しかし、こうした選択肢に頼ることが難しくなった。濱口内閣は、労働組合法を草案するなど失業問題に着手しはじめるが、法律制定に至らなかった（三和 2003；加瀬 2011）。

旧平価解禁を軸として進められた井上財政は、デフレ不況をもたらした。このデフレ不況が昭和恐慌である。一九三〇（昭和五）年および一九三一（昭和六）年は、政府支出だけでなく、国内総生産が全般的に激減した（深尾・摂津 2017）。

図表3-3は、実質国内総生産（総需要）とその内訳（個人消費支出、民間資本形成、政府支出および純輸出）の推移を示している。純輸出は、一九三四（昭和九）年までマイナスである。金解禁で貿易は好転できていない。

	国内総生産	個人消費	民間資本形成	政府支出	純輸出
推計値（百万円）					
1934-36年価格					
1927	11,505	9,366	1,358	2,340	−1,559
1928	12,278	9,623	1,290	2,672	−1,306
1929	12,350	9,561	1,424	2,612	−1,247
1930	12,503	9,608	1,406	2,500	−1,011
1931	12,355	9,650	1,148	2,892	−1,335
1932	13,113	9,653	1,006	3,278	−824
1933	14,136	9,931	1,248	3,492	−535
1934	15,397	10,604	1,674	3,343	−224
1935	16,511	10,806	1,989	3,469	246
1936	16,948	11,208	2,149	3,545	45

図表3-3　実質国内総生産とその内訳（1927-1936年）
資料出所：宇都宮（2007）

†井上の挫折、高橋の決断

一九三〇年ロンドン海軍軍縮会議において英米と補助艦の保有量制限に合意したことで、財政負担はさらに軽減される。もっとも、軍事費の削減となれば軍令部は黙っていない。天皇の統帥権を犯すものとして、つまり「統帥権干犯問題」として政府攻撃の機運が高められたのである。

この機運のなか、一九三〇（昭和六）年一一月一四日、濱口雄幸は東京駅でテロに遭難する。濱口首相の入院中、幣原喜重郎が首相代行の任務にあたっていた。退院後も病状は芳しくなく、一九三一（昭和六）年四月、濱口は首相の座を辞任した。代わって首相の地位に就いたのは若槻礼次郎である。大蔵大臣は引き続き井上準之助が留任した。

一九三一(昭和六)年九月、英国は国際金本位制からの再離脱を表明した。一九二九(昭和四)年にはアルゼンチンやオーストリアが、さらに一九三一(昭和六)年七月にはドイツが再離脱していた。英国の離脱が連鎖的な離脱を促すことは目に見えていた。

日本が国際金本位制から離脱すれば円の暴落は避けられない。三井・三菱・住友など大手銀行は円売り・ドル買いに走った。この行動に非難が殺到した。事態は政治団体による銀行本社ビルへの威嚇行為や首相官邸での陳情騒動などにまで発展した。一〇月井上蔵相はドル買い対抗策として公定歩合(現在の基準割引率および基準貸付利率)引き上げを二度命じた。デフレ不況での金融引き締めは、かつての井上の方針とは正反対の姿勢であった。

若槻内閣の内務大臣安達謙蔵は立憲政友会との挙国一致を図った。九月には満州事変が勃発していた。若槻は軍令部の発言力を抑えるためにも安達の構想に同意を示す。井上準之助は経済政策の面で、幣原喜重郎は外交政策の面で、それぞれ立憲政友会と協力できないとする態度を貫いた。一二月閣内不一致により若槻内閣は総辞職する(安達 2006; 井上 2012)。

井上準之助は金融恐慌をはじめとする危機を救ってきた敏腕の持ち主であった。価格メカニズムを軸とする古典的な経済学体系を信奉したその井上が、意を決して旧平価解禁を断行した。その結果、昭和恐慌が生じた。井上の失敗は、政策当局が価格メカニズムを信奉することの問題点としてとりわけ若手官僚の記憶に刻まれることとなった。

一九三一（昭和六）年一二月、立憲政友会の犬養毅が組閣する。大蔵大臣に任命されたのは高橋是清であった。蔵相就任直後に高橋是清は金輸出再禁止を決断し、国際金本位制からの再離脱に踏み切る。すでに確認したように、高橋は国際金本位制の枠組みそのものを否定してはいなかった。その彼が国際金本位制離脱に踏み切ったのである。次節で説明するように、結果として景気回復が実現したことから、離脱の判断は英断であったと評することはできるだろう。

金輸出再禁止に伴い、日本は管理通貨体制に移行した。一九三三（昭和八）年外国為替管理法により金現送、外国銀行への預金、あるいは外国債の保有などは政府の許可制となった。一九四二（昭和一七）年制定の日本銀行法は「従前の兌換銀行券は本法による銀行券とみなす」と定め、兌換紙幣をすべて不換の日本銀行券扱いとした。こうして、日本は国際金本位制、さらに金本位制の枠組みからも離脱したのである。

†二人の女性の物語（五）――挫折と決断

昭和恐慌により日本各地が深刻なダメージを受けた。マサエの住む横浜は、関東大震災により生糸輸出のアドバンテージを失っていたなかでデフレ不況に直面した。

図表3‐4は輸出生糸価格の動向を示すものであるが、横浜は生糸価格の暴落に直面することになった。ただし、この暴落はデフレによって生じたものではなく、アメリカの保護主義政策によって日本産生糸の需要が激減したことによって引き起こされたものであった。日本政府は生糸の価格の安定化を図って生糸買収あるいは補助金政策などを講じていた。そうした支援策のひとつ、糸価安定融資補償法の適用が一九三〇（昭和五）年六月に途切れたのである。糸価の暴落は原料の繭の暴落ももたらした。こうした暴落は、養蚕に依存していた村落世帯を直撃した。

	輸出生糸価格指数（1934－36年を100とする）
1927	233.3
1928	216.1
1929	222.3
1930	145.1
1931	104.6
1932	111.5
1933	132.3
1934	92.7
1935	92.8
1936	114.5

図表3－4　輸出生糸価格（実質値）の動向

資料出所：大川・野田・高松・山田・熊崎・塩野谷・南（1967、第21表）

生糸はいわゆる薄利多売の商品であり、費用対効果を保つには量産が前提であった。輸出生糸の需要が激減したことは薄利多売のビジネスに痛手となった。養蚕世帯の困窮は、養蚕農家に対する前貸金の利子収入を頼りとする生糸売込商にも打撃を与えることになった。M&Aを通じて営業圏を拡大していた銀行が、新規ビジネスとして養蚕世帯への低利融資を拡大したのである。神戸港の躍進だけでなく、銀行業の発展によっても生糸売込商のアドバンテージが失われたのである（横浜市 1976; 山口 1982; 松村 1989)。

横浜経済が低迷するなか、マサエの父親は金銭面で苦境に立たされたはずであったが、それでも教育には熱心な姿勢を貫いた。長男は東京外国語学校（現在の東京外国語大学)、次男は明治大学に進学した。長女は病弱で長く家に伏せていたが、次女と三女はフェリス和英女学校（現在のフェリス女学院中学校)、四女は横浜高等女学校（現在の横浜学園高等学校）で学んでいる。マサエたちにとっては教育機会に恵まれたことは幸いであったと思われるが、父親の金銭面での負担は相当程度のものだったと考えられる。

一九三三（昭和八）年マサエは第一志望の女学校の入試に失敗し、四女の姉と同じ横浜高等女学校に進学する。同校には小説家の中島敦が新任教員として赴任していた。マサエも彼の授業を受けていた（勝又 2004; 朝日新聞 2020)。しかし個々の教員の授業はともかく、マサエにとっては通学そのものが不本意だったようである。加えて、後年の彼女の回想によると父親の金銭面での負担も彼女の心配事であった。

女学校に進学してから一年、ある親族がマサエを仕事に誘った。その親族とは彼女の義兄である。挫折を乗り越えて、マサエは決心を固めた。女学校を退学し、彼女は義兄の仕事の世界に足を運ぶことにしたのである。

3　景気回復の内実

†高橋財政

本節では昭和恐慌から脱却した過程について説明する。

脱却のきっかけは一九三一（昭和六）年一二月の大蔵大臣高橋是清による金輸出再禁止である。昭和初期、為替相場の変動は実体経済の動向に対して財政支出や金利政策に勝るとも劣らない影響力を持っていた。金輸出再禁止による円安ショックは輸出好転をもたらした（Cha 2003; 梅田 2006）。

一九三一（昭和六）年一二月から一九三六（昭和一一）年、岡田啓介内閣が二・二六事件に直面するまでの経済政策は高橋財政と呼ばれる。岡田内閣の大蔵大臣は藤井《ふじい》真信《さだのぶ》が就任したが、藤井の体調不良により一九三四（昭和九）年一一月高橋が引き継いだ。一九三五（昭和一〇）年臨時利得税（法人所得および個人所得が規定を超過した場合の課税）導入により株価が低迷する時期もあったが、実体経済はプラス成長を遂げた。

高橋財政は、当初は拡張的財政政策を展開し、行政費をまさに拡張したが後半からは削

	行政費		軍事費		一般会計歳出合計	
	金額	構成比	金額	構成比	金額	構成比
1931	650.0	44.0	454.6	30.8	1,476.8	100.0
1932	857.6	44.0	686.4	35.2	1,950.1	100.0
1933	879.2	39.0	872.6	38.7	2,254.7	100.0
1934	685.3	31.7	941.9	43.5	2,163.0	100.0
1935	623.1	28.2	1,032.9	46.8	2,206.5	100.0
1936	656.3	28.8	1,078.2	47.2	2,282.2	100.0

図表3-5　一般会計歳出内訳（百万円、%）

資料出所：日本銀行（1966、133頁）

減へと方針転換した。図表3-5は一九三一（昭和六）年から一九三六（昭和一一）年の行政費、軍事費、および一般会計歳出合計の推移を示す。一九三二（昭和七）年の歳出は行政費も軍事費も急増した。高橋財政の後半、一九三四（昭和九）年および一九三五（昭和一〇）年では行政費が削減されたのに対し、軍事費は増加している。

軍事費が増大するきっかけは、一九三一（昭和六）年九月一八日の満州事変である。満州事変に関する軍事費および陸海軍の装備改善費のほか、軍事関連経費（徴兵費、学生生徒思想訓練指導費、あるいは軍人恩給・家族扶助料など）も拡張した。日露戦争時は軍事費の激増に対して元老がストッパーとなっていた。昭和初期、元老の権限が弱まったなか、代わりにストッパー役を果たしたのが高橋であった。一九三六（昭和一一）年二月二六日未明、二・二六事件により、彼の命

	歳入合計		うち租税		うち公債借入金	
	金額	構成比	金額	構成比	金額	構成比
1931	1,531.1	100.0	735.5	48.0	120.3	7.9
1932	2,045.3	100.0	695.8	34.0	659.6	32.2
1933	2,231.8	100.0	748.6	33.5	783.0	35.1
1934	2,247.0	100.0	843.2	37.5	742.5	33.0
1935	2,259.3	100.0	926.1	41.0	678.4	30.0
1936	2,372.1	100.0	1,051.8	44.3	609.6	25.7

図表３－６　一般会計歳入内訳（百万円、％）
資料出所：日本銀行（1966、132頁）

は奪われた。一九三七（昭和一二）年の日中戦争開戦を機に、軍事費の対ＧＤＰ比は二〇％を超えるほどに膨張した（スメサースト 2010; 鎮目 2009; 岡崎 2017）。

財政政策としては、時局匡救事業、すなわち村落社会の救済を目的とする農林省・内務省関連事業もまた大きな目玉であった。時局匡救事業の経費は行政費とは別枠で時局匡救費として一九三二（昭和七）年から一九三四（昭和九）年まで一般会計に組み入れられた。時局匡救事業は、開墾・土木建築・暗渠《あんきょ》排水（地下水路）といった農業関連以外にも、中小商工業救済あるいは失業者の雇用確保として行われた（三和 2003; 坂根 2010; 加瀬 2011）。

拡張的財政政策の財源について見ておこう。図表３－６は一九三一（昭和六）年から一九三六（昭和一一）年の一般会計歳入合計、およびそのうちの租税と公債借入金について金額（百万円）と構成比の推移を示している。一九三三（昭和八）年で租税と公債借入金の構成比は一旦逆転し、公債借入金が上回った。ただし公債借入金の金額および構成比はいずれも一九三三（昭和八）年を山としてその後は減少した。

拡張的財政政策を展開するにあたり、日銀引受による国債発行、つまり日本銀行政府から国債を直接引き受けさせる手段を高橋は採用した。政府が民間に国債を発行するとなればその分だけ投資家の民間部門への投資が追いやられ、クラウディングアウトが生じかねない。日銀引受は資金需要での民間との競合を防ぐ方策だった。

日銀引受は高橋財政以前から日銀で模索されていた。議論の対象となったのは極端なインフレの進行を防ぐための金融調節の具体的な方策であった。中央銀行が公債を引き受ければ、引き受けた額と同額の通貨が政府の財源として供給される。通貨の発行量が金準備の制約を受けなくなった以上、政府の財政需要が刺激されることは際限のないインフレを引き起こしかねない。インフレ抑制のためには公開市場操作（売りオペ）による通貨量の調節が必要となる。売りオペが機能するためには金融機関に国債保有のインセンティブを与える必要があった（井出 2006）。

金融機関に国債保有のインセンティブを与える策として、一九三二（昭和七）年七月、「国債ノ価額計算ニ関スル法律」が定められた。この法律は、国債の評価額について大蔵大臣の告示する標準価格を記載することを認めたもので、国債保有の値下がり損を会計報告する必要がなくなったのである。さらに日銀は公定歩合を引き下げることで国債金利やその他の金融資産のリターン低下を誘導した。一九三二（昭和七）年一一月日銀引受により国債が発行された。すでに図表3-2で示したようにインフレが進行したが、このインフレ期待のもとで資本市場では投資意欲が復調が見られた（日本銀行1948; 志村1969; 飯田・岡田2004）。

一九三三（昭和八）年担保付社債信託法が改正された。この改正は、結城豊太郎が旗振り役となった社債浄化運動の成果でもあった。改正の目玉は開放式担保（open-end mortgage）の導入にある。開放式担保とは、発行限度額に達するまで社債を分割発行できる担保のことである。社債引受機関は、社債権者の権利保護を理由に発行会社の情報開示を発行の都度、適宜要請できるようになった（公社債引受協会1980）。

投資家は、企業情報を情報収集のために自らコストをかける必要がなくなると同時に、社債発行に際してリスクプレミアムを要求する理由もなくなった。発行する会社側は事業債をより低利で調達できるようになった。同時に、より低利の借換社債（過去に発行した社債の償還額の一部を借り換えるため発行される社債）を発行し、金利負担を軽減することもできた。こうした低利借換も進んだのである。投資家の権利は確かに保護された側面は

	労働人員指数		定額賃金指数		実収賃金指数	
	男	女	男	女	男	女
1926	100.0	100.0	100.0	100.0	100.0	100.0
1927	97.7	92.0	100.1	99.1	101.2	99.4
1928	97.2	83.8	99.1	98.3	103.3	99.8
1929	98.6	83.8	98.6	97.4	102.6	96.4
1930	91.3	73.0	96.2	94.0	97.3	87.4
1931	81.0	68.0	91.5	87.9	92.0	77.4
1932	79.0	70.6	88.8	83.4	92.7	70.9
1933	87.0	76.8	86.2	79.9	95.1	68.4
1934	98.4	84.3	84.0	78.0	96.3	67.3
1935	108.6	91.4	82.2	76.7	95.4	66.5
1936	117.8	98.4	81.6	76.1	94.2	71.2

図表3-7　民営工場労働賃金および賃金指数（1926年＝100：1926-36）

資料出所：日本経営史研究所（1971、附1頁）

あるものの、別の側面として、投資家は情報収集のインセンティブを失ったのである（寺西 2011）。

†インフレの進行と賃金格差の拡大

図表3-7は、一九二六（大正一五・昭和元）年から一九三六（昭和一一）年までの民営工場（金属・石炭・石油および各種製造工業）の労働人員、定額賃金、および実収賃金について一九二六（大正一五・昭和元）年を一〇〇とする指数の推移を男女別に示したものである。労働人員指数が男女とも回復しており、失業問題の改善が窺える。定額賃金指数、つまり基本給は男女とも低下し続けており、その傾向は女性で顕著である。実収賃金

	1920	1930	1935
1人当たり実質賃金（円／年、1934-6年価格）			
農業年雇（A）	145	153	131
製造業労働者（B）	336	439	436
(A)/(B)	0.43	0.35	0.30
1人当たり実質粗付加価値（円／年、1934-6年価格）			
第1次産業（a）	197	210	225
非第1次産業（b）	678	777	862
(a)/(b)	0.29	0.27	0.26
E＝[(a)－(A)]/[(b)－(B)]	0.15	0.17	0.22

図表3-8　農工間所得・賃金格差
資料出所：南・牧野（2017、表0-6）

指数は各種手当を含めた賃金所得の推移を示すが、男性のそれは一九三一（昭和六）年に底打ちしたのちに回復基調を見せているものの、昭和恐慌以前の水準には達していない。女性にいたっては、一九三五（昭和一〇）年まで低下し続けている。

基本給と別に出来高給や諸手当によりインセンティブを与える仕組みは一九一〇年代から普及していた。この仕組みを応用し、経営者は景気が悪化したときに備えて引き下げが容易な項目について賃金を引き上げるようにしていた。失業者を臨時工として雇用したり、労働時間延長により割増金を支払ったりなどの手段で済ませる経営者も少なくなかった（富永1986; 尾高1989; 金子2013）。

賃金所得について地域間あるいは産業間の格差が進展した。図表3-8は、農業（第一次産業）と工業（非第一次産業）での一人当たり実質賃金と一人当たり実質粗付加価値の推移を示している。比率（A）/（B）および（a）/（b）は、農業における賃金および粗付加価値の工業に対する大きさをそれぞれ示す。減少が顕著なのは工業に対する農業の賃金の大きさである。ここで、賃金と粗付加価値との差額を雇用主の所得とみなしておく。農業の雇用主の所得の相対的な大きさE（＝［（a）－（A）］/［（b）－（B）］）は、〇・一五、〇・一七、さらに〇・二二と増加している。この背景には、一九三〇年代には小作争議が増大し、地主層は不満を抱く小作人との契約を解消し、より高い小作料を払うことを了承した相手に土地を貸し付けたこともあった。こうした事情から、農業の雇用主は工業部門の雇用主に所得で水を開けられずに済んだのである（有本・坂根 2008; 坂根 2010）。

†二人の女性の物語（六）――ターキー・ストライキ

インフレ進行とともに賃金アップを求める労働争議が増加した（兵藤 1967）。そうしたなか、京都の少女ミツの心に深く刻まれる争議が起きた。

一九三三（昭和八）年、ミツは京都府立第一高等女学校（現在の京都府立鴨沂高等学校）に進学した。しかしその年の八月に彼女の母は他界する（ほどなく実父もこの世を去った）。彼女は二学期を待たずに女学校を退学した。

この頃、ミツはＳＫＤ（松竹歌劇団）に憧れていた。ＳＫＤはレビュー（歌・ダンス・衣装・照明で観客を魅了する演劇の当時の呼び名）を得意とした人気アイドルグループである。ＳＫＤのなかでも、ミツは水の江瀧子のファンであった。一九二八（昭和三）年東京松竹楽劇部の第一期生であった水の江瀧子は、男役として人気を獲得していた。彼女が舞台で「俺はミズノーエ・ターキーだ」と大見得を切ったことから、松竹は広告戦略としてターキーの愛称を多用した（松竹歌劇団 1978; 中山 1993）。

一九三三（昭和八）年六月、松竹の楽士部（劇団音楽部）部員たちが、労働組合員の従業員やＳＫＤメンバーを巻き込んで数日かけて経営陣に待遇面での改善要求や不満を訴えた。経営陣が譲歩しなかったことから、組合側はターキーこと水の江瀧子を交渉の場に立たせた。嘆願書には、解雇・減給の禁止、退職手当の制定などの組合の要求のほか、ステージ出演の手当に関するメンバーの要望も盛り込まれた。七月一二日未明に警察が水の江瀧子ら四六名を検挙した。しかし、争議発生から約一カ月後の七月一五日、経営陣は嘆願書の内容をほぼ受け入れた（社会局労働部 1972、四二二−四三二頁）。

この騒動は「ターキー・ストライキ」と呼ばれた。七月一三日付『東京朝日新聞』（夕刊）によると、彼女が浅草象潟《きさかた》署の取調室に入る際「失礼しちゃうわね」と笑っていたという。後年、彼女はスターの自分が参加したことで、同情が集まったのだと回想している

（水の江 1988）。松竹は水の江瀧子を謹慎処分としたが、彼女は同年の一一月に『タンゴ・ローザ』で舞台復帰を果たしている（松竹歌劇団 1978）。

ミツは、この『タンゴ・ローザ』に心を動かされ、従兄にあたる俳優・嵐寛寿郎の紹介で映画製作の現場に足を運ぶことにした。一九三五（昭和一〇）年嵐寛寿郎プロダクションの映画『なりひら小僧　春霞八百八町』（マキノ正博・山本松男監督、新興キネマ）で、ミツは茶屋少女の役を演じた。

クレジットされた芸名は森光子、この映画が彼女のデビュー作となった。

二〇〇九（平成二一）年七月、森光子は国民栄誉賞を受賞した。奇しくもこの年の一一月、水の江瀧子は九四歳で他界した。訃報を受け、森光子は「一三歳のころ、京都で松竹少女歌劇団の『タンゴ・ローザ』というレビューを観て、主演のターキーさんに強く魅かれました」と切り出し、「松竹歌劇団に属する皆さんの生活を守るために、労働組合の闘士としても率先して活動されました」と振り返り、哀悼の意を綴っている（URL: https://www.oricon.co.jp/news/70918/full/）。

✝高橋財政下の経済成長

一九三〇年代前半は、日本企業が生産性の向上を実現した局面でもある。生産性向上の一つの要因として、動力源のコストダウン、具体的には水力発電から火力発電へのシフトが挙げられる。昭和恐慌下、石炭の価格が暴落したことが火力発電の設備投資を誘発した（東洋経済新報社一九五〇、六二三頁）。水力から火力へのシフトは、アルミなど金属精錬のほか、合成硫酸アンモニウム（窒素肥料用等）、ソーダ石灰（ガラス製造用等）、自動車、航空機など莫大な電力を要する新興分野にとって好条件となった（富永1986; 橋川1995; 中村2017）。

生産性向上に寄与した変化として、機械化も挙げられる。自主的に機械化を進めた産業の代表例が石炭鉱業である。採掘用工具として、電動機、なかでもジーメンス社製のコールドリルは注目されていた。坑夫一人が手でツルハシを使って打ち抜くのに三〇分から四〇分を要する量でも、コールドリルであれば三〇秒から四〇秒で済んだ（藤野1934）。三池炭鉱では、三池式コールドリルなど独自の改良を重ねて機械化を進めた（川島1934）。もっとも、機械化は人員削減の余地を広げることにもなった。三池炭鉱の場合、機械化を受けて女性労働者や囚人労働が廃止された（春日1980）。

業界団体による企業間関係の調整など、取引コストの削減が奏功したケースもある。その代表例が綿業である。業界団体である大日本紡績連合会は一九三〇（昭和五）年から一九三七（昭和一二）年にかけて第一一次操業短縮と称して生産量を調整した。強制的な操短には反対する業者も現れた。取引先となる織布業者からも不満の声が上がった。そこで大日本紡績連合会は、操短に反対する紡績会社のみならず織布業者に対しても見返りとなる要望を聴き入れたり、カルテルをめぐるトラブルに関して仲裁役を果たすことで貢献した。綿業各社は、こうしたコーディネーションを通じて、企業間の長期的関係を保持しながら経営再建に成功した（橋口 2016）。

業界団体がリードできない場合は政府がコーディネーションに介入した。その例が小売業である。小売業は、企業間・店舗間の取引関係が概して複雑だったため業界団体での調整が難しかった。一方で生活必需品を行き渡らせる必要があることは明白であった。そこで商工省は各地の商工会議所に連携と調整を呼びかけた。物流を統制する方針は、百貨店に対して顕著に現れた。営業日や営業時間だけでなく、販売価格や出張販売業務も規制対象とする方針が打ち立てられた。こうした方針のひとつの結実が、一九三七（昭和一二）年制定の百貨店法であった（西川 2017）。

井上財政の失敗と高橋財政の成功とを通じて、若手官僚は市場経済の失敗と政府によるコーディネーションのメリットを目の当たりにした。高橋財政の下では商工省臨時産業合理局事務官の岸信介や大蔵事務官（主税局）の池田勇人がいた（戦前期官僚制研究会 1981）。とりわけ岸は、官吏の減俸を掲げた濱口雄幸に断固反対を貫いたことで商工省内外で知名度を上げていた。一九三四（昭和九）年大蔵省にはのちに池田の右腕として活躍する下村治も入省した。

井上財政の失敗と高橋財政の成功を目の当たりにした若手官僚は、やがて形成される官僚主導体制のもと、戦時統制、戦後改革と、さらに高度成長を牽引していくことになる。

†二人の女性の物語（七）——ためらふ勿れ若人よ

森光子がデビューを飾った頃、映画の世界は、トーキーの時代を迎えていた。

トーキー（発声映画）とは演者の声が上映中に再生される映画のことである。トーキー登場以前の映画は無声映画であった。無声映画の上映中は、活動弁士、いわゆる弁士が観客の前でナレーションをつけた。弁士の腕次第で観客動員数に差がつき、観客動員数に応じて活弁の給与が支払われた（今村 1960）。

トーキーは、役者の声や唄声、音楽、街なかの喧騒、あるいは動物の鳴き声が聞こえてくる。弁士は観客の治安を守る役割もあったが、トーキーの登場によりテクノロジー失業の危機に直面した。契約解除の破棄を求めて労働争議を起こす弁士は少なくなかった。ターキーこと水の江瀧子もまた弁士を率いて労働争議の場に立っていた（社会局労働部 1972）。なお、森光子のデビュー映画『春霞八百八町』もトーキーである。

海外からの映画作品はほぼトーキーとなり、観客は無声映画よりもトーキーを観たがるようになった（今村 1960; 加藤 2006）。トーキー時代到来のなか、日独合作のトーキー製作巨大プロジェクトが始動する。日本側の監督は伊丹万作、ドイツ側の監督はアルノルト・ファンクである。音楽は山田耕筰が担当することになった。撮影には、京都の大沢商会がトーキー撮影用として設立したJOスタヂオが使われた。

その映画の主演として、ドイツ側の監督ファンクは製作総指揮でもある立場を使ってある日本人女優を抜擢した。その日本人女優とは、横浜育ちのマサエである。彼女は日活多摩川撮影所に所属する女優として銀幕デビューを果たしていた。デビュー作は、一九三五（昭和一〇）年公開の無声映画『ためらふ勿れ若人よ』（田口哲監督、日活多摩川撮影所）であった。

この映画に「おせっちゃん」と呼ばれ親しまれる少女・節子が登場する。この少女を演じたのがマサエであった。マサエはその役名から自らの芸名を決めた。その芸名が原節子である。

ファンクは、一九三七（昭和一二）年公開の映画『新しき土』（アルノルト・ファンク、伊丹万作監督）の主演女優に原節子を抜擢した。映画の興行成績はともかく、宣伝が大々的であったことで、原節子の名が国内外に広まった（瀬川 2017）。

マサエもまた、ミツと同様に、ためらうことなく新しき世界に足を踏み入れた昭和の若者のひとりであった。すでに日本は、戦争が本格化する時代を迎えていた。戦時統制・戦後改革そして高度成長へと続く昭和の時代を、彼女たちは原節子、森光子として生きていくことになる。

第四章　コーポレート・ガバナンスの変容

1　市場主導型の最盛期

†コーポレート・ガバナンスの三形態

本章は、一九三〇年代および一九四〇年代のコーポレート・ガバナンスについて概説する。

コーポレート・ガバナンスとは、株主と経営者との間の利害不一致を調整する仕組みのことである。第二章で言及したように、プルーデンス政策には盲点がある。その盲点とは、銀行の借り手企業の取引先が抱えていた問題が、借り手さらには貸し手の銀行にまで伝播するリスクの存在である。したがって信用秩序を維持するためには、プルーデンス政策をサポートする仕組みが必要となる。コーポレート・ガバナンスはそのサポートの仕組みとなる（Dewatripont and Tirole 1993）。

社債の発行や銀行借り入れと株式発行と異なり、株式発行は会社の資産や利益金に関する所有権や請求権だけでなく、株主総会での議決権・議案提案権を資金提供者に与えることになる。会社の創業者が株式を発行する場合、自らを解任しかねない相手も含めて外部投資家の手の届く場に株式を差し出すことになる。

解任のリスクを負担してまで株式を発行するメリットのひとつは、会社経営に関して役割分担できる点にある。経営者は事業の内容を発案し、遂行する。こうしたマネジメント（事業の発案と実行）に関わる役割の一方、発案内容の承認、もしくは遂行状況の監視を通じてマネジメントを制御、つまりコントロール（承認・監視）する役割も会社経営に貢献する。会社の資産の所有権とコントロール役の権利とを紐づけて、会社経営の権限から切り離した権利が株主のものとなる。この株主の権利を保証する証券が株式である。株式会社は、株式発行を通じて外部投資家から資金を募り、外部投資家をコントロール役として招き入れているわけである。一方の外部投資家は株主としての権利を手にする一方で、経営者とともに会社経営のリスクを負担する（Fama and Jensen 1983）。

株式が分散し、株主が多数になると株主の間でも意見の調整が難しくなる。この難しさゆえ、株主は所有権を行使できてもコントロール役を果たせない状態になる。この状態が

「所有と経営の分離」である（Berle and Means 1932）。ここで、コントロール役の権限を集め直せるかどうかでコーポレート・ガバナンスのタイプ分けができる（Allen and Gale 2000; 村瀬 2016）。

投資家がコントロール権を集め直せるタイプのコーポレート・ガバナンスを市場主導型という。株式取得であれば、対面でのやりとりでも、あるいは取引所でもできる。いずれにせよ経営者を解任できる権利が経営者の知らない相手に渡りうる。取引所で売買できるのであれば、株式市場に参加する投資家の誰もが経営者のマネジメントをコントロールでき、場合によっては経営者を解任することもできる。株式市場は、会社支配権を取引できるマーケットでもある（Manne 1965）。M&Aのターゲットになることのない状況では経営者は設備投資が過小になる、いわば惰眠を貪る傾向にある。こうした傾向は、アメリカの州ごとの制度の違いや制度変更を利用した検証でつきとめられている（Bertrand and Mullainathan 2003）。

それに対して、株主がコントロール役の権限を集め直さないタイプは二つある。一つは銀行主導型、もう一つが政府主導型である。

銀行主導型は、資金提供者としては、株主よりも銀行の方が経営者に対して積極的に利潤機会を提供するタイプのコーポレート・ガバナンスである。銀行は貸し手としてアドバイザーの役目を果たしたり、借り手企業どうしのビジネスマッチングを提案したりなど、企業のサポート役を果たす。法律上は株主がコントロール権を集めることは可能であっても、投資家の権利保護が弱いなどの実質的な理由で集めるインセンティブがなくなっている。株主は、経営者のマネジメントをコントロールしない代わりに役員賞与など金銭的インセンティブを通じて規律を与えることはできる。

政府主導型は、統制経済あるいは計画経済におけるコーポレート・ガバナンスである。このタイプでは資金提供者であれ経営者であれ、利潤追求の自由を奪われており、政府の意向に沿わなくてはならない。

日本のコーポレート・ガバナンスは、一九三〇年代から四〇年代にかけて、市場主導型から政府主導型へとシフトする。以下、本節は市場主導型の最盛期を取り扱う。

第二次恐慌

一九二八（昭和三）年銀行法施行後、銀行間M&Aが促進された（第二章参照）。ただし、銀行がソルベンシー不足の銀行にM&Aを仕掛けた場合、預金者の間に疑心暗鬼のナラティブが広まることで取付騒動が生じかねない。一九三一（昭和六）年一二月から一九三二（昭和七）年三月、愛知県内でこうした取付騒動が生じた。この騒動は、金融恐慌後に生じたことから「第二次恐慌」と称される（日本経済研究会 1935）。

まず第二次恐慌の概要を示しておこう。一九三一（昭和六）年一二月、愛知農商銀行および農商貯蓄銀行が休業した。年明けの一月には額田銀行が休業を余儀なくされた。この不安定な状況下、明治銀行が愛知銀行と合併話を進めていた。しかし三月一日、名古屋に本店を置く村瀬銀行が取付騒動に直面して休業する。この休業のニュースに伴い、明治銀行と愛知銀行の合併話は破談に終わる。この破談のニュースが引き金となって、名古屋市内のほとんどの銀行が取付騒動に直面した。三月四日には明治銀行が休業した（名古屋市 1954; 東海銀行 1961）。

ここまで出てきた銀行のなかで、休業を免れたのが愛知銀行である。一九四一（昭和一六）年愛知銀行は名古屋銀行・伊藤銀行との合同で東海銀行として再スタートし、平成の金融再編を経て現在の三菱ＵＦＪ銀行に至る。

第二次恐慌は明治銀行と愛知銀行の合併話が破談に終わったことで引き起こされた。この破談要因として鍵となるのが、村瀬銀行の休業である。村瀬銀行は、一九〇七（明治四〇）年の創業以来、東海地域の産業発展に貢献していた。一九二七（昭和二）年金融恐慌のさなかにあっても「最近財界の不況なるにも拘らず極めて好成績」だと評された（明治大正史刊行会 1929、九六頁）。

村瀬銀行の休業について、筆者は次のいきさつを聞き及んでいる（以下の叙述に誤謬があればその責任は筆者が負うものである）。

ある日、村瀬家が親族となる結婚披露宴が開かれた。地元の名士がスピーチで両家の地域社会への貢献を語るため、姻戚関係を遠縁に至るまで丁寧に説明した。その説明のなかで、相手方の親族が明治銀行と関わりがあることも紹介された。明治銀行は、M&Aを通じて規模を拡大するなかで別の中小銀行の不良債権を引き受けていた。この不良債権を処理できるかどうか、明治銀行は正念場を迎えていた。ただし、愛知農商銀行、農商貯蓄銀行、さらに額田銀行と休業が相次ぐなか、預金者の間で噂に尾ひれがつきやすい状況でもあった。地元の名士が丁寧に事情を説明したことで、列席者は村瀬銀行と明治銀行との関係性に色濃い印象を抱いた。信頼できる人物からの詳細な情報提供がもとで、明治銀行が破綻すれば村瀬銀行も巻き込まれないかと不安に尾ひれがついたのである。村瀬銀行は取り付けに直面した。

銀行法施行後も局地的な騒動が生じた。銀行家の私的動機だけでM&Aを進めるとなれば預金者の不安が増大しかねなかったのである。懇切丁寧な事情説明が、むしろ預金者に引き出しの動機づけとなるほどであった。第二章で言及したように、銀行間M&Aの調整役を果たしたのが名望家層であったが、その調整には情報提供の面で相当な慎重さが求められたことになる。

産業合理化運動のもとでは様々な産業分野でM&Aが推進された（第三章参照）。政策的な後押しが必要のない分野もあった。例えば映画産業が該当する。

†二人の女性の物語（八）——新規参入と既存大手

マサエは映画『新しき土』で女優・原節子としての知名度を上げた（第三章参照）。そんな彼女のもとに移籍話を持ちかけた人物がいる。その人物とは、東宝映画株式会社の小林《こばやし》一三《いちぞう》である。

小林は、阪神急行電鉄を中心に、宅地建設、不動産、百貨店、さらに宝塚少女歌劇団を手がけていた。いずれのビジネスも、利用者が増えることで互いにプラスに影響しあう側面を持つ。こうしたビジネスの一つとして小林は映画産業に進出を視野に入れた。第三章で言及したように、トーキー映画が普及しつつあるなかで映画製作には莫大な費用がかかることになった。次の文章はその概要を示すものである。

「発声映画（引用者注：トーキーのこと）になってからはフィルム費、現像費が無声当時の倍くらいとなり、音楽費、録音費等従来になかったものも加わって、製作費も昂騰し、当初は一本約二万五千円程度であったものが、昭和八、九年ころには平均四万四千円、十五年には十万円程度というように上昇して行った」

（東洋経済新報社 1950、七六六－八頁）

一九三二（昭和七）年、小林は日本映画劇場を吸収合併することで映画の興行事業に新規参入した。彼はさらに、製作会社の写真化学研究所（Photo Chemical Laboratory、通称ＰＣＬ）とＪＯスタヂオ、および配給（製作と興行の仲介）会社のP.C.L.映画配給所との提携に乗り出した。ＪＯスタヂオは『新しき土』の撮影に関わった製作会社でもある（第三章参照）。一九三六（昭和一一）年六月、東京宝塚劇場、ＰＣＬおよびＪＯスタヂオの三社は、共同出資で東宝映画配給株式会社を設立した。この設立により、小林は映画の製作・配給・興行を自らのビジネスに組み入れたのである。

既存の映画製作会社としては、松竹キネマ、新興キネマ、大都映画、あるいは日活（日本活動写真）が大手であった。このうち日活は興行事業が手薄であったことから、東宝映画配給との提携を視野に入れた。一方で、小林の新規参入に難色を示したのが松竹キネマであった。松竹キネマにとっては、小林の参入のみならず、日活が小林の東宝映画配給と提携することも好ましくなかった。松竹は日活の経営権を手中にした上で東宝映画配給に包囲網を仕掛けることになる。

日活は、上映館確保のために日本興行を垂直統合したばかりであった。日活はもともと日本興行と提携関係にあった。この日本興行の代表取締役として松竹キネマの監査役である田中貞二が就任した。この就任を機に、新興キネマが日本興行に対して合併を申し出てきた。新興キネマは、創設メンバーに松竹キネマの創設者大谷竹次郎が名を並べる会社であった。つまり合併話の持ちかけは、松竹キネマが画策したものだった（図表4-1）。日本興行の経営陣は日活派と松竹派とに分裂したが、日活派が所有株式を日活に譲渡したことで日活は松竹派を一掃した。こうして一九三五（昭和一〇）年九月、日活は日本興行を合併した（日活株式会社 1962）。

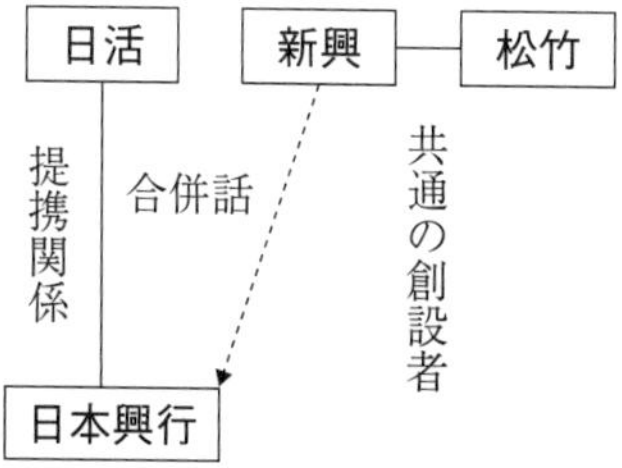

図表4－1　日活と日本興行の垂直統合

日本興行を合併した日活は、上映館の拡張を図って東宝映画配給に提携をオファーした。一九三六（昭和一一）年九月六日、日活と東宝映画配給は製作した映画を互いの上映館チェーンに配給する協定を結んだ。ここで思わぬ事態が生じた。九月一六日、日活の経理を管理していた専務の堀久作が粉飾会計容疑で逮捕されたのである。このタイミングで日活社内では千葉合同銀行などへの債務（二五〇万円）の返済期限が迫っていることが問題となった。小林はこの債務の肩代わりを打診されたが拒否した。一方で、肩代わりを名乗り出たのが松竹の創設者大谷竹次郎であった。実のところ日活はこの借り入れに際して自社株（二万五千株）を担保としており、大谷は返済の肩代わりすることでこの株式を取得したのである。堀の逮捕が偶然かどうかはともかく、この逮捕と株式取得を機に大谷は日活を手にした。なお、堀の容疑が晴れて釈放されるのは翌年一〇月のことである（堀 1962; 中川 2018）。

松竹は、日活、新興キネマ、さらに大都映画と連携して、東宝映画配給作品を上映した劇場では提携した四社の作品を上映しないと宣言した。

小林は反撃に出た。映画賃貸料は定額制が慣例だったが、小林は劇場に上映のインセンティブを与えるためフリーブッキング（劇場が支払う映画賃貸料を作品の製作費や劇場の予想観客動員数に照らして算出する仕組み）を採用した。さらに製作・配給・興行の三部門は統合されることになった。一九三七（昭和一二）年東宝映画配給は、PCL、P.C.L. 映画配給所、およびJOスタヂオと合同し、東宝映画株式会社として再出発した。小林は同社の直属の部署として技術開発研究所を設置し、トップダウンによる技術開発を目指した（日本映画協会 1942; 東宝株式会社 1963）。

小林は映画製作においてもトップダウンを徹底した。彼は米国の映画製作会社同様、プロデューサー方式を採用した。経営者である小林本人がプロデューサーとして製作に関与し、助監督たちスタッフを会社製作部の配属としたのである。プロデューサー方式は、監督よりもプロデューサーが強い発言力を握ることができる点で経費節減の面で経営者に好都合であった。その後、松竹キネマなど他社も模倣してプロデューサー方式を採用する（筈見 1947; 井上 2002）。

小林は興行収入アップを図り、俳優の引き抜きにも積極的だった。映画『新しき土』で、日本のみならずドイツで知名度を上げた原節子もターゲットとなった。小林はまず彼女の義兄である映画監督の熊谷久虎から口説き始めた（第三章において、彼女を映画の世界に誘った親族とは熊谷のことである）。一九三七（昭和一二）年彼女は小林の誘いに応じ、熊谷とともに日活多摩川撮影所から東宝映画に移籍した（石井 2019）。

このとき原節子は一七歳、すでに映画産業の開拓に欠かせない存在だったのである。

†同族企業グループ――成功とバッシング

複数の事業を手がける企業もしくは企業グループは、M&Aによって新たな事業部門や企業を組み入れることで企業内・グループ内の取引を活性化できる（Williamson 1985; 1996）。小林一三は、こうしたM&Aを経営者として活用した代表例である。一方で、株主としてM&Aを活用する代表例が、財閥と呼ばれる同族企業グループの持株会社である。「財閥」は、知名度の高い富裕層を指す言葉であった。一八九〇年代後半、若尾逸平や根津嘉一郎など山梨出身の事業家が新聞記事で「甲州財閥」と書かれたのが端緒である（栂井 1979）。一九二〇年代には、三井・三菱・住友・安田が「四大財閥」と総称された（大阪毎日新聞社・東京日日新聞社 1929）。大倉・藤田・古河・久原・浅野・山口・鴻池・川崎、さらには重化学工業部門をコアの事業とする日産・日窒・森・理研も財閥とされた。一括りの概念規定に照らし合わせて個々の事情を把握する上では、「財閥」といった言葉を用いることと自体は経済史研究にそれなりに貢献した（橘川 1996; 岡崎 1999）。「財閥」と称された側が「財閥」と自称することはなかった（安岡 2004）。以下、本書は特段の事情がない限り同族企業グループ、あるいは同族グループと記す。

三井・三菱・住友・安田は、明治維新を前後して、徳川時代以来の名声あるいは明治政府との取引関係を手にしていた。いずれの同族グループとも明治政府との取引関係を基礎に、官営工場の払下げを通じて、鉱山・炭鉱・造船所など新興分野の設備を取得できた。そうした状況から「政商」といった呼称も用いられた。こうした同族企業グループは、個々の同族で経緯や形態は異なれど、複数の事業を同族全体で取り組む手段として持株会社の仕組みを活用した。手持ちの資金は豊富であった上に、それら事業の成果や評判から外部資金を集められる強みもあった。

例えば三井家のビジネスは、徳川時代の三井高利および長男の高平による呉服・両替業が源流である。分割相続による財産縮小を避けるため、事業は三井家の共同経営とされた。しかし民法・商法の所有権制度のもとではそうした共有はできない。そこで三井家は、同族一同を無限責任社員（会社倒産の際に出資額以上の返済義務が発生する社員）として三井合名を創設した。三井合名は、三井物産・三井鉱山・三井銀行・東神倉庫といった、ビジネスのコアとなる会社の株式を占有した。コアの会社は、他の三井家の株式会社の大株主となった。例えば三井物産は東洋レーヨンや日本製粉の、あるいは三井鉱山は松島炭鉱や北海道炭礦《たんこう》汽船の大株主となった。株式所有のピラミッド構造の頂点として、三井合名はグループ企業の事業の発案・遂行に対して、承認・監視の発言力を行使した（岡崎 1999）。

三井合名に限らず、同族企業グループの持株会社は積極的にM&Aを仕掛けた。グループ企業の取引先を買収することでグループ内でB2B（business to business）を活性化することができた。グループ内の総合商社は、情報収集活動を通じてM&Aのターゲット選定に貢献するとともに、ターゲット企業をグループ内に取り込んだ際にもB2Bの仲介役を果たした。こうした事情から、グループの参加企業は特定の産業分野に偏る傾向にあった（橘川 1996; 粕谷 2019）。

同族企業グループの企業は幅広い産業で良好な業績をマークしたが、そうした好成績による富の集中に非難の声が上がるようになった。第三章で言及した昭和恐慌下の「ドル買い」は、非難の声が同族グループに対するバッシングのナラティブとして口々に広まるきっかけとなった。こうした状況のなか、一九三二(昭和七)年に思想団体「血盟団」のメンバーがテロ行為に及んだ。犠牲となったのは井上準之助、さらに三井合名理事長の団琢磨である。このテロ襲撃では、井上がデフレ不況を呼び起こした張本人として、団が同族グループで富を手にした代表格として標的になったのである(中村1994)。

一九三三(昭和八)年三井合名の池田《いけだ》成彬《しげあき》は筆頭理事としてイメージアップを図った。池田はグループ企業の経営陣について三井家メンバーを退かせるとともに定年制を導入した。三井のみならず、三菱、安田さらに住友もグループ内企業の株式をグループの垣根を超えて公開した。こうした株式公開は、やがて外部資金に対する依存度を高める糸口ともなった(Hoshi and Kashyap 2001; 宮島2007)。

市場主導型を謳歌した同族グループであったが、いずれの持株会社もその最盛期にバッシングのナラティブに直面し、株主としてのコントロール役の権利を手放すことになった。ただし、一般の投資家は別の事情からコントロール役を果たすインセンティブを失っていた。この別の事情については次節で見ていくことにしよう。

	株式	債券	借入金		内部留保
			民間金融機関	政府・日銀	
1936	33.5	－2.3	18.3	0.3	47.4
1937	35.5	－0.1	31.9	－2.1	33.3
1938	34.6	5.4	29.9	－0.3	30.5
1939	24.5	7.9	38.4	2.1	27.2
1940	26.7	5.5	38.3	1.0	30.4
1941	29.1	10.1	28.1	－0.9	33.6
1942	25.7	8.9	32.9	1.4	31.2
1943	22.6	7.8	35.8	3.4	30.3
1944	9.1	8.3	57.8	0.7	24.2
1945	6.1	0.7	90.9	2.3	0.0

図表 4-2　民間企業における資金調達のフローの構成比（1936-1945年、%）

資料出所：寺西（1993、表3-3）、日本銀行『経済統計年報』

2　政府主導型の形成

†統制始動の局面

本節は、戦時統制を経てコーポレート・ガバナンスが市場主導型から政府主導型にシフトするプロセスを取り上げる。このプロセスは、企業の資金調達において民間金融機関からの借入金のウェイトが高まる時期に該当する（図表4-2）。

本節は市場主導型から政府主導型にシフトするプロセスを二つに区分し、便宜的に統制始動の局面と計画化の局面と呼び分けることにする。その分岐点は一九四〇（昭和一五）年七月の第二次近衛文麿内閣の成立である。

では統制始動の局面から説明していこう。

一九三六（昭和一一）年二・二六事件後、広田弘毅《ひろたこうき》内閣の大蔵大臣として馬場鍈一《ばばえいいち》が就任した。馬場は蔵相就任以前から「私は実は赤字公債をそんなに恐れない。恐れたところで出さなければならぬものは出さなければならぬ」と、赤字公債に積極的な姿勢を示していた（馬場1935、二一八－九頁）。

馬場がまず取り組んだのは国債の低利借換である。一九三六（昭和一一）年三月「四分利債」が発行されるとともに、発行済の「五分利債」が償還の満期前であるにもかかわらず「三分半利債」に借り換えられることになった。五％の国債を保有していた投資家は三・五％への利下げに直面することになる。このため、「五分利債」が忌避されて相場が暴落し、「四分利債」がむしろ急騰する逆転現象が生じた。馬場はこの低利借換とともに、公定歩合や定期預金金利の引き下げを合わせて低金利ムードを呼び起こそうとした（公社債引受協会1980）。

戦時統制下の国債に関して、国債のリスクプレミアムを測定することで投資家の行動を検証した実証研究がある（平山2019）。その結果によると、一九三八（昭和一三）年には低利借換の懸念からリスクプレミアムが上昇することもあり、投資家のリスク評価が国債相場に反映されていた。ただし一九四〇年代、本節でいう計画化の段階になるとリスクプレミアムのそうした上昇は見られず、国債市場そのものが政府の管理下に置かれることになった。

馬場財政は高橋是清の公債漸減方針を否定することで国債による政府の財源確保を図った。さらに馬場は国債消化力を高める策として、「一県一行」をスローガンに中小銀行の整理を推し進めた。第三章で説明したように、高橋財政の日銀引受を支えたのは、投資家の利潤動機を前提とした金融調節であった。この点で高橋財政と馬場財政とは一線を画するものであった。

一九三七(昭和一二)年七月日中戦争が勃発した。同年九月の臨時議会において、近衛文麿内閣(第一次)は、いわゆる戦時三法(軍需工業動員法、輸出入品等臨時措置法、および臨時資金調整法)と臨時軍事費予算を成立させた。このうち臨時資金調整法は、不要不急の資金流入を制限し、企業の新設・増資等を許可制とするなど資金の計画的な動員を図るものであった。臨時議会では臨時軍事費予算(特別会計の枠の一つで戦争に必要な経費を処理するための項目)も通過した。同年度中の臨時軍事費は二〇億三四〇〇万円であり、一般会計歳出額二七億九〇〇〇万円の七割を超えた。政府は臨軍債(臨時軍事費を募集する国債)を日銀引受で発行した(日本銀行 1948)。

近衛文麿内閣の大蔵大臣の賀屋興宣《かやおきのり》ならびに商工大臣の吉野信次(吉野作造の弟)は生

産力の拡充、国際収支の均衡、および物資の需給調整を「財政経済三原則」に掲げ、共同声明を公表した。声明の一部を引用しておく。

「現下内外の情勢に顧みるときは国防並に国民生活を基調とする諸方策を実施するの要極めて緊切なるものあり、これが為には日満両国を通じて経済力の充実発展を図ること肝要にして生産力の拡充、国際収支の適合及び物資受給の調整の三点を主眼とする綜合的計画の具体案を樹立するを急務とす」

（通商産業省 1964、一一六頁）

「満」とは満州（現在の中国東北部）のことである。一九三二（昭和七）年日本はこの地域を満州国として建国した。石炭、鉄鉱石、工業原料塩、綿花および羊毛などの資源開発が期待されていた。だからこそ中国との衝突は避けられなかった。開戦となれば日本は生産活動を縮小せざるを得ない。「国際収支の適合」を守るためには輸入依存度を高める訳にいかないとして、資源配分を統制・計画する必要が生じた。そこで物資需給を調整する機関として企画院が設置された（中村 2017）。

一九三八（昭和一三）年四月国家総動員法が制定され、雇用、物資、金融、カルテル、価格、および言論が統制対象となった。金融についての具体的な規定として、一九三九（昭和一四）年九月、会社利益配当及資金融通令が制定された。この法令は、一定規模以上の会社の配当率に上限を設定するなど企業金融の統制を敷くと同時に、日本興業銀行による融資について政府が大蔵省を介して権限を掌握できるものと定めたものである。なお、一九四〇（昭和一五）年一〇月、銀行等資産運用令により興銀以外の銀行についても大蔵省による命令融資制度が適用されることになった。大蔵省が銀行貸出に介入できるようになった。

金融機関は協調融資で政府の要請に応じた。協調融資は、第一次大戦後に増田ビルブローカーを救済する際に実施された方法である（第一章参照）。特定の会社に集中的に融資を向けるには、企業の情報を持ち合わせていない金融機関からの融資も募らなくてはならない。この点で、協調融資は、複数の金融機関でリスクをシェアできる方法である。多くの場合は興銀が幹事行となって情報収集し、他の銀行が興銀の情報収集に便乗しながら協調融資に参加していた（寺西1993）。

さて、ここで区切りの一呼吸として二人の話に戻ることにしよう。

一九三九（昭和一四）年映画法が制定された。映画は軍部大臣の協力・指示を受けて製作されるものと定められた。原節子は熊谷久虎監督『上海陸戦隊』（東宝、一九三九年）に出演している。この映画は海軍の全面協力を得ていたことから、実際の戦車や飛行機、さらに機関銃などの兵器が登場する。義兄が監督する映画ではあるが、こうしたキャンペーン映画でもない限り、映画の製作は難しくなったのである。

原節子は大谷俊夫監督『東遊記』（東宝映画・満州映画協会、一九四〇年）で李香蘭（山口淑子）と共演した。主演の李香蘭は満州映画協会の看板女優であった。満州映画協会理事長の甘粕正彦は彼女の人気を目当てに娯楽映画の製作に注力した。満州には映画法の縛りがなかったことから新天地とされ、映画監督や俳優たちが次々と渡ってきた。日本では映画製作そのものが切り詰められる傾向にあった。原節子は比較的出演作が多い方であったが、やがて出演本数が減ったことからドストエフスキーなど長編小説を読む機会が増えたという（山口 2000; 李 2017; 石井 2019）

森光子も満州を訪れた。彼女は軍隊を慰問する歌手として、淡谷のりこ、東海林《しょうじ》太郎《たろう》、あるいは藤山一郎などスター歌手の前座を務める巡業の日々を過ごしていた。一九四二

（昭和一七）年東海林太郎が満州への慰問団を率いることになり、この慰問団に彼女が参加したのである。東海林太郎は、歌手に転身する以前、南満州鉄道に勤務していた。同調査課は一九二五（大正一四）年に『満鉄調査資料第四三編満州に於ける産業組合』を出版したが、その編纂者として彼の名が記載されている。

若手官僚も満州に次々と派遣された。一九三六（昭和一一）年満州国国務院実業部総務司長として渡ったのが岸信介である。彼は一九三七（昭和一二）年に開始した「満州産業開発五カ年計画」の事実上の責任者でもあった。この事業計画は、基本原料部門（鉱業・石炭・電力）および液体燃料部門を対象に、会社・工場のレベルで生産能力を把握した上で五年間の増産計画を整理したものである。状況調査は満鉄調査部が中心となって行われた。だが計画遂行の初期段階から資金・物資・労働力の不足が問題視されていた（満鉄調査部 1938）。

満州では資源を充分に確保できる見込みが立たなかった。一九四〇（昭和一五）年オランダとフランスがドイツに降伏したことで日本軍の南進が本格化する。

日本軍の南進に伴って、森光子は南方慰問の日々が続いた。一九四三（昭和一八）年から一九四四（昭和一九）年にかけて彼女はシンガポールに滞在した。あるとき彼女は軍の司令官からフランス料理を振舞われたとして「軍隊も上の方になると、こんなにおいしいものを食べているのか」と不満を覚えたという（森 2009、一〇四頁）。

軍部は支出に際して軍用手票（軍隊が通貨として代用する手形）、通称「軍票」を用いた。軍票発行の引き当て項目は臨時軍事費であり、臨軍債は日銀引受によって発行された。日銀引受が軍票の発行を経由して、南進先で数年間で一〇〇倍あるいは一〇〇〇倍にも達する物価上昇を引き起こしたのである。軍票によるハイパーインフレは、軍需圧力が強い地域（マレー、フィリピン、ビルマ）で顕著であった。満州、インドシナ、あるいはタイでは各国の中央銀行に法定通貨を発行させて軍事費を調達していた。こうした国々では物価上昇が極端ではなかったが、付加価値のうち無視できない規模が日本軍に移転した（波形 1990; 多田井 2014; Saito 2017）。

森光子は軍の施設でディズニー映画『ファンタジア』（ベン・シャープスティーン監督）や『ダンボ』（同）を鑑賞した。敵国の文化に触れることは国内であれば禁止事項であった。森光子は、後年、次のように綴っている。

「……戦争中、シンガポールで軍の方が『ダンボ』と『ファンタジア』を見せてくださったことがあります。その愛らしさ、音楽の美しさに驚き、あとでこっそりと『こんなに心を打つすばらしいものを作っている国と戦っているなんて、これじゃあ戦争に負けるわね』と言い合ったものでした」

（森2009、一〇五頁）

シンガポール滞在中、森光子は陸軍報道部映画班の一員に挨拶した。その相手とは、やがて原節子の出演作でメガフォンを取る、映画監督の小津安二郎である。

†計画化の局面

一九四〇（昭和一五）年七月、第二次近衛文麿内閣が成立した。商工大臣には小林一三が任命された。当初は商工大臣には岸信介の名前が上がった。岸は固辞し、商工次官として小林をサポートすることになった。しかし、小林と岸との間に亀裂が生じる。

一二月近衛内閣は「基本国策要綱」および「経済新体制確立要綱」を閣議決定した。前者は「皇国の自給自足経済政策の確立」を目指し、後者は「公益優先、職分奉公の趣旨に従って国民経済を指導する」ことを掲げたものである。つまりこれらの「要綱」は、資源配分について政府が目標を設定して遂行する、いわば計画経済を目指すものであった。株主の権限がないがしろにされているとして、財界人の反発は必至であった。だがこの策定論議は、小林がバタヴィア（ジャカルタ）での石油資源に関する交渉にあたっていたタイミングで進められたのである（中村 2017）。

一九四一（昭和一六）年一月から四月にかけて、「要綱」策定に関わった企画院官僚や満鉄調査部員らが治安維持法違反容疑で検挙された。これら一連の検挙は企画院事件とも呼ばれており、検挙されたのはいわゆる革新官僚の面々であった。この間に岸は辞職した。この企画院事件は、小林など財界関係者のはたらきかけがあったのだと囁かれた。岸の辞職からまもなく、今度は小林が軍部への機密情報漏洩を疑われて更迭された。岸のはたらきかけによるものだとの憶測も飛んだ（小林 1995）。

一九四一（昭和一六）年一〇月、東條英機内閣が成立した。大蔵大臣に賀屋興宣が、さらに商工大臣には岸信介が就任した。第一次近衛内閣で統制経済をスタートし、第二次近衛内閣で計画経済を推し進めようとした両者が入閣したことになる。

そして、一九四二（昭和一七）年二月、日本銀行法が制定された。日銀は財政資金を無制限に供給することを義務づけられるとともに、大蔵省と軍部の双方に従属する機関だと規定された（大蔵省 1957）。

ただし、大蔵省と日銀の関係は従属的なものではなく協調的であった。例えば銀行合同について言えば、大蔵省はかつて馬場財政が掲げた「一県一行主義」を徹底するよう日銀に要請した。この要請に応じて日銀が銀行合同の音頭を取った。一九四三（昭和一八）年日銀考査局は普通銀行・貯蓄銀行さらに信託会社も含めて合同を推進する計画書として、「全国銀行統合並店舗整理案」をまとめた。この整理案をベースとして、日銀各支店が担当区域内で合同を斡旋した。日銀各支店の担当者は、銀行の健全性や公共性に配慮しつつ、営業エリア拡大を目論む銀行経営者に目星をつけた上で交渉するところから始めていた。日銀は、府県内あるいは府県域を超えて活動する銀行を作り出す構想のもと、銀行経営者の利潤追求動機を刺激しつつ合同を促したのである（大島・井出 2006; 佐藤 2021）。

一九四二（昭和一七）年四月、金融統制団体令により、東京大阪等の銀行集会所、信託協会、証券引受会社協会、生命保険会社協会など、金融関連の業界団体が全国金融統制会として統一された。銀行はこの統制会に参加しなければ融資先を獲得できなくなった。全国金融統制会の会長は日銀総裁・結城豊太郎が務めた。結城のイニシアチブのもと日銀各支店が統制会内の調整役を果たした（日本銀行 1984）。

続いて、一九四二（昭和一七）年には戦時金融金庫が設立された。戦時金融金庫は、航空関連分野など商工省主導の産業政策や民間金融機関では担いきれない新規分野に融資した。融資に際しては、企業の規模にかかわらず経営者を審査するとともに、有能だと判断すれば融資を決定するなど、経営者の利潤追求動機を刺激していた（山崎 2009）。

政府は企業経営に対する監督の法的根拠を得るために法令等を次々と制定した。一九四三（昭和一八）年一〇月統制会社令は、統制会社として指定した企業を政府が監督できるものとした。同じく一〇月の軍需会社法は、兵器・航空機・艦船など軍需部門の企業が軍需会社とされた。軍需会社の経営者は「生産責任者」として政府が任命できることになった。同年一二月軍需会社法施行令は、主務大臣の権限として、（1）株主総会を開催しなくても良いと許可できること、（2）会社の利益金処分や経理について命令できること、（3）定款の変更あるいは合併や解散を命令できること、（4）株主や債権者への財務情報の開示を拒むよう生産責任者に命令できること、さらに（5）従業員の雇用・解雇さらに給与について命令できること、これら五つが定められた。

軍需会社法の適用範囲は徐々に広げられた。一九四五（昭和二〇）年三月、軍事金融等特別措置法は軍需会社以外の会社にも主務大臣の権限の適用範囲が拡大された。経営者の任命、利益金処分あるいは雇用調整など、株主の権利が否定されるとともに政府が権限を掌握することになった（寺西 1993; 2011; Hoshi and Kashyap 2001）。

個々の銀行がコントロール役あるいはアドバイザー役を果たすこともできなくなっていた。一九四四（昭和一九）年一月軍需会社指定金融機関制度が導入され、従来の融資団では参加した銀行が個別に融資していたが、この制度では幹事行名義で一括して資金を貸し出すことになった。この幹事行でさえ、軍需会社法の対象企業では生産責任者からの情報開示は拒否されたのである。

　株主は所有権とコントロール役の権限を奪われ、銀行も企業経営に関与できなくなった。経営者は政府の介入を前提として経営に臨まなくてはならなかった。このようにして、政府主導型のコーポレート・ガバナンスが成立したのである。

3　民主化

†二人の女性の物語（一〇）——民主化のナラティブ

　本節は第二次大戦後の株式市場の制度的枠組みや状況について概説する。コーポレート・ガバナンスが市場主導型から政府主導型にシフトした主な要因は戦時統制だが、第二次大戦後に市場主導型が復活し定着することはなかった。

　第二次大戦終了とともに、日本はGHQ／SCAP（General Headquarters, the Supreme Commander for the Allied Powers）の占領下に置かれた。一九四五（昭和二〇）年一〇月一一日連合国軍最高司令官ダグラス・マッカーサーは、就任まもない内閣総理大臣幣原《しではら》喜《き》重《じゅ》郎《ろう》に対して五つの指針を伝えた。その五つの指針とは、（1）言論の自由のもと思想犯に関する警察制度を改革すること、（2）女性が参政権を取得できること、（3）学校教育制度を改革すること、（4）労働者の権利保護について制度を整備すること、さらに（5）経済の民主化を進めるために所有権制度を改革すること、である。

本節は（5）を取り上げるが、その前に（1）から（4）について映画を軸にして見ておこう。

GHQ／SCAPは、日本の民主化を推し進める手段として、映画を活用した。民主主義の啓蒙映画やアメリカ流の生活様式を広める映画を奨励した。その一方で、仇討ちをテーマとする映画が禁止されるなど、映画は検閲の対象とされた。数々の映画が民主化のためのナラティブとして製作され鑑賞されるようになったのである。こうした時代の流れを受けて、原節子は、国威発揚映画に出演を重ねていたはずが一転、民主主義の大切さを説く女性を演じることになった（岩本 2009; 石井 2019）。

黒澤明監督『わが青春に悔いなし』（東宝映画、一九四六年）で原節子が演じたのは、大学教授を勤める父親に対する言論弾圧などを通して自我に目覚めていく女性である。言論弾圧を映画のテーマにできることは、民主化の流れに沿ったものであった。この映画の公開時、彼女は二六歳であった。当時彼女は雑誌に次のようなエッセイを寄せている。

「……日本人はあくまで日本人である。日本人にあいそがつきたといっても、自分も日本人である以上、めいめいが何とかして一日も早くお互いにたのしく生きてゆけるように仕向けようではないかというこころになって、手近な自分の周囲からその実現につとめなくてはいけないと思う。それは結局自分のためだし、それが大きく結集してはじめて日本全体が住みよく明るい国として育っていくのだと思う。わたしはけっして教育家でも宗教家でもない。ただ、敗戦後わたしはいつもそんなことを考えずにはいられない険しい世相の中に生きながら、日本人の誰もが自分とこの祖国を正当に再認識してほしいと念うのである。日本再建はそこからだとわたしはいいたい」

(原 1946、二二九頁)

「祖国を正当に再認識」することが、日本再建、つまりは戦後復興の始まりだと原節子は雄弁に語った。女性の言論活動は、とりわけ大正デモクラシーの頃など前例がなかったわけではない。しかしGHQ/SCAPが民主化のための改革を進めた状況のなかでは事情が異なっていた。女性は現実に権利を行使し、社会に一層の貢献を果たせるようになっていたのである。原節子は女優として、あるいはエッセイのなかで権利を体現した。こうした体現は政治家にとって顕著であった。一九四六(昭和二一)年四月衆議院議員選挙、おりしも最後の帝国議会選挙では女性が躍進し、選ばれた国会議員の八・四％をようやく女性が占めるようになった。こうした女性の躍進はラジオ番組の放送などによっても後押しされたものであった（Okuyama 2021）。

民主主義の時代の女性のあり方を描く上で、映画では学校の女性教師がしばしば取り上げられた。その代表例、今井正監督『青い山脈』（東宝映画、一九四九年）にも原節子は出演している。この映画のなかで、彼女には次のようなセリフがある。

「家のため、国家のためということで、個々の人格を束縛してむりやりに一つの型にはめこもうとする、日本人の今までの暮らし方のなかで一番間違っていたことなんです」

労働運動については、原節子は現実の世界でまざまざと問題を目の当たりにすることになった。東宝では「東宝争議」と称される労働争議が発生し、映画撮影も難しい状況に直面した。発端は一九四六（昭和二一）年の争議であったが、一九四八（昭和二三）年一〇月まで続く長期の騒動に発展した。

東宝争議を機に原節子はフリーの女優となった。フリー転身後の第一作は吉村公三郎監督『安城家の舞踏会』（松竹、一九四七年）である。この映画のヒットにより彼女はフリーの女優としても活動できるようになった。
現在であれば女優という呼び方そのものがジェンダーの観点から議論や修正の余地はあるだろう。そうした視点にはまだ疎い当時にあって、原節子は自らを「女優」と称して活躍した。新しい型を与えられつつも、培ってきた技能を活かして民主化のナラティブを広める様々な役柄を彼女は演じたのである。

†財閥解体――「所有権ヲ広ク分配スルコト」

GHQ／SCAPは、経済の民主化を進めるための所有権制度の改革について、次のように通達した。

「日本ノ経済制度ヲ民主主義化シ以テ所得並ニ生産及商業手段ノ所有権ヲ広ク分配スルコトヲ保障スル方法ヲ発達セシムルコトニ依リ独占的産業支配ヲ是正スルコト」
（「昭和二十年十月十一日幣原首相ニ対シ表明セル「マクアーサー」意見」より）

この方針のもと実施されたのが、農地改革および財閥解体である。とりわけ財閥解体は、「所有権ヲ広ク分配スルコト」だけでなく「独占的産業支配ヲ是正スル」ための政策として実施された。

財閥解体は、具体的には持株会社の解体を指す。GHQ／SCAPは、持株会社を解体することで、同族グループによる企業経営への関与が弱まり、「所有権ヲ広ク分配スルコト」を実現できると考えた。一九四五（昭和二〇）年一〇月、大蔵省内部で「財閥系金融機関ノ処理方針ニ関スル件」と称する金融再編案が作成された。その概要は、（1）財閥関係者の退陣と商号変更、（2）財閥所有株式の処分、（3）資金面での企業間関係の解体、および（4）グループの垣根を超えた金融機関の合同、の四点を核としたものである。一九四五（昭和二〇）年一一月会社解散制限令により、大蔵大臣が三井・三菱・安田・住友の不動産や有価証券を処分できるようになった。一九四六（昭和二一）年四月持株会社整理委員会が設置された。同委員会の審議のもと、同年九月から一九四七（昭和二二）年九月まで五回にかけて八三社が内閣総理大臣名で持株会社に指定された。巨額の株式を処分するため、証券処理調整協議会が設置された。

図表4-3は、一九五〇（昭和二五）年時点で、四グループ（三井・三菱・住友・安田）および一〇グループ（四グループ・鮎川・浅野・古河・大倉・中島・野村）を対象として、各グループ企業の払込資本金の割合が、全国の株式会社の払込資本金総額でどの程度の割合に達するのか、産業別に整理したものである。電力・ガスなど出資の割合が低い産業も

あるとはいえ、持株会社は日本有数の大株主だった（橘川1996; 岡崎1999; 宮島2007）。財閥解体はこれらの株式を処分・公開するものであった。

例えば三井の場合、グループ企業約二七〇社のうち持株会社に指定された二三社に及んだ。同族グループの本来の持株会社であった三井本社（戦時統制期に三井合名から改組）だけでなく、三井物産や三井鉱山など、グループ企業の株式を大量に保有するコアの会社も持株会社に認定され、推定総額七二億八〇〇〇万円分の有価証券や不動産が処理された（三井広報委員会2019）。

	4グループ（%）	10グループ（%）
信託	85.4	85.4
海運	60.8	61.4
保険	51.2	60.3
銀行	48.0	50.4
機械器具	46.2	67.9
化学	31.4	38.5
窯業	28.4	55.8
鉱礦業	28.3	50.5
金属工業	26.4	41.8
土地建物	22.7	29.4
繊維	17.4	18.8
商事・貿易	13.6	20.3
陸運	4.9	5.6
製紙	4.5	4.7
農林・水産・食品	2.7	10.4
電力・ガス	0.5	0.5
他含む全会社	24.5	35.2

図表4-3　持株会社の株式所有（払込資本金ベース）

資料出所：持株会社整理委員会（1951）

「所有権ヲ広ク分配スルコト」の次のステップは「独占的産業支配ヲ是正スル」ことである。一九四七年四月「私的独占の禁止及び公正取引の確保に関する法律」、いわゆる独占禁止法が制定された。同族メンバーが再び資本市場を通じて株式を集め直すのを防ぐため、一九四七（昭和二二）年一二月過度経済力集中排除法が制定された。この法律は、持株会社整理委員会に対して特定企業の再編を命令できる権限を与えるものであった。ここでGHQ／SCAPが懸念したことは、あまりに多くの既存企業を解体することで日本の経済復興が遅れかねない点であった。当初、解体対象は三二五社とされたが、結果として一八社が解体の対象とされた。さらに五〇社について、分割・営業譲渡が実施された。「所有権ヲ広ク分配スルコト」だけでなく「独占的産業支配ヲ是正スル」ことも進められたのである（岡崎 1999; 宮島 2004; 寺西・長瀬 2018）。

持株会社は解体されたが、人間どうしの関係性はそう簡単に断ち切られるものではない。そうした側面はGHQ／SCAPも熟知しており、だからこそ戦時中の指導者層に対するパージ（一掃）も行われた。一九四六（昭和二一）年公職追放令により、指定の役職者はその職務を解任されるとともに公職に就くことも許されず年金の受け取りも禁止された。パージを通じて、過去に役員経験のない技術者出身の経営者が生まれた（宮島 1995; 2007）。ただし、パージの対象者がやがて財界に復帰することは珍しくなかった。五島慶太（東條英機内閣の運輸大臣）や松下幸之助（GHQ／SCAPに制限会社として指定された松下電器産業株式会社社長）、さらに小林一三はパージされながらも経営者として財界に復帰した典型例であった。

†取引所再開

戦時統制の段階ですでに株式取引をめぐる状況は変わっていた。一九四三（昭和一八）年三月、日本証券取引所法が制定され、全国の株式取引所一一カ所が日本証券取引所として統合された。この統合により新東は上場廃止となった。長期清算取引は東京と大阪のみに限られ、短期清算取引は廃止された。他の取引所の取引は実物取引に一本化された。投資家は、軍需会社法の制約から企業情報の収集が困難となった。軍需会社の株式が取引された場合、憲兵が証券会社の役員を家宅捜索するなどして、売った投資家を厳しく追及していた。情報収集を通じて株式投資のリスクを管理することも、さらには株式ポートフォリオを分散化することも難しくなった。一方で、金融統制が徹底されたことで国債投資のリスクは軽減された。投資家は概して国債を中心としてポートフォリオを組成することになるが、こうした投資行動が戦時統制における国債管理政策を支えていた（瀬川 1986; 平山 2019）。

一九四五（昭和二〇）年三月一〇日の東京大空襲により同月一六日まで立会は停止された。立会再開後、軍需・満州関連の銘柄が総売りとなる一方で、紡績・人絹・食品などいわゆる平和株が買い進まれた。投資家の間ではもはや戦争終結のナラティブが浸透していたのである。八月六日原爆投下を受け、大蔵省は一〇日からの立会停止を命じた。証券会社や取引所関係者の間ではポツダム宣言受託のかたちで日本が終戦を迎えることが内々に伝えられた（山一証券 1952）。

一九四五（昭和二〇）年八月一五日の終戦を機に、場外取引つまり闇取引が目立つようになった。九月二六日大蔵大臣（東久邇宮稔彦《ひがしくにのみやなるひこ》内閣）の津島寿一は日本経済の再生にとって証券取引の再開は不可欠であるとして、一〇月一日からの取引所再開を発表した。しかし津島はGHQ／SCAPと何ら折衝すらしていなかった。GHQ／SCAPは運営計画の提出が必要だとして、再開中止の覚書を日本政府に提出した。津島の談話を頼りに取引所の周りに集まる投資家も少なくなかった。証券会社関係者は、取引所周辺の投資家に呼びかけ、集団取引と称して店頭取引を始めた。集団取引は厳格なルールもなく行われたのでトラブルが頻発した（東京証券業協会 1971; 瀬川 1986）。

GHQ／SCAPの財閥解体は、大量の株式を公開することにもなったので、証券取引所の抜本的な改革が急いで進められた。一九四七年四月、日本証券取引所は解散した。取引所は会員制の組織として再編することになった。東京株式取引所は平和不動産として継続し、平和不動産が旧来の取引所の建物を東京証券取引所に貸与するかたちが取られたのである。なお、一九四八（昭和二三）年一月大蔵省は取引の取り扱いに関する資格や担保などのルールを整備することを条件に集団取引を公認し、GHQ／SCAPもその方針を承諾した。なお集団取引は、取引所再開後も継続し、一九六一（昭和三六）年一〇月東京証券取引所二部として引き継がれた（日本証券取引所グループ 2017）。

一九四八（昭和二三）年四月制定の証券取引法は、（1）証券取引所の会員が上場銘柄を取引所で売買すること、（2）証券取引所の売買を取引時間の順に記録すること、そして（3）先物取引の禁止、の三原則を打ち立てた。集団取引やバイカイ（証券会社が取引所に注文を取り次がずに内部で成立させる売買）は継続した。（3）の例外として、割当株式（増資の際に既存株式に割り当てて増資する対象となる株式）について例外的に先物取引が行われた（川北 1995）。

実務レベルで問題となったのは（2）の取引記録である。第二次大戦以前の実物取引は相対取引であり、当事者の内諾次第で決まるものであった。詳細な売買記録を残さない風習のなか、取引の記録方法に関する知識や技能を身につけない証券会社・取引所関係者は少なくなかった。GHQ／SCAPは投資家保護の観点から是正を指示し、技能形成を目的とする講習会を開催させた（日本証券取引所グループ 2017）。

証券取引の制度整備が一段落したなか、大量の株式が国民に放出された。株式保有を促す一大キャンペーンとして展開されたのが証券民主化運動である。

†証券民主化のナラティブ

一九四七（昭和二二）年末から証券処理調整協議会は証券民主化運動を展開した。同協議会が放出しなくてはならない株式は三億五七〇〇万株（約二〇〇〇億円分）に及んだ。これらの証券には、持株会社の解体だけでなく戦時補償特別税さらに財産税（戦時利得の没収を目的とした税）として国庫に納付されたものも含まれた。とりわけ財産税導入を通じて、皇室財産も含めて地主や同族グループ家族など大資産家層の財産が没収されていた（広田 1995; 日本証券取引所グループ 2017）。

民主化は当時の流行語であったし、当時の人々に新時代到来を思わせるキーワードでもあった。ポスターはもちろん、ＮＨＫラジオ放送での呼びかけ、宣伝映画の製作、さらに一九四八（昭和二三）年一二月には一枚一〇円一等一〇万円の「株式くじ」を販売するなど様々な方策が講じられた（瀬川 1986）。証券会社各社は宣伝・啓蒙を兼ねて証券民主化運動を展開し、証券民主化のナラティブを拡散したのである。

一九四九（昭和二四）年五月、東京証券取引所は四九五社六九六種の取引を再開した（日本証券取引所グループＨＰ）。証券処理調整協議会が株式を大量に放出した。だがこのタイミングで各社の増資が相次いだため、買いが進まなくなった。この反省から、増資を割り当てるために増資等調整懇談会（大蔵省、日本銀行、日本興業銀行、日本勧業銀行、三井・三菱・住友・富士・三和・東京・第一の各行および山一・野村・日興・大和の各証券会社）が設置され、取引の活発化を図った（日本銀行 1956）。

株主の権利保護を強化するため、一九五〇（昭和二五）年商法が改正された。主な改正点として、（1）無議決権株を制限して議決権制限を廃止すること、（2）株主の会計帳簿書類閲覧権を認めて株主総会を介さない監督権を与えること、さらに（3）取締役会制度を認めて代表取締役以下の業務担当取締役に経営業務をあたらせること、の三点が盛り込まれた。（1）と（2）は株主の権限を復活する規定である。（3）は、株主による経営参与を抑えて経営者が本分としてマネジメントに専念できるための規定である。この改正商法は、いわゆる「所有と経営の分離」として知られる役割分担を前提として株主の権利保護を強化したものである（矢沢 1978）。

	個人株主（%）	法人株主（%）	
		計	うち外国
1950	61.3	35.5	−
1955	53.4	46.2	1.5
1960	46.6	53.2	1.1
1965	45.0	54.7	1.6
1970	40.1	59.6	3.0
1975	33.5	66.2	2.5

図表 4-4　個人株主と法人株主の持株比率（全上場会社）
資料出所：大蔵省財政史室（1978）

図表4-4は一九五〇（昭和二五）年から一九七五（昭和五〇）年までの株式所有構造の推移を示すもの

である。個人株主に代わって法人株主が持株比率を増やした。個人株主のなかでは中規模以上の株主のシェアが増大した。取引所再開とともに、特定の投資家が株式を集め直すことができた（川北 1995; 小林 1995; 杉浦 1996; 寺西・長瀬 2018）。

証券民主化は、取引頻度を増大させた。取引内容を記録する意識が定着した矢先、今度は人員不足に直面した。一九五〇（昭和二五）年六月朝鮮戦争による景気の過熱から取引頻度が増大した。一九五三（昭和二八）年二月一二日東京証券取引所は午前中の立会いの記録が間に合わず、午後に休場を余儀なくされた。このため取引記録を機械化する機運が高まった（日本証券取引所グループ 2017）。

株式市場では、「所有権ヲ広ク分配スルコト」だけでなく「独占的産業支配ヲ是正スル」ことが進められたはずであった。しかしコーポレート・ガバナンスは市場主導型に復帰せず、銀行主導型にシフトしていた。加えて、同族グループも再結集を遂げることになった。その経緯については第五章で説明しよう。

第五章　高度成長への道

1　戦後改革と金融システム

本章は戦後復興から高度成長の時代、銀行主導型のコーポレート・ガバナンスが機能するまでのプロセスを概観する。だがその前に、本書が追いかけている女性たちの一人、森光子に目を向けてみよう。

†二人の女性の物語（一一）――再起と復興

終戦直後、森光子は東京の五反田に住んでいた。村落に出向いて手持ちの物品と食べ物を交換した際、「着物よりも帯や舞扇が喜ばれた」と回想している（森 2009、一二〇頁）。終戦直後、人々は物資不足と食糧難の状況に追いやられた。家計消費の落ち込みは農村部よりも都市部において顕著であったし、所得水準は明治初期の状況に引き戻されるほど落

	1945年		1946年			
	9月	12月	2月	4月	6月	8月
米	100	118	134	130	157	161
甘藷	100	106	240	260	274	241
牛肉	100	77	184	165	167	146
味噌	100	159	245	267	296	265
薪	100	236	445	357	351	401

図表5－1　東京実際物価調（1945年9月＝100）

資料出所：日本銀行（1948、四ノ第三十一表）

ち込んだ（小池2020）。

村落に訪れて着物との交換を依頼する人々はあとを絶たなかった。食糧管理制度の下、配給以外の物資を入手することは違法行為であった。そうした物資を欲しがる人々は村落に出向くか、さもなくば闇取引で食糧を調達した。日本銀行は闇取引の相場を「東京実際物価調」として調査した。一九四五（昭和二〇）年九月から翌年一九四六（昭和二一）年八月にかけて、甘藷（サツマイモ）や味噌は一年も経たない間に二倍以上の相場となり、薪にいたっては四倍以上に膨れ上がっている（図表5－1）。

インフレが激化した背後には二つの特殊事情があった。第一の事情は臨時軍事費である（第三章参照）。臨時軍事費は軍人の退職金にも適用されたが、この適用に関して様々な口実でグレーゾーンな支払いが積み重なっていた。第二の事情は軍票利用である。軍票は日銀引受を元手に臨軍債から引き当てられた（第四章参照）。この軍票をＧＨＱ／ＳＣＡＰの軍人たち（進駐軍）が使っていた。日本政府は軍票利用を控えるよう要請し、ＧＨＱ／Ｓ

ＣＡＰもこれに応じた。しかし手続きが遅延したことで、一九四五（昭和二〇）年九月から一一月の間、日銀が一二億円以上の立替払いを請け負った。この額は同期間の銀行券発行分の二割に達した（日本銀行 1948; 1985）。

森光子はＧＨＱ／ＳＣＡＰの軍人たち（進駐軍）の前でジャズやルンバを唄う仕事を続けた。大阪の劇場でコントを演じるようになった矢先、結核で二年ほど芸能活動を一時中断する。この療養期間を経て、一九五二（昭和二七）年から森光子はラジオ番組への出演を重ねるようになる。一九五二（昭和二七）年、小学校教員の初任給（月額基本給）が五八五〇円、国家公務員上級職（大卒）の初任給（月額基本給）が七六五〇円であった。その時代にあって彼女のギャラは月五四〇〇円であった（週刊朝日 1988; 森 2009）。

やがて、彼女に転機が訪れる。その転機は後述しよう。

†第一局面――新円切替と預金封鎖

以下、本節は三つの局面に分けて説明を進める。第一はインフレ抑止を重視する局面、第二は銀行の再建整備に着手する局面、そして第三にドッジ・ラインにより緊縮財政が強行される局面、の三つである。

まず第一局面、インフレ抑止を重視する局面で実施されたのが新円切替と預金封鎖である。新円切替は、金融機関窓口で新旧の通貨を引き換える措置である。その際に、現金を預けさせた上でこの預金を引き出せないよう封鎖すると同時に、その一部を新たな通貨として引き出せるようにする手続きが取られた。この手続きが預金封鎖である。預金者は銀行窓口で新円切替を済ませることができた。その一方、銀行は自らのバランスシートに関する処理として預金封鎖の実施を迫られた。

一九四五（昭和二〇）年九月、GHQ／SCAPは物価統制を強化するよう指示した。GHQ／SCAPは、物価政策については財閥解体ほど具体的な政策を持ち合わせておらず、日本政府の対策を認める態度をとった。ほどなくして新円切替の噂が広まった。東京や横浜など都市部では預金取り付けが相次いだ（横浜銀行 1961）。同年一一月政府（幣原喜重郎内閣）は事態の収拾を図り政策の具体的構想を表明した。戦時補償（戦時中の政府が支払を約束した債務の返済）の財源として、財産税・戦時利得税の徴収と新円切替とがセットで実施された。新円切替は、インフレ抑制を図るのみならず、政府債務の調整を視野に入れた政策であった（大蔵省財政史室 1984; 伊藤 1995）。

一九四六（昭和二一）年二月一六日、金融緊急措置令・日本銀行券預入令により新円切替の手順が定められた。その手順は、（1）二月一七日時点で金融機関の預金を凍結、（2）一〇円以上の旧日本銀行券は三月二日までに通用力を失うものとし、（3）旧円を三月七日までに金融機関に預け入れさせて預金を封鎖、(4)二月二五日から制限範囲内で新円を引き出せる、と四つの段階で進められた。新円引き出しの限度額は、世帯主一人当たり三〇〇円(のちに一〇〇円)、および世帯員一人当たり一〇〇円と定められた。給与は五〇〇円まで新円で払われ、それ以上は封鎖対象となった。参考までに、一九四六(昭和二一)年で小学校教員の初任給(月額基本給)が三〇〇円から五〇〇円程度、大卒の高等文官(国家公務員)の初任給(月額基本給)が五四〇円であった(週刊朝日 1988、六七－九二頁)。

新円への切り替えは二月二五日から三月七日までの一〇日間で行われた。新券の印刷が間に合わないので、日銀は職員総出の人海戦術で乗り越えた。旧券を臨時に新券とみなす証紙一〇〇〇枚分の用紙を大量に印刷し、職員一人一人が印刷された用紙からハサミで証紙一枚一枚を切り取って旧券の表側に一枚ずつ貼ったのである(清水 2006)。

ただし、新円切替によるインフレ抑止の効果はもみ消された。それは、一九四六(昭和二一)年一〇月、復興金融金庫、いわゆる復金が創設されたためである。復金は、日銀引受による復金債を財源として、石炭・鉄鋼・肥料、いわゆる傾斜生産方式で集中的に投入すべきとされた産業分野に対して資金を供給した。この資金供給がインフレを促進したのである(大蔵省財政史室 1984)。

だが、預金封鎖どころではなくなる事態が生じた。GHQ／SCAPが、日本の政財界の反対を押し切って政府の戦時補償を打ち切ることにしたのである。政府は、軍需融資、指定融資、さらに戦争保険金等の見合い融資などの債務を抱えていた。これら債務が事実上踏み倒されることになったのである。ここで「事実上」としたのは、戦時補償請求権に対する一〇〇％課税する戦時補償特別税のかたちで不払いとする措置が取られたためである。戦時統制のもとでの政府債務は、様々な金融機関や企業を巻き込んで複雑に生じていた。戦時補償の打ち切り前に、踏み倒される債権の規模を明確にして計上する必要があった。

一九四六（昭和二一）年八月政府（第一次吉田茂内閣）は、会社経理応急措置法・金融機関経理応急措置法を制定した。踏み倒し総額は金融機関全体で四四六億五九〇〇万円、銀行だけで二七四億九〇〇〇万円となった。同年一〇月、正式に戦時補償が打ち切られた。貸出（銀行のバランスシート左側）の削減は、資本金・預金（銀行のバランスシートの右側）の消失を意味する。その際に、資本金は九〇％まで、さらに預金は例えば一口五〇〇〇万円以上の法人預金の五〇〇万円超部分の七〇％まで、など割合が定められた。資本金の九割を犠牲にしたとはいえ、その規模は打ち切られた戦時補償の三割程度に過ぎず、残りの七割は預金者など債権者が負担した（日本銀行 1948; 伊藤 1995）。

戦時補償の打ち切りで預金封鎖は棚上げされ、金融機関の再建整備が進められた。一九四六（昭和二一）年八月、金融緊急措置令施行規則の改定により、封鎖預金は第一（小口）と第二（大口）に分離された。後者の第二封鎖預金は金融機関の再建整備が終わるまで凍結された。第一封鎖預金についても給与支払いのための制限額が一九四七（昭和二二）年一月に緩和され、同年五月には撤廃された（後藤 1990; 小林 2015)。金融行政の課題はインフレ抑止から銀行のバランスシート改善へと重点が移った。

†第二局面——政府主導の再建整備

政府は銀行の資産内容さらには貸出ポートフォリオに対する制度的枠組みの整備に着手した。その一方で、復金融資を埋めあわせるかたちで各銀行に融資の斡旋を進めた。斡旋に際しては戦時統制下の指定金融機関制度によって構築された取引関係が維持・活用された。例えば、指定金融機関制度によって大日本化学工業は初めて三菱銀行の融資を受けた。終戦後、社名が「味の素」に改められた後も取引関係は継続した。三菱銀行の取締役にあった小笠原光雄が味の素の特別管理人に就任するなど密な関係ができたのである（Hoshi and Kashyap 2001)。

銀行の資産内容について具体的な制度整備が進んだ。一九四七（昭和二二）年二月金融機関資金融通準則（大蔵省告示第三七号）が告示された。銀行は、融資残高増加額の限度額を一般自由預金（預金総額のうち公金預金と金融機関預金を除いた分）の増加額の五〇％とされた。貸出総額に制限が加えられると同時に、貸出内容の評価基準についても格付けの枠組みが作られた。具体的には、全産業一一種三二部門四六〇業種を対象に、事業会社が四段階（甲の一、甲の二、乙、丙）で区分された。一九四七（昭和二二）年四月から一二月までの貸出純増額は、甲の一および甲の二に対する資金供給で七割を占めた。預金増額分のうち融資に向けられなかった分について、銀行は国債・復金債の保有に充てるか、日銀貸出に対する返済に充てることができた（日本銀行 1985）。その国債は、同年三月財政法により日銀引受は原則禁止となったことで、銀行が新たに入手できる機会は減らされていた。

一九四七（昭和二二）年九月大蔵省は銀行のバランスシートを再評価し、最終処理として同年三月時点での損失高を確定し、利害関係者ごとの負担額・比率を決定した。総額二四八億円のうち第二封鎖預金一〇三億円（損失高総額二四八億円の四七％）が切り捨てられることになった。負担額は、銀行株主が七五億円、債権者負担が一七〇億円、したがって負担額の比率は三：七となった（日本銀行 1967）。

一九四七（昭和二二）年一二月制定の臨時金利調整法は、大蔵大臣の発議を通じて日本銀行が預金金利と貸出金利の上限を設定できるものと定めた。この金利規制は、銀行間の金利協定についての私的独占を禁止することが目的であった。ただし、こうした金利規制は、銀行にレント（競争的な産業組織であれば企業が享受できなかったはずの便益）が与えられる素地ともなった。

一九四八年五月GHQ／SCAPは銀行のリスクアセット・レシオに関する要求を示した。リスクアセットは資産の総額から国債・現金・日銀当座預金以外の資産についての合計額を指し、リスクアセット・レシオは、リスクアセットに対する自己資本（資本金および積立金）の大きさを指す。GHQ／SCAPは、リスクアセット・レシオの最低水準として三％から五％程度を要求した（日本銀行 1985）。リスクアセット・レシオを一定水準に保つには、自己資本の充足とリスクアセットの圧縮が必要である。自己資本のうちの積立金の充足のため、政府は銀行株主への配当について大蔵省銀行局の承認制とした。リスクアセット圧縮のため、大蔵省は銀行検査体制の強化を図った。戦時統制の段階、銀行の規模が拡大するさなかにあって、貸出リスクを画一的に管理する体制を整備することはできなかったのだが、この整備がようやく進められたのである（伊藤 1995; 白鳥 2017）。

こうしたリスクアセット・レシオ規制は、財閥解体あるいは集中排除、つまりは銀行の分割を難しいものにした。とりわけ不良債権は折り合いをつけることが難しい。そこでG

HQ／SCAPは、銀行に関して集中排除とは全く別の方法を採用して財閥解体を進めることになった。一九四八（昭和二三）年一〇月、持株会社整理委員会は大銀行に商号の変更を命じた。三菱は千代田、住友は大阪、安田は富士、野村は大和と商号を変更した（旧・三井銀行はすでに帝国銀行として改組していた）。なお一九五〇（昭和二五）年一月には、三菱本社以下一八社、三井本社以下一四社、および住友本社以下九社についても三井・三菱・住友の「財閥文字」を含む商号が廃止された。

†第三局面――ドッジ・ライン下の銀行行政

一九四八（昭和二三）年一二月一九日、GHQ／SCAPから吉田茂首相宛の書簡の形で経済安定九原則（予算の均衡、徴税強化、資金貸出制限、賃金安定、物価統制、貿易改善、物資割当改善、増産、および食糧集荷改善）が指令された。一九四九（昭和二四）年二月、GHQ／SCAP顧問としてデトロイト銀行頭取のジョゼフ・ドッジが派遣された。経済安定九原則を具体化するものとして、ドッジ・ラインと称される枠組みが敷かれた。ドッジの政策理念は第三章でフォーカスした旧平価解禁策と共通している。すなわち、統制や補助金で企業をサポートするのではなく、企業の生産性上昇を通じて国際競争力を高めることが目標とされた（三和 2012）。

所得税・酒税の引き上げ、あるいは国鉄（日本国有鉄道）・郵便料金の値上げによる歳入拡大、さらに補助金削減や行財政改革による歳出削減が徹底された。一九四九（昭和二四）年三月復興金融金庫による融資は停止され、復金債発行も停止となった。同年八月および九月には、カール・シャウプを団長とする日本税制使節団（シャウプ使節団）が税制改革のための勧告書を提出した。このシャウプ勧告を通じて、酒税・関税等を除いて間接税が撤廃され、いわゆる直接税中心主義が確立した。

復金停止は、一面では資金提供者としての銀行の役割を高めた。別の面では、銀行が復金債をポートフォリオに抱えることができなくなった。銀行が資本市場を通じて債券を取得しようにも、証券取引所の制度改革は途上段階にあった（第四章第三節参照）。銀行が債券をポートフォリオに抱え込んで融資規制を乗り越えることは難しくなっていた。

さらに一九四九（昭和二四）年六月、日銀適格担保社債事前審査制度がスタートした。この制度は、日銀が銀行への資金サポートを図るために買いオペの対象とする国債・社債を紐付けするための枠組みであった。起債に際して、A格（電力債など）、B格（私鉄債など）、C格（地方会社、新顔）の三ランクの格付けがなされるようになった。それまでは起債調整協議会が社債の発行金利を協議・決定していたが、金利規制の下、起債懇談会・起債打合せ会の調整を通じて社債が信用割当により発行されるようになったのである。すなわち、借り手が負担できるよりも低い水準に金利を抑えつつ、資金が数量調整されて提供・配分されることになった。こうした公社債の金利規制をベースとして、預金金利・貸出金利を配列するかたちでの人為的低金利政策が戦後復興から高度成長にかけて維持された（寺西・長瀬 2018）。

ドッジ・ラインはインフレを沈静化したが、一方で倒産が相次ぎ金融は逼迫した。すなわち、デフレ抑制が必要となったのである。一九四九（昭和二四）年七月政府は、高率適用（日銀貸出が一定水準を超えた場合に企業に対し公定歩合以上の金利を課すルール）の緩和、日銀買オペの積極化、あるいは融資斡旋の積極化など金融緩和策を講じることを表明した。ただし、政府はドッジの顔色を気にしてこの政策をわざわざ「ディスインフレ政策」と称していた。日銀は資金配分に影響力を持つことになったものの、やはりＧＨＱ／ＳＣＡＰの顔色を気にしたため融資斡旋を急拡大せずにいた（香西 2001; 伊藤 2002; 岡崎 2002）。

戦時統制の生産設備が老朽化しつつあるなか、政府は新規の設備投資プロジェクトを次々と立ち上げる必要があった。しかし景気低迷のため税収は不安定であるばかりか、財政法により日銀引受が禁止された直後であった（植田 2002）。財源が不十分であったことから、政府は銀行の資金を活用することとした。一方で、銀行は銀行で再建整備に取り組まねばならなかった。そのため銀行は、戦時統制以来の取引先との関係性を活用した。これまで蓄積していた情報を活用することで、情報コストを節約することもできた（伊藤1995; Hoshi and Kashyap 2001）。ただし、中小企業金融については、一九二八（昭和三）年銀行法施行以来、中小銀行が次々と退出・消失していたため資金不足が深刻化した（寺西1982）。

一九四九（昭和二四）年一一月一五日第六回国会参議院本会議において、大蔵大臣（第三次吉田茂内閣）の池田勇人は「市中銀行のみを以てしては長期資金の供給に万全を期することは困難」とした上で日本興業銀行の創設をアナウンスした。

「恒久的な長期金融機構の確立を図ることにいたしまして、日本興業銀行をこの種金融機関の中核として育成いたしまする。（中略）金融機関につきましては、検査を励行して経営の健全化と合理化を促進し、以て金利の引上げを図ると共に、既存の金融機関を以てしては庶民大衆の信用需要を賄うに不十分であると認められまする地域等につきましては、真に健全なる計画の下に、適正な規模の銀行の設立が計画せられる場合におきましては、徒らに従来の一県一行主義を墨守することなく、適当と認められるものはこれが営業を免許することにいたしまして、以て各種産業は勿論のこと、中央地方を通じ金融の円滑を図りたいと存ずるのであります」

（国会会議録検索システム URL: https://kokkai.ndl.go.jp/）

池田は資金配分に対して政策的に介入する枠組みを築き上げた。日本興業銀行は一九五〇（昭和二五）年四月に廃止され、一九五二（昭和二七）年日本長期信用銀行として再スタートした。池田は一九五一（昭和二六）年四月、復金の事業を発展的に継承する金融機関として日本開発銀行の創設を手がけた。開銀さらに長銀の創設を通じて、池田は政府主導での長期資金の供給体制を整えたのである

財政投融資の枠組みも整備された。一九五一（昭和二六）年四月、大蔵省預金部を改組した。郵便貯金、厚生年金および国民年金の積立金から預託を受けて政府・地方公共団体等に融資・運用する組織として、大蔵省資金運用部が創設された。「不要不急」方面への融資を抑制する方針のもと、開銀さらに大蔵省資金運用部は朝鮮特需の設備投資ブームのさなかに資金を動員することになる（日本銀行 1985）。

政府は銀行規制を強化するとともに資金動員の仕組みを整えた。こうした制度整備は、戦時統制の延長線上として実施されたものではなく、戦後改革の段階で生じた諸々の課題への適応行動として講じられたものである。ただし、銀行は戦時統制の段階で培われてきた取引関係を頼りにバランスシートを改善する活路を見出すことができた。日銀が融資斡

旋に際して取引履歴を参照するのは不自然なことではない。ただし、日銀に斡旋されたことで、銀行は戦時統制の時代以来ゆかりのある取引相手とさらに肩入れした間柄となる。こうした制度的・政策的枠組みのもと、銀行システムは戦後復興、さらには高度成長をサポートしたのである。

2　戦後復興から高度成長へ

†二人の女性の物語（一二）――苦難を乗り越えて

戦後復興が進むなか、人々の生活に経済面でのゆとりが出てきた。図表5-2は日本経済がいわゆる神武景気に沸いた頃の食料費および修繕娯楽費の推移を指数（一九五五年=一〇〇）で表示したものである。いずれも増額傾向にあり、修繕娯楽費の増加は顕著である。GHQ/SCAPによる映画の検閲が廃止されたことも後押しとなり、映画は黄金時代を迎えた（四方田 2014）。

映画黄金時代の原節子を語る上で、小津安二郎監督『東京物語』（松竹、一九五三年）は欠かせない。この映画の賞賛に対しては、小津作品の最高傑作ではないとわざわざ苦言が

	1954年	1955年	1956年	1957年
食料費	92.2	100.0	100.9	107.7
修繕娯楽費	89.8	100.0	111.9	124.8

図表5-2　食料費および修繕娯楽費の推移（1955年=100）

資料出所：一橋大学経済研究所（1961、154頁）

呈されるほどでもある（蓮實2016）。その賛否はともかく、広島県の尾道での撮影ロケには見物客が殺到した。尾道では映画公開後の尾道への観光客の増大、現代でいえば聖地巡礼に期待を寄せる声も高まっていた（田中2003）。

『東京物語』の撮影は、原節子にとって不運の連続であった。撮影前、実兄であり映画カメラマンの会田吉男が事故で亡くなったのである。『東京物語』は無常あるいは死をテーマとしているが、原節子が演じた役は未亡人である。彼女は身内の死を乗り越えてこの映画に臨まなくてはならなかった。『東京物語』撮影後には彼女は白内障で入院手術を余儀なくされた。女優にとって眼の手術は死活問題であるが、手術は成功した（石井2019）。

退院後も、原節子は倉田文人監督『ノンちゃん雲に乗る』（新東宝、一九五五年）、千葉泰樹監督『大番』（東宝、一九五七年）など様々な作品に出演した。『大番』は東京株式取引所を舞台とした獅子文六の人気小説が原作であり、彼女はシリーズ全四作に出演している。苦難を乗り越えて、彼女は映画の黄金時代を彩ったのである。

†日本の独立と復興の礎

本節は、GHQ／SCAPによる占領が終了し、日本経済が戦後復興から高度成長の局面に移る過程を取り扱う。この時期、日本はブレトンウッズ体制のもとでIMF参加を果たす。

一九四四（昭和一九）年アメリカのニュー・ハンプシャー州ブレトンウッズで四四カ国の連合国代表が集まる国際会議が開催された。この会議では、各国が完全雇用や安定成長を実現できるためにどのような自由貿易の枠組みを構築すべきかが議論された。この会議で成立した体制がブレトンウッズ体制である。

ブレトンウッズ体制には三つの柱があった。第一の柱は資金援助に従事する二つの機関である。為替相場安定化など短期資金の援助は国際通貨基金（IMF）が、技術協力を視野に入れた長期資金の援助は国際開発復興銀行（IBRD）がそれぞれ役割を担った。第二の柱が「関税および貿易に関する一般協定（GATT）」である。第三の柱は通貨体制、すなわち米ドルを唯一の基準通貨とする金・ドル本位制である。主要通貨の為替レートは増減幅を一％以内に制限して対米ドルで固定するなど、金と米ドルとの交換が制度の前提であった。一九七一年八月ニクソン米大統領が金・ドル交換停止を宣言したことでブレトンウッズ体制は強制終了となる。

終戦後、日本では品目別に為替レートが設定されていたが、ブレトンウッズ体制に参入するため単一の円ドル相場として一九四九(昭和二四)年四月、一ドル=三六〇円とされた。この設定に際して、GHQ/SCAP内部では一ドルを三三〇円とする案が出ていた。だが「国際通貨金融問題に関する国家諮問会議(通称NAC)」はGHQ/SCAPに対して日本を経済援助から脱却させる意図で一ドル=三六〇円を勧告した。アメリカ政府はポンドが切り下げられたことを受けてレートが事実上の円高になると懸念した。だがGHQ/SCAPはこの懸念を無視して一ドル=三六〇円を貫いた(浅井2015)。

一九五〇(昭和二五)年に勃発した朝鮮戦争は、日本に特需景気を呼んだ。特需とは戦争に伴う軍需関連品や輸送・修理などのサービス需要を指す。当初は繊維製品(綿布・毛布・麻袋)や自動車部品が中心であったが、針金や鉄条網や鋼管など各種鋼材の需要も高まった。ドッジ・ラインの緊縮ムードが消え去るとともに、株式市場では東京証券取引所が休場するほどの過熱が生じた(第四章参照)。鉄鋼・金属など「金へん」中心に人気銘柄のシフトが生じた。日本の産業構造がこれまでの「糸へん」中心から「金へん」中心にシフトすることは産業連関分析の波及効果の大きさの変化からも裏付けられる(西川・腰原

1981)。

一九五一（昭和二六）年九月八日、四九カ国の署名により「日本国との平和条約」が成立した。条約発効の一九五二（昭和二七）年四月二八日、日本はGHQ／SCAPによる占領から独立回復を果たした。

独立は派生的な効果をもたらした。かつての同族企業グループのメンバー企業が再集結するようになったのである。「日本国との平和条約」発効に伴い、GHQ／SCAPの「財閥商号の使用禁止令」が撤廃された。商号復活を前後して旧グループのメンバー企業の経営者が定例懇親会を通じて会合するようになった。旧・住友の白水会、旧・三菱は三菱金曜会、さらに三井の月曜会（と称しのちに二木会）など、これら懇親会は社長会とも呼ばれた。安田・浅野・大倉の旧メンバー企業は富士銀行（旧・安田銀行）や商社の丸紅を中心にとして芙蓉グループを築いた。銀行や総合商社を軸とする企業グループとしては、三和（三和銀行・日商岩井）や一勧（第一勧業銀行・伊藤忠商事・日商岩井・川鉄商事）も登場する。

三井・三菱・住友・芙蓉・三和・一勧は、系列あるいは企業集団と呼ばれる代表格のグループを形成するようになる（菊地 2005）。

一九五二（昭和二七）年八月、日本はＩＭＦに加盟した。ＩＭＦ加盟国は、外資導入を自由化する目的から外国為替制限の撤廃などを義務づける条項、IMF協定第八条を遵守しなくてはならなかった。ただし、カントリーリスクの高い国への投資資金を抑える必要があった。このためIMF加盟国は、自由化の条件を達成した八条国（IMF規定第八条が適用される国）と猶予された一四条国（IMF規定第一四条により第八条適用が免除される国）とに区分された。加盟直後の日本は一四条国である。

†ナラティブとしての所得倍増

IMF加盟まもなく、日本は高度成長の段階に突入する。その高度成長を支えたコーポレート・ガバナンスについては本章第三節に譲っておく。その説明の前に、池田勇人内閣の「国民所得倍増計画」が策定されるまでのプロセスについて言及しておきたい。

五五年体制は、保守勢力の合同を通じて成立した政治状況を指す。一九五四（昭和二九）年一二月、日本民主党の鳩山一郎が革新勢力のサポートを受けて吉田政権を倒し、首相の座に就いた。翌年一月には鳩山は衆院選に臨み、日本民主党を第一党に導いた。この選挙結果を受けて革新勢力は日本社会党を結成して結集した。一方、保守勢力の日本民主党は自由党と合同して自由民主党を結成した。一九六〇（昭和三五）年自民党総裁の池田勇人が憲法改正について野党を懐柔したことで、自民党が与党第一党、日本社会党が野党第一党となる状況が盤石となった（升味1969; 深津1993; 北岡2017）。

五五年体制の核心は国会における立法の手続きにある。国会では与党案への野党の反対が形式化し、官僚機構で立案された政策がボトムアップで決定するようになった。自民党内では派閥間での利害の対立と調整が続いた。与党議員は、官僚との距離を縮めるとともに、学識者あるいは政治資金を提供する財界人など、法案提出のアドバイザーとも関係を密にした（藤井2012; 北岡2017）。

こうした五五年体制のもとで池田勇人のイニシアチブのもと「国民所得倍増計画」は策定された。ただし池田が実際に首相としてこの計画を遂行するのは池田自身が派閥争いを勝ち抜いて自民党総裁ひいては首相の座を手にしてからのことである。派閥争いで池田の敵対相手となったのは、あの岸信介である（第四章参照）。

一九五六（昭和三一）年一二月池田は石橋湛山内閣の大蔵大臣に就任した。石橋は「千億減税、千億施策」をスローガンとする予算を池田に編成させた。その内容は、減税で消費を刺激しつつ、経済成長による税収増を見込んで公共投資の拡充を図るものであった。ドッジ・ラインでは緊縮財政を実行した池田が、インフレ主義者の石橋の意向に沿った予算を編成したのである。ただし石橋は「予算審議に一日も出席できない」ほど体調を悪化させ、内閣総辞職を余儀なくされた（石橋1958、九六頁）。

その後は、一九五七（昭和三二）年二月岸信介が組閣した。岸は石橋内閣の政策を一旦引き継ぎ、池田も大蔵大臣留任となった。だが同年六月神武景気が終息した。政府関係者の間では、石橋内閣での積極財政が、輸出品価格の上昇とともに貿易収支の悪化を招いたものと囁かれるようになった。こうした声を背後に、岸は七月内閣改造で池田を更迭した（藤井 2012）。

景気低迷の要因をめぐって、経済論壇では二人の官僚が論争を繰り広げた。一人は経済企画庁の後《ご》藤《とう》譽《よ》之《の》助《すけ》である。後藤といえば、一九五六（昭和三一）年経済企画庁『年次経済報告書』の「もはや『戦後』ではない」のフレーズの生みの親である。この『年次経済報告書』は、成長材料が尽きたなか、日本経済は技術進歩を怠ってはならないと警告したものである。「もはや『戦後』ではない」という後藤の言葉は本来は日本経済に関するネガティブなビジョンを示す文言であった。こうした理解に沿って、後藤は過剰な設備投資が不況を長引かせかねないとして、金融の引き締めを訴えた（青地 2015）。

後藤の論争相手となったのは、大蔵官僚の下村治である。下村は景気低迷を第二次中東戦争による一時的な現象だと楽観視していた。実際、過剰投資は綿紡績・毛紡績など一部の分野に限られていた（下村 1957; 岡崎 2002）。

一九五八（昭和三三）年六月には岩戸景気と呼ばれる好景気が到来した。当を得ていたのは下村だとされ、政治家の間でも下村は一層注目されるようになった。この年の七月、池田勇人の支持者である田村敏雄が池田を応援するプライベートな勉強会に下村治を招いた。この勉強会は「木曜会」と冠された。木曜会の参加メンバーは、下村のほか高橋亀吉・平田敬一郎・星野直樹・櫛田光男・稲葉秀三・伊原隆らであり、彼らはヒット映画にもじって「七人の侍」とも称された。木曜会に池田が出席できないときには翌日金曜の朝には池田が概要の理解に努めるなど、池田が熱心に参加していたとする記録もある(沢木 2006; 堀内 2007; 藤井 2012)。

一九五八(昭和三三)年六月、岸が弟の佐藤栄作を大蔵大臣に抜擢した。この人事に批判が集中した。同年一二月岸は改造人事で池田を国務大臣に迎え入れた。当初は、池田は入閣の打診を固辞した。池田に対し、岸は次の総裁選で大野伴睦《おおのばんぼく》(後年、池田と総裁選を争う手前まで迫る人物)を「推さざるを得ない」と迫ったという(岸 1983、四九〇頁)。池田は入閣を承諾し、閣僚として下村たちと計画を策定する状況を手にした。後年の「国民所得倍増計画」の基盤は岸内閣のもとで築き上げられることになったのである(中村・宮崎 2003)。

「国民所得倍増計画」の特徴の一つがネーミングである。このネーミングには次の経緯がある。一九五九(昭和三四)年一月三日付読売新聞に経済学者の中山伊知郎が「賃金二倍論」と題した論説を載せた。中山は、規制緩和による生産性向上が賃金を倍増させると論じた。池田は「二倍」の文言を気に入り、中山をアドバイザーに招き入れた。池田は講演先でも「月給二倍論」を訴えた。「二倍」の分かりやすさには岸信介も注目した。岸は参院選の公約として安保改定とともに所得の倍増を目標に掲げた。一九五九（昭和三四）年六月、参院選を経て池田は岸内閣の通商産業大臣に就任した。この前後の期間、自民党内で元大蔵官僚の宮澤喜一や大平正芳らが「月給二倍論」という言葉を問題視した。彼らは「月給」が会社員しかイメージさせない点に難色を示した。彼らの意見をふまえ「国民所得倍増計画」と名称変更して政策の策定が進められた（宮澤 1991）。

宮澤喜一や大平正芳らの提案で「月給二倍論」が「所得倍増」へと呼び方を変えたことには重要な意味がある。より幅広い人々が、経済成長に関する前向きなビジョンをシェアできるようになったのである。「所得倍増」は池田たちにはスローガンであり、国民にとっては前向きなナラティブともなるものであった。複利計算に通じる国民であれば、年七％から八％の成長を一〇年達成すればその一〇年間で所得が倍になる、あるいは年一〇％の成長を八年続ければ所得倍増をイメージできたはずである。

ところで、本書執筆のさなか、コロナ禍で政府や自治体の首長が「出勤者七割減」といったスローガンを掲げる向きも見られた。こうした文言に比べると「所得倍増」は第一次産業に従事する人々にもイメージしやすい点で、当時の政治家の全方位的な配慮を見出すこともできるだろう。

話を戻そう。

一九六〇（昭和三五）年七月、安保改正条約の自然成立に反対する運動、いわゆる安保闘争の責任をとって岸内閣は退陣し、池田勇人内閣が成立した。「国民所得倍増計画」の策定は本格化した。策定に際しては、安保闘争で顕在化した国民の欲求不満を解消する手立てとして所得倍増に期待が寄せられていた。

下村はこうした意図を与した上で、所得倍増の条件として、次のように生産力の向上を重視した。

「アメリカのケインズ理論は成長論から需要管理理論に変化している。経済企画庁もその影響を受けていますが、需要の増加即成長という表現をする。成長が何％であるかというときに、需要の増加が何％あるかということだけを論ずる。われわれが考えていたときの成長というのは、設備投資がどうであるかということが中心なんです。設備投資で生産力の増強、生産性の向上があって、それに見合った成長になるんだ。初めから需要論じゃないんですよ。需要と供給のバランス論なのです」

（エコノミスト編集部 1999a、二二一－二三頁）

一九六〇（昭和三五）年一二月「国民所得倍増計画」が閣議決定された。この計画は、一〇年以内にＧＮＰ（国民総生産）の倍増を通じて「完全雇用の達成をはかり、国民の生活水準を大巾《おおはば》に引き上げること」を目的とした。この目的には次の念押しがあった。

「この場合とくに農業と非農業間、大企業と中小企業間、地域相互間ならびに所得階層間に存在する生活上および所得上の格差の是正につとめ、もつて国民経済と国民生活の均衡ある発展を期さなければならない」

（内閣制度百年史編纂委員会 1985、三六四頁）

格差是正のための政府公共部門の役割も位置づけられた。その役割とは、（1）社会資本の充足、（2）人的能力の向上と科学技術の振興、（3）社会保障の充実と社会福祉の向上、ならびに（4）財政金融の適正な運営、の四つである。これらの役割のなかでも、「人的能力」は当時の経済学のフロンティアにおいて人的資本として注目され始めたトピックである（Mincer 1958）。

四つの役割のなかでも、（1）は顕在化した格差を解消するために設定された。すでに岸内閣が東海道新幹線、名神・東名高速道路、首都高速道路などの一大事業を進めていた。これらの事業は京浜・東海・阪神工業地帯を潤した一方で、後進地域を目立たせる格好となった。一九六二（昭和三七）年一〇月池田内閣は、後進地域の発展を視野に入れた具体策として全国総合開発計画を決定した（原 2012; 御厨 2016）。

下村は経済成長を後押しするため拡張路線をねらった。ことに道路事業については自民党と建設省とのラインからの後押しがあった。一方、終戦後のインフレーションの経験から、大蔵省には財政膨張への拒絶反応があった。ましてや国債発行を通じて財政資金を潤沢にすることは選択肢から外されていた。大蔵省の財政金融小委員会・財政金融分科会は「国民所得倍増計画」の詳細を検討する段階から健全財政路線を貫いた（伊藤 2012）。「国民所得倍増計画」で明記された政府の役割を実現するため、池田は大蔵省主計局に働きかけ、均衡財政と政府の役割の実現を両立できるよう調整していた。大蔵省銀行局長および主計局長を歴任した石野信一は次のように回想している。

「社会保障とか公共事業とか文教とかいろいろありますが、そういうものをバランスをとってふくらましていくというような点では、やっぱり所得倍増政策が一つのメリットをもっただろうし、それから総理大臣がそういう姿勢をとっているということが、国際収支に何度か問題を起こしながらも結局、企業の活力というか、積極性というか、そういうものに刺激になっていたこともありましょうね」

（エコノミスト編集部 1999b、八〇頁）

こうして日本経済は本格的な高度成長の局面を迎えた。この局面において、多くの日本国民が「所得倍増」という言葉を口々にし、前向きなナラティブをシェアしたのである。

3　銀行主導型の最盛期

†二人の女性の物語（一三）――テレビの時代

高度成長のさなか、森光子に転機が訪れた。テレビの時代が到来したのである。

一九五三（昭和二七）年松下電器産業が白黒テレビの販売を開始し、翌年二月NHKがテレビ放送をスタートした。白黒テレビは、電気洗濯機および電気冷蔵庫とともに「三種の神器」と呼ばれ、いずれも普及率は急上昇した（図表5-3）。

「三種の神器」は、日立製作所家電販売が創案した売り文句だった。同業他社のみならずマスメディアの報道もこの文言を使用した。一九六〇（昭和三五）年にはテレビのカラー放送が開始した。三種の神器に次ぐ売り文句として、「3C（カラーテレビ、乗用車、ルームクーラー）」も登場した（石川 1983; 2001）。

一九五九（昭和三四）年皇太子（明仁親王）ご成婚パレード、一九六四（昭和三九）年東京オリンピック、あるいは一九六六（昭和四一）年ビートルズ来日など、テレビはお茶の間に様々な映像を届けた。同時に、テレビそのものが「三種の神器」や「3C」など宣伝文句とともに購入意欲を刺激する前向きナラティブの発信源となった。

	1958年	1960年	1965年
冷蔵庫	5.5	10.1	68.7
洗濯機	29.3	40.6	78.1
白黒テレビ	15.9	44.7	95.1

図表5-3　三種の神器（冷蔵庫・洗濯機・白黒テレビ）の普及率

資料出所：経済企画庁『消費と貯蓄の動向』各年版

高度成長を支えたのは旺盛な国内需要である（吉川 2012）。住宅、運輸・通信、電力、さらに「三種の神器」や「3C」など耐久消費財への需要拡大が設備投資を誘発した（深尾・攝津 2018）。商業・サービス業の発達に支えられながら、重工業部門、さらに合成樹脂（プラスティック）や合成繊維（ナイロン、ポリエステル）など化学部門が進展した（尾高・牧野 2018）。消費者・生産者は、「三種の神器」や「3C」などの謳い文句を口々にすることで前向きなナラティブを展望できた。この集団的な自覚が国内需要の潤滑油であった。

森光子はテレビ番組の仕事が相次いだ。きっかけは一九五五（昭和三〇）年NHK大阪のドラマ『簪《かんざし》』、さらには一九五七（昭和三二）年放送開始の大阪テレビ『びっくり捕物帖』であった。『びっくり捕物帖』は、藤田まこと、ならびに中田ダイマル・ラケットとの軽妙なやりとりから人気番組となった。

森光子は舞台の仕事でも飛躍の局面を迎えた。一九五八（昭和三三）年のある日の舞台で、彼女は当時のヒット曲をメドレーで次々と唄い繋ぐアドリブで観客を沸かせた。その姿が劇作家の菊田一夫の目に止まったのである。当時、菊田は東宝演劇部担当重役となった。東宝は、映画については本多猪四郎《ほんだいしろう》監督『ゴジラ』（一九五四年）や黒澤明監督『七人の侍』（一九五四年）などヒットに恵まれた。しかし演劇は不調であった。そこで小林一三が人気劇作家の菊田に演劇部のテコ入れを託したのである（小幡 2008; 井上 2011）。その小林は一九五七（昭和三二）年に他界した。

菊田は林芙美子の私小説『放浪記』の舞台化を企画し、この林芙美子役に森光子を抜擢した。菊田が描く林芙美子はたくましい人物である。例えば、関東大震災から数年後の昭和初期、林芙美子が働くカフェーに文学者が集う場面がある。共産主義に傾倒した詩人に対し彼女が、歯に衣着せぬ物言いで疑問を投げかける。

「赤旗振って大きな声を出して街を歩いたって貧乏人が金持ちになるわけじゃなし」

「何？　赤旗が無駄だってのかい」

「そんなこと言ってるゆとりのない貧乏人がたくさんいるってのに、革命だの、階級だの、言ってられるあいだは幸せだっていうのよ！」

大正・昭和初期には共産主義が広まりつつあった。しかし、終戦後は村落社会で階級概念が育たず、労農同盟の結成に失敗するなど、保守勢力に対抗できる支持基盤を築くことができなかった（樋渡 1991; 寺西 2003）。『放浪記』初演は一九六一（昭和三六）年である。五五年体制が盤石となった御時世の観客の前で、共産主義に傾倒する詩人と林芙美子とが忌憚なく議論しあう昭和初期のワンシーンを役者たちは熱演した。

一九六一（昭和三六）年この林芙美子役が評価され、森光子は芸術祭文部大臣賞を受賞した。役者としての評価が高まった彼女には花形の仕事が舞い込むようになった。一九六二（昭和三七）年ＮＨＫ紅白歌合戦で、森光子は自身初の紅組司会役を果たした。この年、森光子は原節子が映画版で出演した『大番』のテレビ版にも出演した。

その原節子は、稲垣浩監督『忠臣蔵　花の巻・雪の巻』（東宝、一九六二年）が最後の映画出演となった。

それぞれに芸能の世界に生きた二人は、かたやテレビ・舞台で活躍の場を広げ、かたや映画の世界から身を引くかたちで、次なる時代を迎えたのである。

†資金配分への政策介入

「国民所得倍増計画」以前から、鳩山一郎内閣の「経済自立五カ年計画」、あるいは岸信介内閣の「新長期経済計画」など、政府は経済の長期計画を立案・遂行を通じて経済成長の実現を図った（星野 2003; 谷沢 2014; 沢井・谷本 2016）。こうしたプロセスのなか、長期資金の動員に対して政府の影響力が強まった。

一九五六（昭和三一）年大蔵省内部に金融機関資金審議会が設置された。同審議会は、電力・鉄鋼・輸送等の部門がボトルネック状態にあるとの認識から当該部門への資金供給の実績を検証した。検証結果を踏まえた意見交換の場として同審議会の下に小委員会が設置された。ボトルネックな分野は大半が通商産業省の所管であった。一九五八（昭和三三）年通商産業省の産業合理化審議会の下に産業資金部会が設置され、金融機関資金審議会小委員会の機能を通商産業省に引き継いだ。産業資金部会では業界団体を通じて各産業の情報が提示された。鉄鋼・電力・石油化学など、企業数が少ない分野では企業が直接情報を提供することもあった。通商産業省には戦時中の物資動員計画に際して集められた技官やエンジニアが勤めていたので、企業の提供する情報を吟味することもできた（岡崎 2002; 石井 2002; 奥野 2002）。

銀行は金融機関資金審議会や産業資金部会の意向を無視できなかった。金利規制・出店規制・業際規制などの競争制限規制は、銀行にレントをもたらした。何より金利規制の下での日銀貸出は補助金の役割を果たした。日銀はコール市場の需給をチェックし、流動性の不足分についてコール金利より低いレートで銀行に資金を提供した。大蔵省の判断で銀行行政の枠組みが変更されれば、レントや補助金が失われかねなかった（岡崎 1995; 寺西・長瀬 2018）。

さらにこの政策的な動員には行き過ぎも生じた。一九六三（昭和三八）年通商産業省は特定産業振興臨時措置法の法案を起草した。この法律は、特定産業について独占禁止法の適用を除外して資金調達や税制面で優遇するものとし、金融機関の個別の融資を法的に規制するねらいがあった。全国銀行協会会長を務めた三菱銀行頭取の宇佐《うさ》美洵《みまこと》は「（全銀協の）会長が法律上の審議会に対して融資を約束するような権限は持っていない」と強調し、行政的な資金統制に猛反対の姿勢を示した。この法案は国会に提出されたものの廃案となった（全国銀行協会連合会1997、一〇七－八頁）。

資金動員に法的規制は必要なかった。金融機関資金審議会や産業資金部会が特定分野を公共性の高い重点産業だと示せば、銀行は貸出先選定の参照材料を得ることができた。銀行は他行に出し抜かれないための利己的な選択として政府の意向に沿った。いわばゲーム的状況のもとでどのような戦略を選ぶべきか、銀行の迷いを打ち消したのが政府の意向だったのである（伊藤1995；植田2002；奥野2002）。

大蔵省銀行局は資金量別あるいは地域別に銀行の経費率を算出した上で個別銀行の経費率を参照するなど、人件費や物件費の効率の良し悪しを念頭に置いて行政指導にあたった。銀行の利潤追求動機に照らし合わせてみても銀行にとっては行政指導に応じることに理にかなう側面があった（金融制度研究会1970）。

行政指導は銀行の情報管理にも及んだ。一九五〇年代後半、大蔵省は三菱銀行に対する通達として、貸出金の事後管理に改善を求めた。三菱銀行は、（1）貸出金合計額、（2）預金月中平均残高、（3）貸出審査部担当課および支店長の所見、（4）貸出額の多い銀行、あるいは（5）三菱のグループ企業による株式取得の内訳、といった項目が一瞥できるよう情報管理の体制を整備した。（1）から（3）は個人向けも含めて整理された。（4）は企業の業績が不調な場合にどの銀行が介入すべきか、さらに（5）は三菱銀行が介入する

	合計	定期性預金	当座預金	現金	保険	証券
1956	9,711	35.4	34.0	7.2	5.3	18.1
1958	13,484	38.8	30.1	5.7	6.2	19.2
1960	19,152	40.5	28.1	5.4	6.6	19.3
1962	28,041	40.4	27.7	4.8	6.6	20.4
1964	40,268	40.6	30.7	4.2	6.2	18.3
1966	55,181	43.3	29.8	4.0	6.4	17.5
1968	74,346	44.3	27.4	4.2	6.7	17.3
1970	102,607	45.4	27.1	4.4	7.0	16.2

図表５－４　民間部門金融資産構成比：1956-1970年（隔年、合計は10億円単位、構成比は％表示）

資料出所：Hoshi and Kashyap（2001、Table4-3）、江見・伊東・江口（1988）

場合に再建の糸口となる取引先が見出せるかどうかの点で重要であった。三菱銀行は、こうしたブラッシュアップを一九六〇年初頭に済ませていた（白鳥2017）。

図表5－4は民間部門の金融資産について構成比の推移を示すものである。総じて定期性預金のウェイトが三〇％以上、さらに四〇％以上を占めている。一方、証券は銀行ほど民間金融資産を動員できていない。株式は個人投資家離れが進んでいた（第四章参照）。起債時の応募者利回りが流通利回りより低く設定されたため、公社債を引き受けた金融機関がそれらを手放せば売却損が生じる。そのため債券流通市場は低迷した。証券会社は、証券投資の利回りの旨味を「銀行よさようなら、証券よこんにちは」と銘打って宣伝した。そうした営業の動機には、政策の恩恵を授かった銀行に対するやっかみも含まれ

ていた（エコノミスト編集部 1999b、七四頁）。

†メインバンク関係――銀行主導型コーポレート・ガバナンス

借り手企業が危機に瀕した場合に救済措置に踏み切るほど銀行と借り手が緊密な関係にあることをメインバンク関係という。企業とメインバンク関係にある銀行をメインバンクと呼ぶ。こうしたメインバンク関係は、系列に属する企業と銀行との間で典型的に見られるものだとされてきた。GHQ／SCAPによる持株会社の解体を通じて、銀行は事業会社の議決権五％を上回る株式の保有が禁止された。メインバンクはそうした上限を守りつつ企業の大株主となることが多かった。加えて、企業の側もメインバンクの決済口座を利用していた（Aoki 1994; Sheard 1994; 青木・堀 1996;）。

企業の業績が悪化した場合、メインバンクは救済融資もしくは債権放棄により対応できた。さらに、取引履歴を通じて業績悪化の原因を探ることもできた。事業に再建の余地があればメインバンクは別の貸出先企業など取引相手を紹介することも事業の凍結を提案することもできたし、銀行が新たな役員を派遣して経営陣を一新することもできた（青木・関口 1996; 広田 2012; 蟻川・宮島 2015）。

図表5-5に示されているように、一九五〇年代後半から一九六〇年代にかけて、企業

	証券市場			金融機関		海外からの借入
	株式	国内債	外債	民間	公的部門	
1956	15.5	4.1	0.0	75.3	5.2	0.0
1958	17.9	3.8	0.0	68.6	6.4	3.3
1960	19.8	5.5	0.0	64.3	5.3	5.1
1962	20.0	3.4	0.0	66.8	5.4	4.5
1964	15.9	3.3	0.1	66.1	7.9	6.7
1966	8.1	5.2	−0.1	79.4	10.8	−3.5
1968	7.8	2.4	0.3	75.0	10.5	4.1
1970	8.8	3.1	0.1	77.0	7.2	3.9

図表5-5　民間企業における資金調達のフローの構成比（1956-70年、隔年、%）

資料出所：Hoshi and Kashyap（2001、Table4-4）

の資金調達において民間金融機関の貸出が六〇%から七〇%以上を占めた。企業はメインバンクだけでなく、他の銀行からも資金を借り入れることができた。メインバンク関係が築かれているのであれば、企業経営が危機に瀕した場合でもメインバンクによる救済に他の銀行は便乗できた。そもそも政府が重点的に資金を振り向けるべき対象となる企業や産業分野を示唆したことで、複数の銀行が類似の対象に融資することになった。したがって企業の借入金のうち、メインバンクでない銀行の融資額がメインバンクの融資額を上回ることは珍しくなかった。

日本を対象とした金融論研究ではメインバンクを持つ企業と持たない企業との比較、あるいは系列に属する企業とそうでない企業との比較に関心が集まった。メインバンクを持つことが企業経営にとって有利であることを示す研究は少なくなかった。ただし、メインバンクによる救済効果を示す実証結果が頑健でないことを示す実証研究や、系列内の企業間取引がそれほど強固なものではなかったことを指摘する論考もある(Hayashi 1997; Miwa and Ramseyer 2005)。

どの企業がどの系列に属しているか、その特定は実のところ便宜的でしかない。富士銀行(芙蓉グループ)で頭取を務めた岩佐《いわさ》凱実《よしざね》は、一九六三(昭和三八)年の頭取就任当時を振り返るなかで、「企業集団(本書のいう系列)」に属した総合商社のビジネスが系列のグループ企業に限られたものではなかったことを強調している。

「……戦前の財閥が復活したというようなことをいう向きもありました。しかし、今日の企業集団というものは本質的に財閥とは違っています。三井の企業集団ができたとき、三井物産がそのなかにおいて一定の役割を果たしていくというのは当然の姿ですし、従来の関係からいっても、新生三井物産が三井銀行と相当に密接な関係でいくのも、また当然なことだと思います。しかし、物産に限らず有力な総合商社は日本経済の規模の拡大とともに、その商売も役割も大きくなっていく。したがって取引金融機関としては、やはり複数で、より密接なものを必要とするわけだし、そのほうがいいに違いないのです。だから富士銀行としては、三井銀行ともどもに主要取引銀行としてやっていくことでいいのだと考えておりました。三井物産も、またそういう考え方であるはずだと思っていましたから、対抗意識というようなものは少しも感じませんでした」

（日本経営史研究所 1976、八七頁）

総合商社が系列の枠を超えてビジネスを展開した分野の一つに鉄鋼業がある。住友（住友商事と住友金属工業）、芙蓉（丸紅と日本鋼管）、三和（日商岩井と神戸製鋼所）、さらに一勧（伊藤忠商事と川崎製鉄）では、系列の加工メーカーが鉄鋼材を調達する際に総合商社が鉄鋼企業との取引を斡旋した。しかし三井・三菱の二系列には大規模な鉄鋼企業がなかった。三井物産および三菱商事は、主として新日本製鉄に協力を仰いだ。系列に属した鉄鋼企業にとって、加工メーカーとの取引のうち同じ系列内のメーカーとの取引は三割程度であった（田中 2012）。

鉄鋼企業は、鉄鋼材の販売先だけでなく、原料となる鉄鉱石の輸入についても総合商社を頼りとした。鉄鉱石鉱山の開発や鉄鉱石の採掘に必要な資金は莫大である。そこで各総合商社が共同で開発輸入（鉱山開発への出資）あるいは融資買鉱（鉄鉱石鉱山への融資）を進めた。その出資・融資額に応じて鉄鉱石の取扱高が割り当てられた。一九五〇年代から一九七〇年代の国際経済は、取引の中心が環大西洋から環太平洋にシフトする局面でもあった。総合商社を介した、系列を超えた企業間取引は、こうした国際経済の変化を促すことになった（田中 2012; 谷ヶ城 2019）。

系列の枠を超えた企業間取引が展開していたとはいえ、系列の紐帯が強く意識されることもあった。一九六四（昭和三九）年日本はＩＭＦ第八条の適用国となった。一九五〇年代まで、実体経済が上り調子のなかではＭ＆Ａのターゲットになるのは小規模な企業に限られた。しかしＩＭＦ第八条の適用国となったことで、インバウンドなＭ＆Ａの圧力が現実味を帯びたのである。系列の金融機関がかつての持株会社のように株式を保有しようにも、例えば銀行は事業会社の議決権五％、あるいは保険会社は一〇％以上を上回る株式の保有が禁止されるなど制約があった。長期的な取引関係の約束も込めて、日本企業では互いに株式を持ち合うことが慣例化した。株式持ち合いを通じて、Ｍ＆Ａの脅威がない状況が形作られたのである（浅井 1993; 菊地 2005; 宮島 2004）。

株主や外部投資家による解任の脅威がないなかで、経営者は長期的なビジョンのもとにプロジェクトを発案・遂行できた。銀行に救済措置のインセンティブを与えていたのは、ひとつには系列における企業どうしの紐帯であったが、さらには大蔵省の行政指導が影響していた。企業経営が危機に瀕した場合、銀行は資金面・人材面の双方から経営再建に踏み込んだ。その際に、総合商社を介した企業間ネットワークを頼りとすることができた。

系列を中心としながらも系列の枠を超えた複数の企業間ネットワークが、「所得倍増」の局面の設備投資を支えたのである。

第六章　自由化とバブル

1　金融の自由化

†二人の女性の物語（一四）——お母さん女優

一九六〇年代後半以降、森光子は「お母さん女優」と呼ばれた。「お母さん女優」のイメージは、TBSドラマ『時間ですよ』シリーズや「タケヤみそ」のテレビCMなどで定着した。ドリフターズ（いかりや長介、高木ブー、仲本工事、加藤茶、志村けん）とともに彼女が母親役を演じる家族コントも人気を呼んだ。彼女は割烹着姿の既婚女性が在宅する姿を幾度となくお茶の間に届けた。おりしも、一九七〇年代から八〇年代にかけての時期は、共働き世帯よりも専業主婦世帯の割合が高かった頃である。

一九七四（昭和四九）年五月フジテレビは専業主婦層をターゲットにしたワイドショー

番組「3時のあなた」の司会に「お母さん女優」の森光子を起用した。番組にはゲストを招いた対談コーナーがあった。特に印象に残るゲストとして、森光子は田中角栄と美空ひばりを挙げている。

田中角栄は、一九七二（昭和四七）年七月から一九七四（昭和四九）年一二月まで内閣総理大臣を務めた。この時期は、国際社会の枠組みに影響する事態が相次いだ。

一九七一年八月、アメリカの経常収支が悪化したことから、リチャード・ニクソン大統領はドル防衛策として金とドルの交換停止を宣言した。つまりブレトンウッズ体制が崩壊したのである。同年一二月日本は一ドルに対し三六〇円から三〇八円へと円を切り上げた。一九七三年各国が変動相場制に次々と移行し、日本は二月に移行を遂げた。同年一〇月第四次中東戦争が勃発した。イスラエル支持国に対する経済報復として、石油の供給削減が図られた。一バレル二・六ドル程度であった石油価格は四倍以上の一一・五ドルにまで高騰した。エネルギー価格の高騰は、日本をはじめ各国はスタグフレーション（インフレと失業増大の同時進行）に見舞われた。こうした状況のなか、田中内閣は「列島改造論」を掲げて積極財政を展開した。財政支出ならびに輸出の伸展に支えられて石油危機を克服することができたのである（脇田 2008）。

森光子が田中角栄と対談したのは一九八四（昭和五九）年のことである。撮影前にはよほど緊張したようで、その緊張がほぐれた内面を彼女は次のように回想している。

「十五分前に指定の木の下に行ったら、角栄さんは二十分前にもう着いていました。『首相官邸のパーティ以来ですね』

実際はある政治評論家のパーティーの司会をしたとき、お目にかかっていました。角栄さんは人のことをコンピュータのように何でも覚えていると聞いていたので、内心『まず勝った』と思って話をうかがいました」

（森 2009、二三七頁）

「3時のあなた」の対談コーナーで、森光子が印象深いと語ったもう一人のゲストが美空ひばりである。一七歳下の彼女は森光子を「お母さん」と呼ぶほど親交を深めていた。その美空ひばりは番組のゲストとして二回招かれている。一回目が一九七四（昭和四九）年の森光子出演スタート時、二回目が一九八八（昭和六三）年三月の番組終了時のゲスト出演であった。二回目は、美空ひばりが病をおしての出演であった。

一九八九（平成元）年六月、美空ひばりは五二歳で死去した。彼女の自宅へ弔問に訪れた芸能人たちは、芸能レポーターたちからのインタビューに応じなければならなかった。

森光子もインタビューに応じ、「お母さん」として慕ってくれた昭和の女王の亡骸を「童女のような」と表現した。このとき森光子は六九歳であった。

†証券不況

本節は、一九六〇年代後半以降、公社債市場の再編が進む局面を取り扱う。

一九六四（昭和三九）年東京オリンピックが開催された。開催後は建設ラッシュが一段落したことでオリンピック不況とも呼ばれる一時的な低迷が生じた。この影響で山一證券の財務状況が悪化した。大蔵省は事態の深刻化を恐れ、山一證券についての報道を控えるよう新聞社・通信社に要請した。一九六五（昭和四〇）年五月二一日付『西日本新聞』が朝刊で、同日に全国各紙が夕刊で山一證券の財務状況を報じた。翌日、株価が全面安となり、証券会社各社で投資信託等の解約が相次いだ（小林 1995）。

一九六五（昭和四〇）年五月、証券不況とも証券恐慌とも呼ばれるほど、株式市場の低迷が深刻化した。図表6-1は一九四九（昭和二四）年から一九七一（昭和四六）年までの東京証券取引所第一部全上場銘柄の株価指数（一九六八年一月四日を一〇〇とする）である。一九六五（昭和四〇）年を底とする動きが読み取れる。

大蔵大臣の田中角栄は、日本銀行法第二五条による特別融資を勘案していた。問題は

「無担保・無制限」として良いかどうかであった。一方、大蔵省は人為的な買い出動は不要と表明したため、五月二八日市場は軒並み下落した。同日夜一一時半すぎ、田中は日銀総裁の宇佐《うさ》美洵《みまこと》と共同会見で次のように表明した。

「政府及び日本銀行は、現段階において証券界の秘帖とする資金については、関係主要銀行を通じて日本銀行が特別融資を行うことを決定した。差当り山一證券については主要銀行三行がこの融資を行うことを決定した。特別融資の措置を含めて、証券金融については抜本的対策を早急に講ずることとする」

（日本銀行 1986、一五四頁）

「主要銀行三行」、すなわち日本興業銀行、三菱銀行および富士銀行に対して日本銀行が特別融資を実施し、山一證券を間接的に救済することにした。日銀特融の総額は二四〇億円だが、その一部は有価証

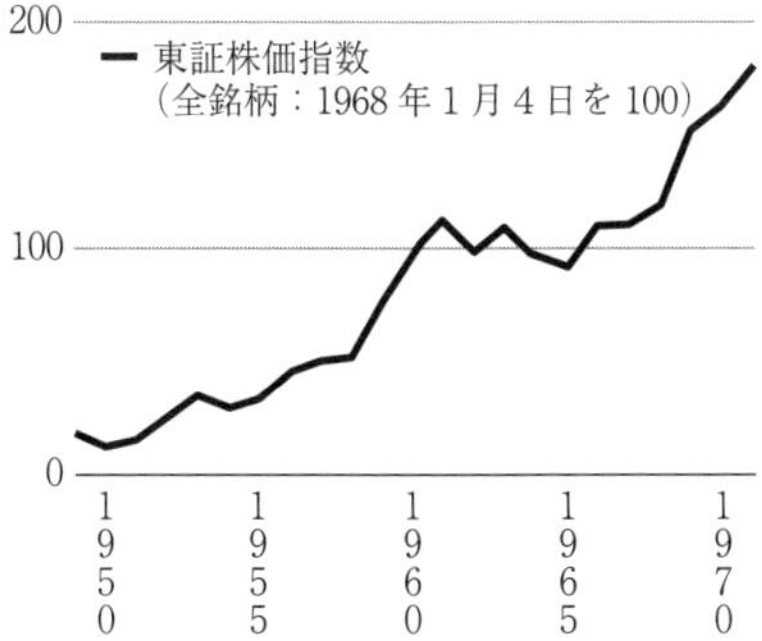

図表6－1　東証株価指数の推移（1949–71年）
資料出所：東京証券取引所（1966）、東京証券取引所『東証統計年報』

券を担保とするものとされた。ただし、会見の席で日銀総裁の宇佐美は事実上の無担保・無制限である旨の発言をした。大蔵大臣の田中はかねてより「無担保・無制限」を強く要望しており、宇佐美はこの意向に寄せたのである。翌日各紙の朝刊は「無担保・無制限」を見出しに用いた。二九日には相場が反発し、騒動の蔓延を防ぐことはできた。日銀特融はその後も追加され、最終的なサポート総額は二八二億円となった。なお、大井証券もまた取り付けのように解約が相次いだことで、同社に対して五三億円の日銀特融が実施された（日本銀行 1986; 小林 1995; 杉浦 2000; 河原 2002）。

そもそも日銀総裁の宇佐美が大蔵大臣の田中と別個の見解を示すことは難しかった。一九五〇年代末から一九六〇年代初頭にかけて、金融制度調査会は中央銀行制度の検討を開始した。議論の争点は、中央銀行の独立性に関するものである。金融に関する政策決定をどこまで日本銀行に委ねるのか、さらには日本銀行と大蔵大臣とで見解の相違が生じた場合に金融政策についてどちらに主導権があるのか、といった問題が議論された。結局のところ中央銀行の金融政策と政府の経済政策との統一性が重視されることになり、中央銀行の独立性は認められなかったのである（黒木 1999）。

田中角栄および宇佐美洵らの迅速な対応により、証券不況は長期化することなく一段落した。その迅速な対応は、池田勇人内閣が掲げた所得倍増のナラティブの現実味を守る上でも効果的だったのかもしれない。

†証券業の再編

証券不況と前後して、政府は証券業の改革に乗り出した。政府が対策を講じたのは、証券会社の登録制の問題である。

登録制は証券業に玉石混交の状況をもたらした。資産内容を充実させて成長を遂げた証券会社とそうではないものとが混在するようになったのである。多くの証券会社は後者であり、顧客の注文に応じて取引所に発注するブローカー業務だけでは収益を確保することができなかった。そうした会社は、資金運用や証券の売買を通じて利益を追求するディーリング業務を中心とした経営を進めていた。資産内容や情報収集などの裏付けもないまま品薄株への投機に走るなど、不健全経営に陥る証券会社は少なくなかった（川北 1995）。

いかにしてブローカー業務を充実させ、いかにしてディーリング業務を縮小するか、この課題を解決する工夫として、自己資本比率を重視したルールが定められることとなった。従来は、総資産に占める短期性の負債の割合がいかに少ないかで支払い能力が図られていた。この評価基準は、証券会社に対して短期の負債を減らすインセンティブを与える一方で長期の負債を増やす動機を与えてしまう。こうした評価基準がディーリング業務の拡大を招くことは不自然ではなかった。長期の負債についても縮小させるインセンティブを与えるため、自己資本比率によって健全性を評価するようにルールを変更したのである（石原1981）。

一九六四（昭和三九）年四月、衆議院大蔵委員会で大蔵大臣の田中は免許制に移行する方針を明言した。もっとも、証券不況が深刻化する以前では、大蔵省の中では免許制導入よりも自然淘汰に委ねようとする声が強かった。当時の大蔵省証券局（証券業務課長）安川七郎は次のように回想している。

「免許制の可否のハラは省内でも決まっていなかった。免許制となると大蔵省の責任にかかってくるのでたいへんだ、という議論が多かった」

（東京証券業界証券外史刊行委員会1971、三五九頁）

一九六五（昭和四〇）年二月、佐藤栄作内閣（第一次）は「証券取引法の一部を改正する法律案」を国会に提出した。公布日は奇しくも証券不況が深刻化した五月二八日であった。免許制の導入とともに、大蔵大臣による監督権限も強化された。登録済みの証券会社については、一九六八（昭和四三）年四月まで猶予期間が与えられた。実際、免許制導入後に大手各社が業務改善をすぐに達成できたわけではなかった。登録取り消し、営業譲渡、廃業、合併、あるいは営業譲渡を余儀なくされた証券会社は少なくなかった。一九六二（昭和三七）年九月期に五九二社を数えた証券会社は、一九六九（昭和四四）年九月期には二七五社にまで減少した（石原 1981; 橋本 1999）。

証券取引の慣行についても見直しが進んだ。その一つとしてバイカイ（証券会社が取引所に注文を取り次がずに内部で成立させる売買）が廃止された。バイカイは終戦後の証券取引所では大量売買を取り扱う方法とされた（第四章参照）。ただし、注文があるにもかかわらず取引所に届け出ないことが価格形成を歪ませる点について証券会社でも問題視する声が上がった。ＩＭＦ八条国移行を経て外国人投資家の増加が見込まれる局面だったからこそ、日本の証券市場が海外から認められるためにもバイカイは不適切だと考えられたのである（野村證券 1976）。

一九六七（昭和四二）年一〇月、東京・大阪・名古屋の証券取引所で、さらに一一月には他の五証券取引所でバイカイは廃止された。政府主導によってではなく、証券会社の側から自発的に国際化の視点で取引慣行の改善が進められたのである。日本の証券市場において、徐々に国際化の潮流が強まる。この動きは公社債市場の再編としてさらに加速することになった。

再編を要した最大の理由は国債が大量に発行されるようになったことである。ここで、一九四七（昭和二二）年に制定された財政法第四条について確認しておこう。条文は次のとおりである。

第四条　国の歳出は、公債又は借入金以外の歳入を以て、その財源としなければならない。但し、公共事業費、出資金及び貸付金の財源については、国会の議決を経た金額の範囲内で、公債を発行し又は借入金をなすことができる。

前項但書の規定により公債を発行し又は借入金をなす場合においては、その償還の計画を国会に提出しなければならない。第一項に規定する公共事業費の範囲については、毎会計年度、国会の議決を経なければならない。

財政法第四条は公債の用途を限定した規定である。税であれば普通税と目的税のうちの目的税に該当するかたちで、公債の用途が「公共事業費、出資金及び貸付金」に限定されたのである。大蔵省は日銀引受については経済面の弊害（ハイパーインフレ）を問題視して第五条で原則禁止と規定した。ただし、公債発行さらには赤字国債発行そのものについては弊害どころか意義さえ認められた。問題となったのは、戦時経済が公債で賄われていた歴史的事実そのものだった。戦時経済そのものへの反省として、財政面で支えた公債の用途を限定する意図から第四条の規定は設けられたのである（公社債引受協会 1980）。

財政法の枠組みにおいても、「公共事業費、出資金及び貸付金」として用いるよう予算に組み入れるのであれば、建設国債を発行することができる。特例的な立法を通じて特例国債を発行して資金を調達することもできる。つまるところ公債発行は、国会の審議次第なのである。ただし公債発行に関する国会の権限については、ＧＨＱ／ＳＣＡＰも日本政府も厳密な議論を重ねていなかった（小沢 1999）。

一九六五（昭和四〇）年七月、佐藤栄作内閣（第一次改造）の大蔵大臣福田《ふくだ》赳夫《たけお》は補正予算として財政投融資の拡大と建設国債の発行を掲げた。同年一一月の閣議で、財政法とは別の特別措置として赤字公債発行が決定した。一九六六（昭和四一）年度の予算編成では大型減税と国債発行をセットとした財政政策が打ち出された。一九七〇年代前半には一連のショック（変動相場制スタート、第四次中東戦争、および第一次石油危機）により景気低迷さらに税収減に対する対応が必要となった。一九七五（昭和五〇）年三木武夫内閣のもと特例公債法に基づいて赤字国債が発行された。一％にも満たなかった国債残高の対ＧＤＰ

	新規発行（億円）			借換債発行（億円）	国債残高（億円）	国債残高GDP比（%）
	合計	建設国債	特例国債			
1965	1,972	−	1,972	−	2,000	0.6
1970	3,472	3,472	−	−	28,112	3.7
1975	52,805	31,900	20,905	4,156	149,731	9.8
1980	141,702	69,550	72,152	2,903	705,008	28.7
1985	123,080	63,030	60,050	89,573	1,344,314	41.5
1990	73,120	63,432	9,689	186,532	1,663,379	38.5

図表6－2　国債（建設・特例・借換）の発行額、残高および残高の対GDP比
資料出所：財務省財務総合政策研究所財政史室（2004、表1－序－1、表1－序－2）

比は一九八五（昭和六〇）年に四一・五％まで拡大した。国債大量発行時代と称されるほど、公社債市場はそれ以前とは異なる局面に突入した（図表6－2）。

国債の大量発行に伴い、政府は資金配分について方針転換を余儀なくされた。人為的低金利政策の下では公社債発行市場は恒常的に超過需要の状態にあり、金融機関は引き受けた債券を簡単に市場に手放せなかった。なお、下村治はこの人為的金利政策について債券市場の育成にとって不可欠だと捉えていた（影浦2010）。

こうした状況で国債を大量発行するため、金融機関の引き受けた国債を一般の投資家に行き渡らせる改革が模索された。自由金利のマーケットと競合できるように国債流通市場

を整備することが重要な政策課題となったのである（公社債引受協会 1980; 鹿野 1994）。

様々な金融商品の販売が認められるようになった。一九八〇（昭和五五）年には公社債投資信託として「中期国債ファンド」が提供された。銀行業と証券業の垣根に関する、いわゆる銀証分離の見直しが本格化するのは一九九〇年代である。しかし一九八三（昭和五八）年までには銀行で国債の窓口販売がスタートしていた。現先取引（一定期間後に一定価格で買い戻すことを条件に債券を資金提供者に売却する取引）、CD（譲渡性預金）、あるいはコマーシャル・ペーパー（無担保の約束手形）も普及した。

社債の有担保原則が見直され、普通社債とともに転換社債（一定条件で発行会社の株式に転換できる社債）について無担保による発行がスタートした。適債基準が緩和された代わりに、投資家はS&P（Standard & Poor's）やムーディーズ（Moody's Corporation）など格付け機関による格付けに依存することとなった。これら格付け機関にとって、日本のマーケットにビジネスを広げる格好の機会となった。外国人投資家に人気が出たのは新株引受権付社債、いわゆるワラント債（一定期間内に一定価格で株式を購入できる権利がついた社債）であった。日本の金融システムでは、国債流通市場の開拓を端緒とした「二つのコクサイ化」が進んだ（蠟山 1986）。

コクサイ化の潮流に対し、一つの大きな出来事が生じた。一九八五（昭和六〇）年九月アメリカでの財政赤字と高金利がドル高を招いたことを受け、ドル高是正をめぐる会合が開かれた。場所はニューヨークのプラザ・ホテル、集まったのはアメリカ・西ドイツ・フランス・英国・日本の財務首脳で、日本からは大蔵大臣の竹下登（第二次中曽根康弘内閣）が参加した。このドル高是正の基本合意がプラザ合意である。一ドルに対し、一九八〇年代前半では二四〇円前後であったが一九八〇年代後半一五〇円前後あるいは一二〇円台にまで達するほど円高が進んだ。

円高による輸出減退は、円高不況と呼ばれる短期的な低迷を招いた。「短期的」としたが、日本銀行は立て続けに公定歩合（現在の「基準割引率および基準貸付利率」）を引き下げ、金融緩和を通じて円高不況に応じた。とはいえ、日本銀行に対して政府が優位性を確保している状況であり、日本銀行が独自に景気対策として金融緩和を実施したわけではなかった。一九八六（昭和六一）年九月から一〇月にかけて、アメリカのジェイムズ・ベイカー財務長官が日本とドイツの早期利下げを要請し、日銀はこの要請に応じるかたちで追加的に公定歩合を引き下げた。政府の国際協調の一環、いわば内外の政府の意向として金融緩和が進められたのである（黒木 1999）。

こうした背後事情のもと、新たな局面、バブルの時代が到来する。

2　バブル

†企業金融と銀行行動――自由化で生じたミスマッチ

金融自由化およびコクサイ化は企業金融や銀行行動にも変化をもたらした。民間企業における資金調達フローの構成比において、金融機関なかでも民間からの借り入れは、一九七〇年代前半に七八・四％であったが一九八〇年代後半には五八・九％まで低下した（図表6-3）。一方で、外債のウェイトが増加するとともに、一九八〇年代後半にはＣＰ（コマーシャルペーパー）が普及しつつある様子も窺える。

「銀行離れ」は、資金面だけの話ではなかった。商社や他の事業会社からの役員派遣、あるいは官庁からのいわゆる天下りが増大するなかでメインバンクからの役員派遣が減っていた（岡崎 1995; Hoshi and Kashyap 2001）。

銀行貸出は、製造業向けの割合が低下した一方で、金融・保険、不動産、あるいは個人向けが伸びた（図表6-4）。金融部門への貸出には、消費者金融向けのものも含まれるようになった。高度成長の時代、出世意欲に満ちた会社員が社内交流の遊興費の源泉を求め

	証券市場			CP	金融機関		海外からの借入
	株式	国内債	外債		民間	公的部門	
1971-75	6.2	4.3	0.3	0.0	78.4	7.9	2.8
1976-80	7.9	4.7	1.6	0.0	71.6	11.3	2.8
1981-85	8.2	2.9	5.1	0.0	77.3	7.2	−0.6
1986-90	9.7	3.8	8.9	5.8	58.9	7.3	5.7

図表6－3　民間企業における資金調達のフローの構成比（1971-90年、%）
資料出所：Hoshi and Kashyap（2001、Table 7-7）

	1970	1980	1990
製造業	42.5	29.8	15.0
非製造業	51.7	55.1	66.0
うち金融・保険	1.2	3.6	10.8
うち不動産	4.2	6.7	11.8
個人	4.6	12.3	16.1
その他含む合計	100.0	100.0	100.0
貸出残高（10億円）	46,190	176,422	413,341

図表6－4　銀行業の産業別貸出残高割合（%）
資料出所：堀内・花崎・松下（2014、表序－2）

た。いわゆるサラ金はこうした状況に対応して成長した消費者金融機関であり、一九七〇年代に銀行から資金を調達できるようにもなっていた（小島2021）。

企業別に降り立ってみると別の事情が見えてくる。収益性の高い企業は資金調達先を自由に選択できた。収益性の低い企業は危機時における救済のための経営介入を許容するかたちで銀行から資金を調達したのである（宮島・蟻川1999）。

銀行はそれまで貸出履歴のない相手に融資する機会が増えたが、顧客のニーズに対応できるだけの柔軟性には乏しかった。その要因は会計処理にある。原価計算を実行するためには事務処理一件当たりに要する時間や処理件数を顧客別に把握・集計する必要がある。こうした大量の計算処理は、一九六〇年代後半、コンピュータ技術の導入により容易となった。とはいえ当時のコンピュータ技術では、支店あるいは案件ごとに融通の効いた原価計算を採り入れる計算処理は困難であった。自由化に伴って顧客のニーズが多様化した一方で、銀行は本店および各支店で画一的な原価会計の枠組みを用いざるを得なかった。各支店の個々の顧客のニーズに対応できるほどの柔軟性を持ち得なかったのである（谷守2004）。

都市銀行、地方銀行、あるいは第二銀行はそれぞれそれまでメインとしている顧客層が異なっていたので、これらの業態別に差別化を図ることはできた。しかしながら銀行とりわけ都銀どうしでは貸出行動を差別化できるものではなく、横並びにならざるを得なかった（及能 1994; Uchida and Nakagawa 2007）。

銀行の貸出審査についても変化が生じていた。日本長期信用銀行副頭取・長銀総合研究所社長を歴任した水上萬里夫《みずかみまりお》は、高度成長の時代に機能していた長銀の貸出審査体制が一九八〇年代に形骸化した点を次のように回想している。

「審査は飽くまで重視されていました。ただ、変化はありました。長銀では「三審制」と言って、営業の現場、審査部、業務部の三段階チェックが基本でした。そして、審査部と業務部のチェックの違いは、審査部が客観的な企業やプロジェクトの審査で、業務部はそれをベースに取引関係など、銀行の政策を加味した総合判断をすることになっていました。それが四十年代頃（一九六五年以降のこと—引用者注）になりますと、営業や審査を経験した人たちが業務部に集まるようになってきたものだから、客観的な審査面でも、業務部の意見がだんだん重視されるようになっていくのです。それが一つの大きな勢力になって、後年の「審査軽視」というところに行き着いたのだと思います。

審査部では、相変わらず書類を書いていたけれども、『あいつらが書いていることぐらいは、俺は勘で分かる』という人たちが、だんだんに増えてくるという時代の入り口でした」

（C.O.E. オーラル・政策研究プロジェクト2005、三二一－三頁）

企業に対するチェックだけでなく、銀行自身に対する規律も機能不全の状態となっていた。銀行の支店表彰の直後に同一支店職員による事件（横領・手形偽造・架空預金など）が頻発するなど、内部規律がないも同然だった。金融商品が多様化するなかで銀行会計を監査できる人材は大蔵省に不足していた。一九七六（昭和五一）年銀行に対する公認会計士・監査法人による会計監査がスタートしたが、銀行会計監査に従事できる人材の不足は民間についても同様であった（藤原2006; 児嶋2015）。

自由化やコクサイ化は、国債が大量発行される現状に即応するためだけでなく、海外からの要請にも応じる必要があった点で拙速に進められた。銀行は制度変化のタイミングに対応できなかったのである（堀内1994; 寺西2003）。

メインバンク関係において、銀行による経営介入は顧客企業の経営危機が深刻になるまでは控えられたものであった。だからこそ好景気の間は各々の企業のパフォーマンスが良好であれば銀行の問題に帰することがなかったのである。銀行システムの不備が露わになるのは、一九九〇年代のバブル崩壊後、それも金融不安が深刻化してしばらくしてからのことである。

†バブルの時代の投資家

さて、バブルの時代の投資家について少し言及しておこう。一九八〇年代末までには投資家は、端末を用いて株価の日々の動きをチェックできるようになっていた。いわゆるパソコン通信と呼ばれるデータ通信手段が一部ながら普及したのである。一九八八（昭和六三）年、家庭用ゲーム機「ファミコン」を端末として固定電話の電話線を用いて株式取引ができるシステムがスタートした。野村證券は「ファミコントレード」、あるいは大和證券の「マイトレード」など、証券会社ごとに様々な名称で個人投資家に向けたサービスを提供していた。日興證券は「ホームトレードワンFC」の宣伝として人気アイドル女優の富田靖子を起用し、彼女が画面に映し出された株価の推移に歓喜する様子を描くテレビCMを放送していた。

一九八〇年代においてもMicrosoft Multiplan、Microsoft Excel、あるいはLotus Jazzなどの表計算ソフトはリリースされていた。しかし一般の投資家がインターネットブラウザや表計算ソフトをパソコンで活用するには、一九九五（平成七）年一一月Windows 95のリリースまで待たなくてはならなかった。

一九九〇（平成二）年一月、筆者は進学する大学を決めるとともに、短期間のアルバイトをした。バイト先はある投資家のオフィスであった。その投資家は、会社の代表取締役を本職とし、会社の社長室で株式投資の戦略を練っていた。

オフィスには本棚がある。本棚にはファイルが何冊も並べられている。背表紙に業種が手書きで記されたそれらファイルは、何枚もの方眼紙を綴じていた。方眼紙一枚一枚の上部には東京証券取引所に上場する一つ一つの銘柄名と番号と日付（期間）が記載されていた。この方眼紙一枚一枚に図表6-5のような「ローソク足」を作図するのがバイトの内容であった。

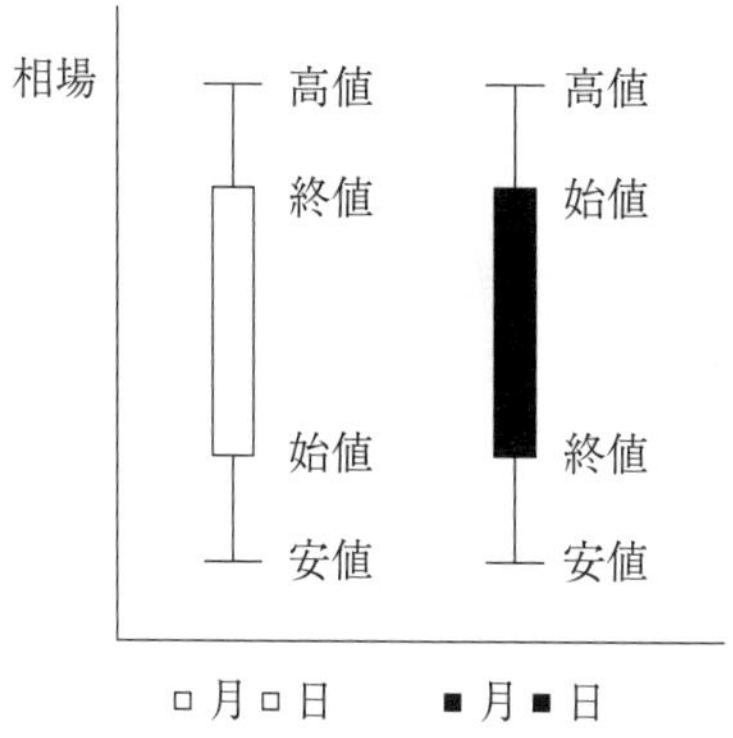

図表6-5　ローソク足

作図は次の要領で鉛筆と三角定規を用いて行った。筆者含めバイト四人の机にはテンキーで入力できるオンライン端末機が置かれた。端末の黒い画面の最下部には「長崎市長銃撃」など短文の時事ニュースが定期的に緑色で表示された。方眼紙には銘柄とともに番号が記載されていた。この番号は入力コードであった。テンキーにその番号を入力すると、端末の画面中央に該当銘柄の相場（始値・終値・高値・安値）が数日分表示された。この四つのデータから方眼紙の1ミリメートルを1円として図表6-5のようなグラフを手書きで作成するのがメインの作業である。その際に、図表6-5で言えば□月□日では始値（寄り）から終値（引け）が上がったケース、■月■日は下がったケースである。四角い部分を鉛筆で黒く塗りつぶすかどうかでローソク足の情報の内容は全く異なる。作図にミスがあれば呼びつけられ、「寄りと引け、間違えないで」などと注意された。

相場の上昇（下落）幅が大きくなると方眼紙で想定した縦軸の目盛りが足りなくなる。この場合、別の方眼紙を切り取って、糊で貼り付けて補うことになる。したがって新しい方眼紙に続きを作図する際、縦軸の最低値・最大値の設定は気が抜けない作業だった。当の投資家に確認を取ることもあった。今にして思えば、この縦軸の設定作業は、期待リターンやリスクの測定、あるいはアノマリー（統計的変動パターン）の検証に通じる側面があるのかもしれない。

オフィスには証券会社の営業担当者が頻繁に来室した。一九九〇（平成二）年二月、筆者が最後にこのバイトをした日、来訪した営業担当者が「この値動きは世界大恐慌のときと似ています」と熱弁した。後年、このバイトを紹介してくれた人物から当の投資家の後日談を耳にしたが、真偽は不明である。

†バブル――「財テク」ブーム

一九八〇年代のバブルについて把握しておこう。図表6-6は一九七〇（昭和四五）年一月から二〇〇〇（平成一二）年までのTOPIX（東証株価指数）の推移をローソク足のチャート図で示している。一九八六（昭和六一）年以降に上昇（白地）が連続したのち、一九九〇年代初頭の急落（黒地）を経て株価が長期的に低迷する動向が窺える。

図表6-7は、一九七〇年代後半から一九八〇年代後半にかけての公定歩合、消費者物価指数の年平均上昇率、実質GDP年平均成長率、および株価・地価（東京区部・横浜・名古屋・京都・大阪・神戸の市街地価格）の年平均上昇率の推移を示す。一九八〇年代、公定歩合が立て続けに引き下げられたにもかかわらず、消費者物価指数の上昇および実質GDPの成長率はさほど上昇していない。その一方で、地価や株価が高騰した。

一九八〇年代後半の株式市場は「財テク」で賑わいだ。財テクは、企業や家計が魅力的な金融商品を通じて資産運用の選択肢を広げることを指した。「財務テクノロジー」の略語とされる一方で高度先端技術を意味したハイテクノロジーに響きが似ており、財テクは新時代を切り開くニュアンスと結びつくワードとなった。この言葉の流行は金融機関からすれば、金融商品の販売にとって追い風であった。

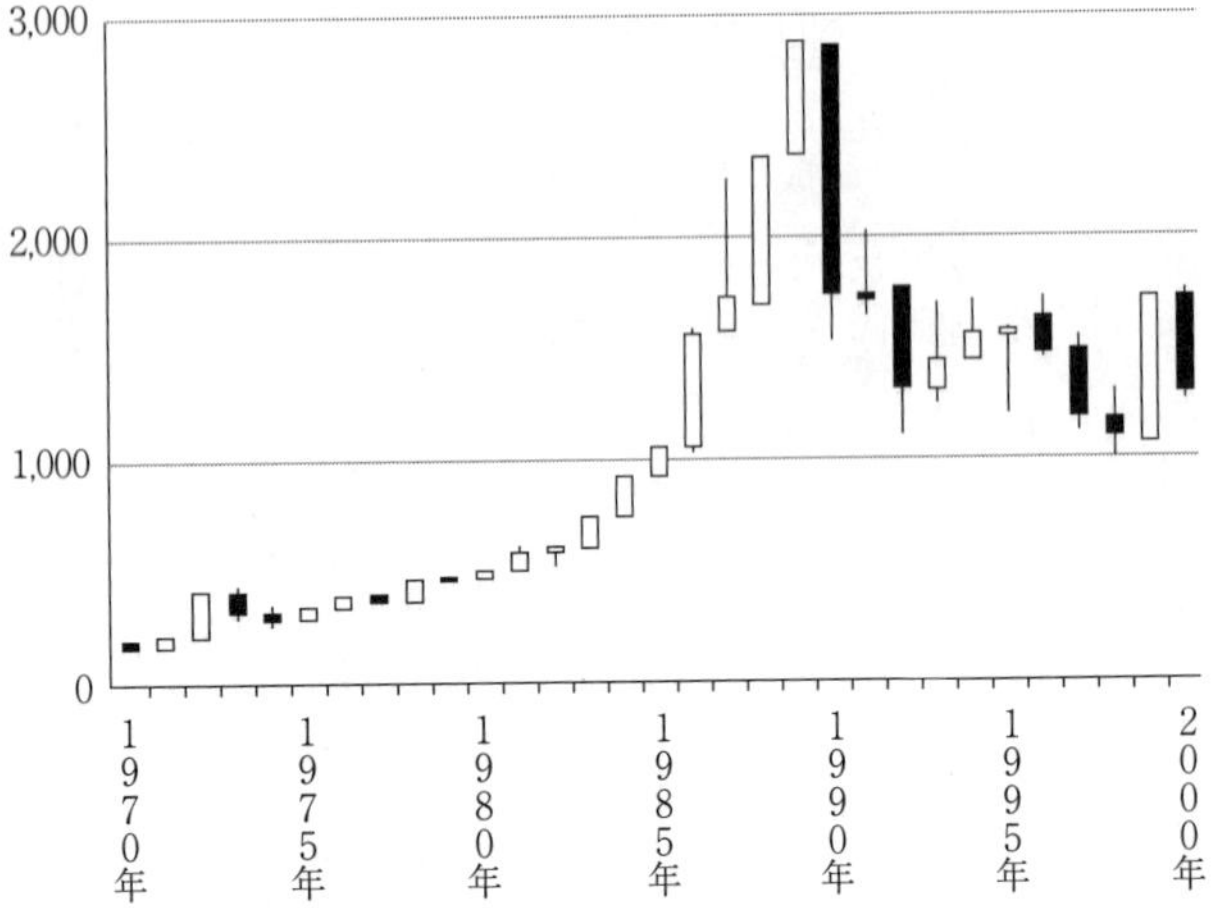

図表6－6　TOPIXの推移：1970-2000年

資料出所：東京証券取引所ホームページ（URL: https://www.jpx.co.jp/）

	公定歩合	実質GDP成長率	物価上昇率	株価	6大都市地価
1975-79年	5.6	4.4	7.4	11.7	5.3
1980-84年	6.1	3.1	3.9	11.0	6.5
1985-89年	3.4	4.5	1.1	26.4	24.4

図表6－7　公定歩合、実質GDP成長率、消費者物価上昇率、および株価・地価（6大都市）の上昇率（%）

資料出所：（香西・伊藤・有岡2000、表1）

「財テク」ブームの火付け役となったのがＮＴＴ株であった。一九八五（昭和六〇）年日本電信電話公社の民営化によりＮＴＴ（日本電信電話株式会社）が設立された。一九八六（昭和六一）年一〇月にＮＴＴは株式を公開した。このときＮＴＴ株には一一九万七〇〇〇円の値がついた。一九八七（昭和六二）年二月ＮＴＴ株は東京証券取引所に上場した。その後、ＴＯＰＩＸや日経平均などとならんで、ＮＴＴ株の終値がニュース番組で報じられた。

一九八七（昭和六二）年『週刊エコノミスト』（五月一九日号）は「財テク列島・日本の落とし穴」と題した記事を掲載した。筆者名にＡと記されたその無署名記事は、ＮＴＴ株をはじめとする金融商品の人気に対して危機感を綴っている。次に引用しておく。

> 「企業部門では株価急騰によって金融資産の期待収益率が実物投資のそれを大幅に上回っていることから財テクが活発化している。個人部門でも財テクへの関心は高まっている。ＮＴＴ株放出を契機に個人の株式への関心は裾野の広がりを持ち始めているし、金融機関が個人向けに貸し出しを積極化し、これを後押ししている。金融部門をみても都銀等一部の業態を除けば貸し出しの停滞は著しく、有価証券運用等を必然的に高めざるを得ない。売却益を前提とする運用はハイリスク・ハイリターンであり、自己資本と見

合っている場合はおのずと歯止めもかかるが、負債との両建てによって急拡大している現状は広義の金融資産の値下がりを引き金に危険な側面を内包していると言えよう」
（A 1987、九頁、一部、段落改行箇所と複数の文を省略）

一九八七（昭和六二）年『週刊エコノミスト』（七月二八日号）に掲載された論説「金融恐慌を呼ぶ過熱マネーゲーム」では、「経済の実態から乖離した金融活況はいつまでも続くはずがない」としていた（保坂 1987、三頁）。バブル末期には銀行貸出による下支えが観察されるとはいえ、株価の上昇傾向は概して低金利政策（公定歩合引き下げ）によって持続したものであった。実体経済は決して不調ではなく、それどころか国際金融センターとしての東京のプレゼンスが向上したことは株価上昇に拍車をかけた。ただし、銀行のモニタリング能力が低下するなど、コーポレート・ガバナンス面では機能不全の状態が継続した（黒木 1999; 翁・白川・白塚 2000）。

†ナラティブの蔓延と終息

資産価格高騰のナラティブは、自由化や規制緩和が進む局面で生じやすい。それら制度変化の直後では政策当局がデータや関連情報を十分に持ち合わせていないことが珍しくない。したがって状況を様子見するにとどまったり、政策対応が遅れ気味になる。投資熱が冷めると市場は「瓦落」に見舞われる。だからこそ政策対応の遅れは大問題となる（Abolafia 2010; Teeter and Sandberg 2016; Shiller 2019; 2000）。

一九八〇年代日本のバブルについても政策対応の遅れは否めなかった。公定歩合の引き上げは一九八九（昭和六四・平成元）年のことである。この年の五月に二・五％から三・二五％へ、さらに同年一二月までに段階的に四・二五％まで公定歩合は引き上げられた。一連の引き上げは、同年四月の消費税（三％）の導入を待って行われる格好となった。日本銀行、および総裁（当時）の三重《みえ》野康《のやすし》の対応には、遅れを指摘する声が上がった（黒木 1999; 堀内・花崎・松下 2014; 西野 2019）。

一九八六（昭和六一）年頃には大蔵省内で不動産向け融資の総量規制を求める声が上がっていた。資産税制や土地利用規制の影響から地価のバブルの進行は顕著であり、一九八〇年代後半には地価のバブルに警鐘を鳴らす論説も現れたほどであった（野口 1987; 翁・白川・白塚 2000; 井上・清水・中神 2010）。にもかかわらず、当時大蔵省銀行局長であった土田《つちだ》正顕《まさあき》はその政策判断についてなかなか決心できずにいた。土田は決心がつかなかった理由について、一九九六（平成八）年二月一五日第一三六回国会衆議院予算員会での答弁で次のように吐露している。

「銀行などの金融機関の土地関連融資につきましては、実は既に昭和六十一年（一九八六年―引用者注）当時から、投機的な土地取引につながるような融資を行うことがないように、数次にわたって通達を発してまいりました。（中略）それにもかかわらず地価の上昇はおさまりませんで、ただいま御質問にございましたような土地対策関係閣僚会議が随時に開かれて対策を議論しておりましたわけでございますけれども、たまたま平成二年（一九九〇年―引用者注）三月二十三日、このときに土地対策関係閣僚会議（海部俊樹内閣―引用者注）が開かれ、平成二年の地価公示の内容についての報告が披露されたというふうに記憶しております。（中略）これは別途御質問があれば御説明申し上げますが、なかなか悩むところも多うございまして、決定的な措置に踏み切るという、そういう決心がつきませんでした」

（国会会議録検索システム　URL: https://kokkai.ndl.go.jp/）

一九九〇（平成二）年不動産関連融資に関する総量規制がスタートし、大蔵省は金融機関に対して不動産貸出の増加率が貸出総額の増加率を上回らないよう行政指導を開始した。だが、一九九一（平成三）年からの株価暴落、さらに一九九二（平成四）年の地価暴落の二段階でバブルは崩壊した。一九九二（平成四）年にはソビエト社会主義共和国連邦が崩壊したことも重なり、「崩壊」が流行語ともなった。バブル崩壊は、株価と地価とで生じた暴落をひとまとめにする言葉となった。

バブル崩壊は、その後に訪れる慢性的金融不安の序章にすぎなかった。銀行のモニタリング能力が低下したことや収益性パフォーマンスの低い企業に対する貸出が増大したことなど、銀行が不良債権を抱え込む要因はすでに生まれていた。景気が冷え込めば借り手の返済能力は一層低下する。だからこそ本来なら不良債権問題を早急に解決しなければならないはずであった。

にもかかわらず、不良債権を抱えていた銀行はその処理を先送りし、政策当局の対応も遅々として進まなかった。結果として、一九九〇年代には金融不安が慢性化した。なぜ金融不安が慢性化したのか、この点は次節で見ていくことにしよう。

3 金融不安と経済停滞

†二人の女性の物語（一五）――思い出される名前

バブル崩壊後の一九九四（平成六）年六月、週刊誌が原節子の名前で賑わった。

原節子は引退後も女優として評価された。出演作品の監督、とりわけ小津安二郎の作品が繰り返し高く評価された（蓮實 1983; ゴダール 2012）。その知名度が衰えなかったことと引き換えに、本名の会田昌枝は週刊誌に追われ続けた。関係者の葬儀に参列した際には隠し撮りされたりすることが珍しくなかった。

そんな彼女が長者番付に載ったことで週刊誌が記事を書き立てたのである。「長者番付で三〇年ぶりに浮上した〝伝説の聖女〟原節子のプライバシー」（『週刊読売』第五三巻二四号）、あるいは「隠者 原節子が長者番付で『表』に出た『裏』事情」（『サンデー毎日』七三巻二四号）などと見出しがつけられた。

長者番付とは、国税庁が『高額納税者番付』で毎年公示した高額納税者ランキングのことである（現在は廃止）。彼女は引退後、東京の狛江から神奈川県の鎌倉の義兄夫婦の家に移り住んだ。狛江の土地を売却したことで、一九九三（平成五）年度の納税額三億七八〇〇万円が全国七五位とされたのである。土地の売却で長者番付に突如ランクインするケースは珍しくなかった（菊地2015）。一九九四（平成六）年時点で日本の家計のジニ係数は、年間収入で測ると〇・二九三であるが、住宅・宅地資産で測ると〇・六四一となる。フロー面での格差以上にストック面での格差が顕著だったのである（総務省統計局2011; 南・牧野2018）。

鎌倉の生活では義兄夫婦がマスコミに対応し、本人が取材に応じることは例外的であった（石井2019）。引退後の彼女の様子を出演番組などで語る芸能人もいた。しかしそうした回想のいずれも、作品の原節子とは縁のないはずのものであった。不本意に思い出されるくらいならそっとしておいて欲しかったのかもしれない。

二〇一五（平成二七）年一一月二五日テレビ・新聞各社は、速報テロップ、ホームページあるいはSNSの公式アカウント等で彼女の死を報じた。だが、亡くなったのは九月五日であった。死を二カ月半以上も伏せてくれることになる近親者が、かつての横浜育ちの少女マサエの余生に寄り添っていたのである。

†慢性化した金融不安――不良債権処理の遅れ

金融部門で生じたショックは実体経済に対して長い年数に渡ってマイナスの影響を与えかねない（Friedman and Schwartz 1963; Romer and Romer 2004; Jalil 2015）。一九九〇年代日本はその一例となった。慢性的金融不安は、「失われた一〇年」とも「失われた三〇年」とも称される経済停滞を招いた。

図表6-8は一九九〇（平成二）年から二〇〇二（平成一四）年までの銀行・信用金庫・信用組合破綻件数の推移を示す。バブルが崩壊した一九九〇年代前半よりも後半で破綻が頻発した。一九九七（平成九）年一一月、北海道拓殖銀行が破綻、さらに一九九八（平成一〇）年一〇月、日本長期信用銀行が国有化された。図表6-8には含まれないが、一九九七（平成九）年一一月山一證券が自主廃業した。金融不安の慢性化は、拓銀・長銀・山一の破綻もしくは自主廃業をひとつのピークとして金融機関の相次ぐ破綻をもたらした。

金融不安が慢性化するなか、銀行は不良債権処理を先送りした。銀行に危機意識が芽生えるまでに年数を要したとともに、ＢＩＳ規制のもとで適切な会計制度が整備されていなかった点で制度設計の面でも問題があった。

ＢＩＳ規制は、一九八八（昭和六三）年国際決済銀行（BIS: Bank for International Settle-

	金融機関総計		銀行		信用金庫		信用組合	
	総数	破綻	総数	破綻	総数	破綻	総数	破綻
1990	1,022	0	163	0	451	0	408	0
1991	1,000	1	162	1	440	0	398	0
1992	989	1	160	0	435	1	394	0
1993	976	2	164	0	428	1	384	1
1994	962	4	167	0	421	0	374	4
1995	960	6	174	2	416	0	370	4
1996	950	5	176	1	410	0	364	4
1997	929	17	176	3	401	0	352	14
1998	892	30	173	5	396	0	323	25
1999	849	44	171	5	386	10	292	29
2000	820	14	167	0	372	2	281	12
2001	761	56	165	2	349	13	247	41
2002	676	0	159	0	326	0	191	0

図表6－8　金融機関破綻件数：1990-2002年
資料出所：預金保険機構ホームページ（URL: https://www.dic.go.jp/）

ments）で合意されたソルベンシー規制を指す。この合意はバーゼル合意とも呼ばれる。国際的に営業する銀行のリスクアセット・レシオには最低水準（八％）が定められた。ＢＩＳ規制は、銀行に対してリスクアセットを圧縮するインセンティブとともに自己資本を高めるインセンティブを与えるものである。

一九九三（平成五）年細《ほそ》川《かわ》護熙《もりひろ》内閣のもと、大蔵省は「銀行法第一四条の二の規定に基づく自己資本比率基準」を告示した。ただしこの会計ルールのもとで、銀行は不良債権処理をためらうことになった。不良債権を処理すれば損失が生じるため、利益金さらに自己資本が減少してしまう。ただしその一方で、リスクアセットを圧縮せずとも自己資本を膨らませることができたのである。

自己資本のうち、将来戻ってくるはずの税金をあらかじめ資産と見込んで計上される分は税効果資本と呼ばれる。前払いした税金がいずれ戻ってくるものと見込んで、払いすぎた税金に相当する額を繰延税金資産として計上すれば、税効果資本を膨らませることができる。繰延税金資産は会計上の資産・負債と、税法上の資産・負債との差額を調整するための勘定科目であり、将来の課税所得について理にかなった見積もりが本来は必要となる。もっとも、ソルベンシー面で余裕のある銀行であれば税効果資本によって自己資本を膨らませる動機を抱かないが、ソルベンシー不足の銀行であればこうした会計操作の動機が強まる。

一九九九（平成一一）年三月、税効果資本に関して裁量を厳格化した会計制度が導入された。つまりそれ以前はソルベンシー不足の銀行に会計操作の動機を与える仕組みとなっていた。実際、繰延税金資産に関する会計操作に積極的であった銀行ほど多額の不良債権を抱える傾向にあった。こうした会計操作の動機を断ち切る制度を整備したことで、不良債権処理のインセンティブが与えられたのである（奥田 2001; 有岡 2004; 細野 2010）。

不良債権処理が進まないなか、少なからずの銀行が追い貸しを重ねた。追い貸しは収益性や効率性の面で芳しくない貸出先だと知りながら行われる追加融資を指す。こうした貸出行動は、メインバンク関係にある貸出先、あるいは銀行借り入れ比率が高い企業に対して積極的に行われていた。非上場企業向け貸出においては、追い貸しは一部に限られた。ただし非上場企業であっても不良債権処理が進まない銀行は追い貸しを継続しがちであった。追い貸しによる企業の延命は「ゾンビ」とも表現された。ゾンビ企業になると収益性や雇用水準が低下した。それでも一九九八（平成一〇）年金融再生法が施行されるまで、追い貸しは解消されなかった（Peek and Rosengren 2003; 福田・粕谷・中島 2007; Caballero, Hoshi and Kashyap 2008）。

†政策対応の遅れ――「金融恐慌の教訓」の教訓

金融不安が慢性化したもう一つの理由として、政策対応、より具体的には金融機関に対する公的資金の投入が遅れたことが災いした。大蔵省は銀行に自助努力を促すとともに、公的資金については慎重姿勢を貫いた。この姿勢は納税者の支持を優先しつつ金融システムを安定化する意図から打ち立てられたものであった（Mlhaupt and Miller 1997; Cargill 2000; 西野 2019）。

政策対応の遅れは、住専（住宅金融専門会社）への公的資金投入をめぐる論議で顕著となった。住専は個人向け住宅ローンを取り扱うノンバンク（預金を取り扱わない金融機関）の一種である。バブル崩壊は住専にとって大打撃であるが、住専に融資した銀行・保険会社・証券会社・農林系金融機関も痛手を被った。これら金融機関のなかでも農協（農業協同組合）の融資額は都市銀行の三倍にも達した。だが農協は自民党議員を通じて働きかけ、都市銀行の貸出行動を信頼しての融資であることを強調した。大蔵省は都市銀行に対して住専への金利減免を促し、住専に対して経費節減を求めた。しかし地価の下落は止まらず、住専の貸倒損失は増大した。

こうした状況でも大蔵省は公的資金投入には踏み切らなかった。一九九三（平成五）年六月二日、大蔵省銀行局長の寺村信行は、第一二六回国会（衆議院大蔵委員会）において次の二つの答弁で見解を示している。

「現在の金融機関に対しします規制の原型は、日本でございますと昭和の金融恐慌、それから諸外国では一九二九年の大恐慌の後の金融恐慌の経験に照らしましていろいろな規制が講じられております。その趣旨は、やはり預金者保護は経済社会の安定を考えるならばかなり重要な課題であるという考え方でございまして、金融の自由化が進展してまいりましても、このような預金者保護あるいは信用秩序の維持という観点からの対応はしていかざるを得ないということでございます」
「住専に限らず、今回のバブルにおいて発生いたしましたノンバンクの問題の処理のいずれも金融機関の自己責任原則に基づいて処理されているところでございまして、住専も他のノンバンクと同様、このような金融機関の自助努力により調整が行われているというふうに理解いたしております」

（国会会議録検索システム　URL: https://kokkai.ndl.go.jp/）

住専問題の解決が進まないなか、政局は激変を迎えた。五五年体制が崩壊したのである。一九八八（昭和六三）年のリクルート事件や一九八九（昭和六四・平成元）年の消費税導入を機に自民党の支持率は低下した。一九九四（平成六）年六月、日本社会党の村山富市が内閣総理大臣に就任した。官僚が自民党議員とのパイプを通じて政策を立案する土台が崩れたのである。閣僚には河野洋平・橋本龍太郎など自民党議員も並んだが、大蔵大臣は新党さきがけ代表の武村正義であった。

一九九五（平成七）年一二月、村山内閣は一般会計から六八五〇億円を住専に投入する方針を固めた。その後、一九九六（平成八）年一月、自民党の橋本龍太郎が組閣し、橋本内閣のもとで開催された第一三六回国会は、「住専国会」と称されるほど激論の場となった。さらには、政策対応の遅れ、自民党による農協保護、あるいは母体行の経営方針など、新聞各紙は様々な論点を通じて非難と責任追及の論説を次々と掲載した（西畑 2012）。住専問題は、納税者の支持を得るどころか、怒りのナラティブを広めることになった。

†「金融恐慌の教訓」の教訓

大蔵省銀行局長であった寺村信行が、昭和初期の金融恐慌を参考材料にしていたことが突き止められている。昭和初期、銀行パニックが発生する以前の局面では国民から反発された公的資金投入が、パニック終息とともに次々と実行された。こうした歴史認識から、寺村は銀行の経営破綻が明らかでない時点での公的資金投入が国民の不満を招くと捉えていた（西野 2019）。

ただし、金融機関の自助努力を求める姿勢と昭和初期の金融恐慌への政策対応との間には無視できない断絶がある。第二章で言及したように、金融恐慌は、一九二〇（大正九）年の瓦落に始まる金融不安のなか、政策当局が対応を先送りしたことで発生したものであった。だからこそ高橋是清や井上準之助らが公的資金を投入するために国民への説得に尽力したこと、さらに井上が日銀特融の体制改善に着手したことに重要な意味があった。一九二七（昭和二）年金融恐慌、あるいは本章第一節で言及した一九六五（昭和四〇）年証券不況は、ともに日本銀行が特別融資を迅速に実施した前例である。その迅速さは、全く参考とされなかったのである。政策当局は政策を掲げる理由を国民に対して、正しく分かりやすく伝えることが求められる。ただし、何らかの分かりやすいロジックやナラティブは、誤りを含んでいたとしても、蔓延する可能性がある（白川 2018）。

歴史の教訓を引き合いに出して分かりやすさを強調することは一面で誠意ある態度ではある。ただし、歴史の教訓を引き合いに出す姿勢もまた、誠実である半面で慎重さも求められる。なぜなら歴史の教訓と称されるものは、事実関係の発見とともにアップグレードが要請されてくるからである。なお、高橋是清や井上準之助が国民の説得に奔走したことが詳細な分析を通じて裏付けられたのは、一九九〇年代が過ぎてからのことである（永廣 2000）。

一九九〇年代には国会論戦でも昭和初期の金融恐慌が引き合いに出されることが珍しくなかった。図表6-9は一九九〇年代の国会での議事録に記載された発言のうち、「金融恐慌」の語を含む発言（議事録における発言番号別）の数（A）と、それらのうち昭和初期の金融恐慌を指す発言の数（B）の推移を示す。（A）が最も多いのは一九九八（平成一〇）年の九六回である。この年は、内閣総理大臣の橋本龍太郎が幾度となく「日本発の金

年次	「金融恐慌」を含む発言の数（発言番号別）	
	総数（A）	昭和の金融恐慌として言及（B）
1990	1	1
1991	3	0
1992	4	2
1993	8	5
1994	1	1
1995	35	32
1996	26	17
1997	20	8
1998	96	13
1999	11	4

図表6－9　1990年代日本の国会における「金融恐慌」

資料出所：国会会議録検索システム（URL: https://kokkai.ndl.go.jp/）

融恐慌を起こさないこと」と発言し、与野党両陣営がこのフレーズを引用したために数が増えている。これらの発言は、今そこにある危機として金融恐慌を話題にしたものである。

昭和初期への言及回数では一九九五（平成七）年が圧倒的である。この年の一月一七日、阪神淡路大震災が発生した。地震発生当時、日銀神戸支店はその敷地内に臨時の窓口を設置して損傷銀行券を引き換えるなど緊急対応にあたった（遠藤1995）。現場の対応の甲斐あって、流動性供給機能を維持することはできた。しかし震災発生により金融不安が激化することを危惧するのは不自然な流れではない。同年二月三日（第一三二回国会衆議院予算委員会）には海江田万里議員が次のように発言した。

「関東大震災も、先ほどお話をしましたように復興景気というものが起きたわけでございますが、この復興景気というものが極めて短期間に終わってしまったということ。そして、その復興景気の後出てきたのは大変なインフレで、そしていわゆる一九二七年の金融恐慌へまっしぐらに走っていったということ」

（国会会議録検索システム　URL: https://kokkai.ndl.go.jp/）

この海江田議員の発言以降、同じ年だけで三二回、さらに翌年に一九九六（平成八）年、住専国会でも昭和初期の金融恐慌への言及がなされたのである。ただし拓銀・長銀の破綻が現実味を帯びたなか、歴史上の出来事としてではなく現実の危機として金融恐慌が議論されるようになったのである。

住専国会こと第一三六回国会を経て、住専の解散と公的資金投入が決まった。預金保険機構の全額出資として住宅金融債権管理機構が設立され、同機構が住専七社の破綻処理にあたった。日本銀行は預金保険機構への資金拠出のかたちで特別融資を実施した。

ここで預金保険制度と日銀特融について補足しておこう。

預金保険制度は、一九七一（昭和四六）年預金保険機構の設立によってスタートした枠組みである。預金保険機構への資金提供者は、政府、日本銀行さらに民間金融機関も含まれる。設立の目的は預金者保護にあった。預金の保護額であるが、当初は元本一〇〇万円まで、一九七四（昭和四九）年元本三〇〇万円、さらに一九八六（昭和六一）年元本一〇〇〇万円にまで引き上げられていた。預金保険制度の初適用は一九九二（平成三）年四月、伊予銀行に対する八〇億円の貸し付けであった。適用例が相次ぐなか、大蔵省は預金保険制度におけるペイオフを一旦凍結して段階的に解禁する方針を固めた。ここで言うペイオフとは、金融機関が預金者に対し一定額の預金しか保護しないことを指す。一九九六（平成八）年預金は全額保護されるものとなったが、二〇〇五（平成一七）年までに段階的に定額保護に戻る措置が取られた。決済用預金については全額保護が引き継がれたものの、ペイオフ解禁により定期預金等の一般預金は元本一〇〇〇万円と破綻日までの利息のみが保護対象となった（高橋 2012; 預金保険機構 2020）。

次に日銀特融を見てみよう。一九九五（平成七）年日本銀行は、特別融資の目的を一時的な流動性不足を解消するものだと定めて基本原則を打ち立てた。その基本原則とは、（1）システミック・リスクが顕現化する惧れがあること、（2）日本銀行の資金供与が必要不可欠であること、（3）モラル・ハザード防止の観点から、関係者の責任の明確化が図られるなど適切な対応が講じられること、さらに（4）日本銀行自身の財務の健全性維持に配慮すること、の四つである。一九九五（平成七）年にはコスモ信用組合、兵庫銀行、さらに木津信用金庫への融資や、一九九六（平成八）年には住専問題に関して預金保険機構への資金拠出など、日銀による資金サポートが幾度か実施されたが、四つの基本原則の明確な適用基準が定められたのは一九九九（平成一一）年のことであった（日本銀行政策委員会 1996; 1999; 福田 2009）。

金融不安に対する政策対応の遅れは、金融恐慌の教訓に関するミスリーディングが災いした側面があった。しかし危機が深刻化するなか、政策当局も方針転換せざるを得なかった。さらに制度整備を重ねる必要も生じた。

そうした制度整備のなかで、コーポレート・ガバナンスについても改革が進められることになった。銀行主導型の不備が問題視されたことで、市場主導型の利点が見直されることにもなったのである。この点は第七章で言及しよう。

第七章　今そこにある歴史

1　金融再編

†二人の女性の物語（一六）――思い出の歌

本章は一九九〇年代後半以降を概観する。

第一章から追いかけてきた女性の一人、森光子は一九九〇年代に七〇代に達した。彼女は現役生活を続けており、この時期にはディナーショーに初挑戦している。この初挑戦は、一九九六（平成八）年一月、新高輪プリンスホテルでのことであった。

このディナーショーに協力したのがジャニーズ事務所である。同事務所の創設者ジャニー喜多川が構成・演出を担当し、バックダンサーとして同事務所所属の東山紀之、堂本剛、さらに滝沢秀明が参加した。当時のジャニーズ事務所は、ＳＭＡＰ（中居正広、木村拓哉、森且行、稲垣吾郎、草彅剛、香取慎吾）を筆頭に身近な憧れの存在としてファンを獲得していた。その一方で、東山紀之らを筆頭に宝塚歌劇団を彷彿とさせる豪華な舞台演出で観客を楽しませる姿勢も培われていた。後者の姿勢を支えるメンバーが、彼女のディナーショーを飾ったのである（中川 2016; 矢野 2016）。

ディナーショーで披露された楽曲に「South of the Border（作詞：Jimmy Kennedy、作曲：Michael Carr）」がある。かつての実らぬ恋をテーマにしたこの曲は、一九三〇年代の同名のアメリカ映画の主題歌であった。終戦直後、森光子は進駐軍を慰問する仕事のため、カリフォルニア生まれの歌手ベティ稲田からこの曲を習った。二人は樺太で一緒に巡業した仲だったこともあり、「th」の発音など、森光子は容赦ない指導を受けた（森 2009）。

一九九〇年代後半、日本経済は停滞の局面に入り込んだ。自由国民社の新語・流行語大賞で「就職氷河期」が審査員特別賞を受賞したのは一九九四（平成六）年のことである。だが就職難はしばらく続いた。二〇一九（令和元）年に本格化した厚生労働省「就職氷河期世代活躍支援プラン」においては、就職氷河期世代とは「一九九三（平成五）年から二〇〇四（平成一六）年に学校卒業期を迎えた世代」を指す。

図表7-1は、一九八〇-九五年と一九九五-二〇〇五年の二つの期間の日本とアメリカについて、粗付加価値の成長率、労働投入の成長への寄与率、資本投入の成長への寄与

	日本		アメリカ	
	1980-1995	1995-2005	1980-1995	1995-2005
	(1)	(2)	(3)	(4)
実質粗付加価値成長率	3.9	1.0	3.0	3.7
労働投入の寄与率	0.4	−0.5	1.2	0.7
資本投入の寄与率	2.0	1.1	1.1	1.3
TFP 上昇率	1.5	0.5	0.7	1.7

図表7－1　1980-95年と1995-2005年における日本とアメリカの成長会計（%）

資料出所：Fukao, Miyagawa, Pyo, and Rhee（2008）

率、およびＴＦＰ（total factor productivity：技術的要因など、労働や資本以外に経長を促す要因）の上昇率を示す。日本の成長率は三・九％から一・〇％に低下し、三つの成長要因も〇・九から一ポイントほどダウンした。雇用が減少しただけでなく、技能形成が進まなかったなど、労働は質・量ともに変化した。投資が低迷したことで設備の老朽化が進み、設備の備える技術が先端的でなくなることで国際競争力が低下した。それでも海外に生産拠点や販路を広げた企業には生産性上昇の可能性は閉ざされていなかった。一方、アメリカは成長率が三・〇％から三・七％に、そして成長要因のなかでもＴＦＰ上昇率が〇・七％から一・七％に上昇している。日本は技術進歩の面でアメリカに水を開けられたのである（堀内・花崎・松下 2014; 鶴・前田・村田 2019; 深尾 2020）。

さて、森光子であるが、二〇〇三(平成一五)年、十八代目中村勘三郎(当時中村勘九郎)が進行役の番組「大当たり勘九郎劇場」(NHK-BS)に彼女はゲスト出演した。アメリカ兵の前で唄ったときのエピソードや脚本家の菊田一夫と出会ったときの話に花が咲いた。

歌のコーナーで、はにかんだ表情を見せながらも、彼女はピアニストと呼吸を合わせて「South of the Border」を披露した。曲名を紹介する際、彼女は舌を前歯につける仕草をわざと目立たせて「th」を発音した。培った芸で思い出の曲を唄いながら、八三歳の彼女は現役の日々を貫いていたのである。

†ビッグバン——市場主導型の復活

一九九六(平成八)年一一月に成立した第二次橋本龍太郎内閣は、金融規制の緩和に関する抜本的改革に取り組んだ。銀行主導型のコーポレート・ガバナンスが不良債権問題を抑制できなかったことの反省から、市場主導型の機能を復活するための制度整備が政策課題なった。これらの改革は一九八〇年代イギリスの証券制度改革の呼称にちなみ、ビッグバンと呼ばれた(経済企画庁 1996; 1997; Hoshi and Kashyap 2001)。

ビッグバンは「フリー、フェア、グローバル」を三本柱とした。「フリー」は金融商品の自由化、すなわち規制緩和を通じて資金の調達手段と運用手段を多様化したことを意味した。「フェア」は違反への罰則強化や利益相反の防止など、公正な取引ルールの整備を指した。「グローバル」は、デリバティブ商品など先進的な金融商品が普及しつつある状況を背後事情として、ルール整備や、金融に関する国際的な監督協力体制の確立を目指すことを意味した。

ビッグバンのなかでも、業務分野規制の緩和は一九八〇年代からの懸案であった。きっかけは一九八五（昭和六〇）年大蔵省の審議会である金融制度調査会の答申「金融自由化の進展とその環境整備」である（金融財政事情研究会1987）。住専問題が一段落したことで、ようやく第二次橋本内閣で本格的な制度改革が着手されたのである。

業務分野規制の緩和に際しては、範囲の経済性（economies of scope）を享受できるメリットが見込まれた。範囲の経済性とは、生産行動の多様化によるコスト面の効率化を意味する。例えば、A銀行が中小企業向け融資で一〇〇の価値を生産するときのコストが二〇、B社が小売業で一〇〇の価値を生産するときのコストが三〇だとする。AとBは合計五〇のコストで合計二〇〇の価値を生産することになる。もし双方が合同したとき、中小企業向け融資で一〇〇、小売業で一〇〇の価値が生産されるためのコストが五〇を下回る場合に範囲の経済性があるとみなされる。あるタイプの生産コストの増大が別のタイプの生産コストの節約になる点で、範囲の経済性は「費用の補完性」と言い換えられる（Panzar and Willig1977; 粕谷 1993; 堀 1998）。

二〇〇一（平成一三）年四月までに銀行業・証券業・保険業の業務分野規制は大幅に撤廃された。さらに流通業者に対する規制が緩和されたことで例えばコンビニエンス・ストアが銀行を創設できるようになった。ただし金融機関が別の金融業に参入する際の規制は残された。例えば金融商品取引業者が銀行業を兼業できるようになったわけではない。それでも金融規制の緩和は二八二三項目に及んだ（内田 2016; 奥 2017）。

ビッグバンは、銀行経営に対する監視役として政府の働きが十分ではなかったことを一つの動機としていた。一九九七（平成九）年六月独占禁止法が改正され、同年一二月施行されたことで持株会社の設立が解禁された。同じく一二月の銀行法改正により金融持株会社の設立が可能となった。金融持株会社には、金融機関に対するコントロール役を果たすことが期待されたのである（岡崎 1999; Horiuchi and Shimizu 2001）。

銀行業の再編は、従来の系列の枠組みに縛られないものとなった。一九九九（平成一一）年八月富士銀行（芙蓉グループ）、日本興業銀行、第一勧業銀行（第一勧銀グループ）は、みずほフィナンシャルグループの結成を発表した。同年一〇月、さくら銀行（旧三井銀行、および太陽神戸銀行の合同によって成立）が住友銀行との業務提携を開始し、合併して三井住友銀行として再スタートする方針も公表された。三和グループの三和銀行は東海銀行・東洋信託銀行とＵＦＪ（United Financial of Japan）グループを結成し、三行の株式は持株会社ＵＦＪホールディングスの株式に交換された。三菱グループの東京三菱銀行はこのＵＦＪグループに参加し、二〇〇六（平成一八）年三菱東京ＵＦＪ銀行（現在の三菱ＵＦＪ銀行）が成立した。

ビッグバンの影響は、金融持株会社が復活しただけではなく、Ｍ＆Ａが増大した点でも現れた。同時に、Ｍ＆Ａへの対抗措置に出る動きも積極的となった。大きなきっかけとなったのが二〇〇五（平成一七）年ラジオ放送局ニッポン放送の経営権をめぐるフジテレビとライブドアとの争奪戦であった。同年一二月にはポッカコーポレーションが上場廃止した。二〇〇七（平成一九）年外資系投資ファンドのスティール・パートナーズが調味料メーカーのブルドックソースを株式公開買い付けのターゲットにした際には、ブルドックソースは既存株主への新株予約権無償割当を実施するかたちで買収防衛を実施した。この案件は、最高裁判所が初めてポイズンピルを認める判例となった。

Ｍ＆Ａに対する防衛策には企業特殊的な投資へのインセンティブを与える側面がある。買収による経営者交代が頻繁な環境では、既存の経営陣との間でしか培えない技能を従業員が磨こうとしなくなるからである（Shleifer and Summers 1988）。二〇〇〇年代日本において買収防衛策を導入した企業については、総資産利益率など経営パフォーマンスが特段に低かったわけではなかったことが突き止められている。すなわち、防衛策導入に踏み切る傾向が強かったのは、経営努力を怠った企業ではなく、株式持ち合いの比率が高いなど経営陣の保身の強さを示す要素がもともと強い企業であった（滝澤・鶴・細野2007）。

長年培われた技能を守ることは、M&Aでも貢献できることである。団塊世代、一九四七（昭和二二）年から一九四九（昭和二四）年生まれの世代が定年退職する二〇〇七（平成一九）年前後は、中小企業の事業承継が切実な問題となった。二〇〇八（平成二〇）年リーマン・ブラザーズ破綻に起因する金融危機は中小企業の経営者が事業承継を真剣に考えるきっかけともなった。家族・親族が事業を引き継げない場合、M&Aの仲介を専門に行なう企業や地域金融機関の斡旋により同業他社がM&Aによる事業承継を実現した（岡田2008；中小企業庁2013）。

図表7-2は一九九〇（平成二）年から二〇二〇（令和二）年までの日本企業が関わるM&A件数の推移を示す。ビッグバンが一段落する二〇〇〇（平成一二）年から二〇〇一（平成一三）年を前後してM&A件数が増加したことは明白である。二〇〇八（平成二〇）年リーマン・ブラザーズ破綻に起因する金融危機を前後して一旦低迷した後、新型コロナウィルス感染症（COVID-19）によるコロナ禍で二〇二〇（令和二）年に減少するまで増加

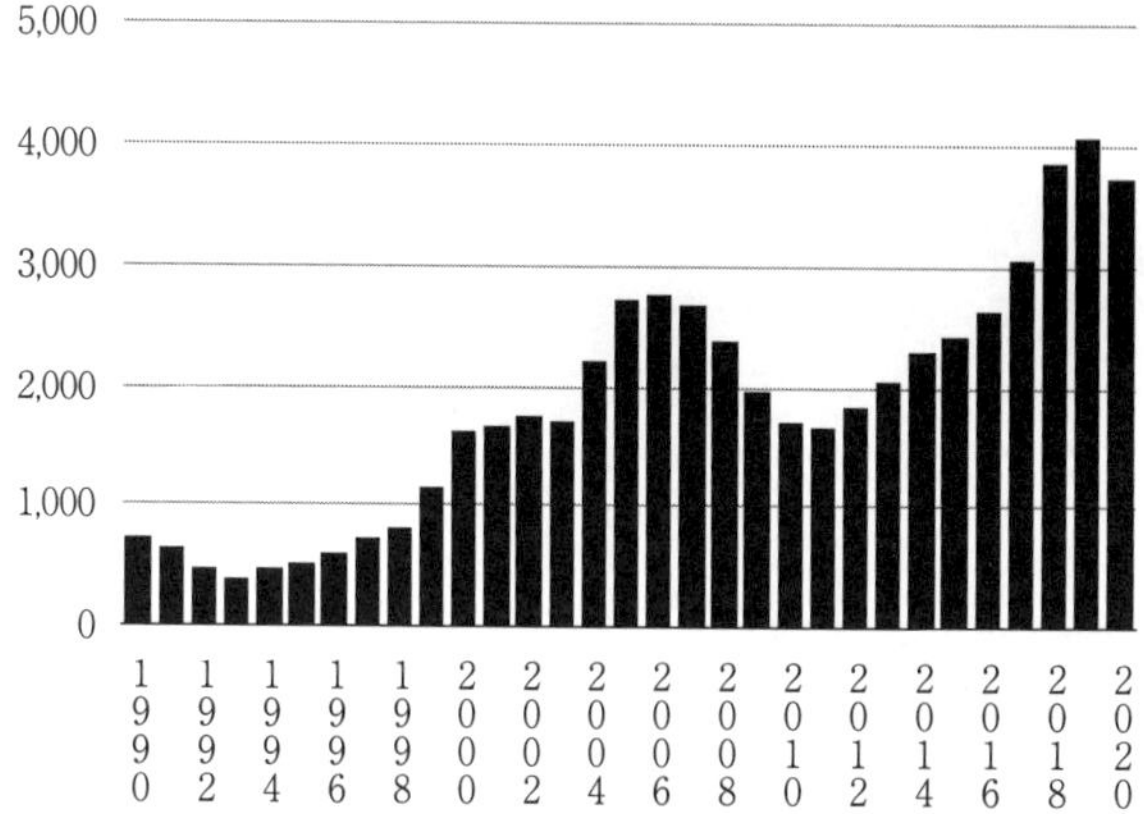

図表7－2　日本企業が関わるM&A件数の推移：1990-2020年
資料出所：レコフ（URL: https://www.recof.co.jp/）

する。

M&Aのメリットを活かすにせよ、あるいは買収防衛策のメリットを活かすにせよ、日本企業は株式市場でM&Aが活発に行われることを前提として最善策を模索するようになった。コーポレート・ガバナンスにおいて、株式市場の機能を活用する新たな局面が到来したのである。

†銀行業の再生と再編

ビッグバンに立ち返って、銀行業の再編を見ておこう。

金融不安のなか中小企業は倒産のリスクも増大し、過剰債務を抱えた場合には人員削減にも踏み切らねばならなかった（小川 2007）。一方の金融機関も破綻は現実的な選択肢となった。そうした破綻した銀行のなかでも、ここでは長銀こと日本長期信用銀行にフォーカスして経緯を説明する。

一九八〇年代、長銀は不動産開発投資会社ＥＩＥインターナショナルをはじめ不動産部門への融資を拡大した。ただし内部規約での制限を超える分は、日本リース、エヌイーディー、日本ランディック、ファーストクレジット、あるいは日本リースオートといった長銀関連のノンバンクに向けられた。第六章で言及したように、バブル崩壊は、一九九一（平成三）年の株価暴落と一九九二（平成四）年の地価暴落の二段階で進行した。株価の暴落もさることながら、地価の暴落は長銀にとって痛手となった。ビッグバンの内容が明るみになると、長銀は業務提携の道を模索し始めた。一九九七（平成九）年七月、長銀はスイス銀行との提携を公表した（服部 2001; 渡邉 2009; 西野 2019）。

同じ頃、拓銀こと北海道拓殖銀行もまた北海道銀行、あるいは長銀との提携・合同を視野に入れていた。拓銀は資金調達面では北海道を拠点したが、運用先としては首都圏の中小企業が重要な収入源であった。拓銀と長銀との合同を画策したのが、元大蔵省銀行局長の土田《つちだ》正顕《まさあき》である。土田は拓銀の投資銀行的業務を売り渡し、長銀とともに首都圏と北海道での業務に専念することが両行にとって得策だと考えた。国内業務に専念するならＢＩＳ規制でのリスクアセット・レシオの最低水準が四％で済むことも土田の念頭にあった。

土田は長銀総合研究所社長の水上萬里夫《みずかみまりお》に接触した。水上は一九八〇年代に長銀の取締役・企画部長を兼任し、金融自由化の流れに沿って長銀の経営方針を策定した経歴を持つなど、長銀の現役の経営陣に影響力のある存在であった。土田の説明に対し、水上は長銀側にメリットがないと切り返した。土田はこう畳み掛けた。

「それでも、先方の差し迫った状況を改善する効果はあると思います。更に踏み込めば、大企業グループを中心に持株会社化が進んで行った時、この二行だけの組み合わせで済むとは思い難い。先方が長銀の大株主である点、長銀には縁があります。（中略）しかし、拓銀には長銀以外のツテは、全くない。その意味では、拓銀側から次のステップへの動きを期待することは難しい。次のステップへの動きは、長銀側からしか、あり得ない。長銀の場合には、やはり歴史的な縁故性が重要な役割を果たす可能性があるということじゃないかと思っています」

（C.O.E.オーラル・政策研究プロジェクト2005、八九頁）

「歴史的な縁故性」との発言から、水上は土田の構想に察しがついたという。その構想とは、拓銀と長銀だけでなく、かつての日本勧業銀行、つまり第一勧業銀行を含めた大合同を実現することであった。もっとも、土田の構想はすぐに立ち消えになる（C.O.E.オーラル・政策研究プロジェクト2005、八九頁）。

一九九七（平成九）年一一月一七日拓銀が破綻した。日本銀行総裁の松下康雄は「北海道拓殖銀行が受皿銀行に業務を引継ぐまでの間、日本銀行法第二五条に基づき業務継続に必要な資金を供給する方針」であると表明し、混乱拡大の阻止を図った（日本銀行1997）。一九二七（昭和二）年金融恐慌のような流動性供給機能が麻痺する事態は避けられたが、拓銀破綻の一週間後には山一證券が自主廃業を公表した。

政府は長銀救済のプランを模索したが、金融行政への風当たりは強くなった。一九九八（平成一〇）年三月検査日程に関する情報を引き換えとした金融機関による官僚への接待（詳細は割愛）が明るみになり、三塚博大蔵大臣と松下日銀総裁が引責辞任した。橋本龍太郎首相の「恒久減税」をめぐる日和見な発言も災いし、七月の参院選で自民党は大敗を喫した。代わって内閣総理大臣に就任した小渕恵三は、大蔵大臣に宮澤喜一を起用した。宮澤は宏池会総裁であり、宏池会は長銀創設の立役者である池田が旗揚げした派閥である。七月から一〇月の臨時国会（第一四三回国会）、通称「金融国会」では、民主党をはじめとして野党が長銀への公的資金の投入に猛反対した（服部2001; 岡本2004; 西野2019）。

一九九八（平成一〇）年一〇月金融再生法の適用により長銀は破綻し、金融機能再生緊急措置法に基づいて日本政府が長銀株式を全株取得した。旧長銀顧客企業は、長銀とリレーションシップ・バンキングの関係性を失った。

リレーションシップ・バンキングとは、借り手に決済口座を提供する、あるいは借り手に取引先を斡旋するなど、貸出以外の間柄を長年維持する銀行行動である。こうした間柄は企業のソフト情報（soft information）の入手を楽にする。ソフト情報とは、経営者の理念、設備の性能、従業員の技能、職場の雰囲気、あるいは取引先との関係などの内部情報を指す。旧長銀顧客企業はソフト情報を熟知するサポーターを失ったのである。新たなサポーター探しはすぐには難しい。ただし資金量が大規模な銀行などは、財務諸表や株価など、公にされたカタい情報、つまりハード情報（hard information）をもとに貸出ポートフォリオを拡大してリスク分散を試みることがある。そうした銀行行動は、業績が良好でなければ突き放す点で肩入れしない貸出（arm-length lending）ではある。しかしハード情報で業績をアピールできる企業にとっては借り入れに漕ぎ着けやすくなる（Leland and Pyle 1977; Petersen and Rajan 1994; Black and Strahan 2002）。

二〇〇〇（平成一二）年三月、旧長銀はリップルウッド・ホールディングスなど外国金融機関から編成された投資組合に売却され、同年六月には新生銀行と改称した。リップルウッドは、収益性や将来性について選別して融資する方針を表明した。旧長銀顧客企業のなかでも、一九九〇年代に公募社債の発行経験がある企業は融資関係を継続できた。ただしハード情報で業績をアピールできない企業は倒産が現実的な選択となった。一九九八(平成一〇)年時点で取引先銀行五位以内に長銀を含める企業二二五九社のうち、二〇〇四(平成一六)年までに一八六社が倒産した(鯉渕・福田 2007; 岩木 2016)。

証券市場へのアクセス歴など、公にできる情報を活用できる企業は早期回復を図ることができた。金融不安からの脱却に際して、証券市場が信頼獲得の手立てとして貢献したのである。ビッグバンは、そうした手立てとして証券市場が役立つための改革であったと再解釈することもできる。

ビッグバンは難点がなかったわけではない。すでに言及したように、銀行業では系列の枠組みを超えて再編が進んでいた。それぞれの店舗で形成されていた取引慣行が再編によって不和を起こさないようにするには、連携のための調整が必要である。金融持株会社はその調整のためのコントロール役として期待されたはずであった。しかしその役割は十分に果たされなかった。二〇〇二(平成一四)年四月みずほ銀行は営業初日にシステム障害を起こした。情報の共有や調整の不十分さが露呈したのである。そうした不十分さから、ソフト情報を蓄積どころかむしろ毀損させる事態が生じていた(Stein2002; 小倉・内田 2008; 内田 2010)。

銀行業は、不備を抱えながらも次の局面を迎えた。伝統的な枠組みから逸脱した金融政策が導入されたのである。その新しい局面については、次節で概観する。

2 金融政策の新局面

†ゼロ金利政策と量的緩和政策

一九九〇年代後半、日本銀行をめぐる制度的枠組みが見直された。

一九九八（平成一〇）年四月、改正日本銀行法は、第一条で日銀の目的を「我が国の中央銀行として、銀行券を発行するとともに、通貨及び金融の調節を行うこと」と定めた。第二条はその目的の理念について「通貨及び金融の調節を行うに当たっては、物価の安定を図ることを通じて国民経済の健全な発展に資すること」と明記している。金融調節の事項は政策委員会の議決で決定するものとされ（第一五条）、政策委員会は、総裁、二名の副総裁および六名の審議委員から構成されるものとされた（第一六条）。総裁・副総裁の任期は五年とされた（第二四条）。こうした改正の主眼は日銀の独立性と透明性を高めることであった。中央銀行の独立性は国際的に議論されたトピックである。日本でも内閣の

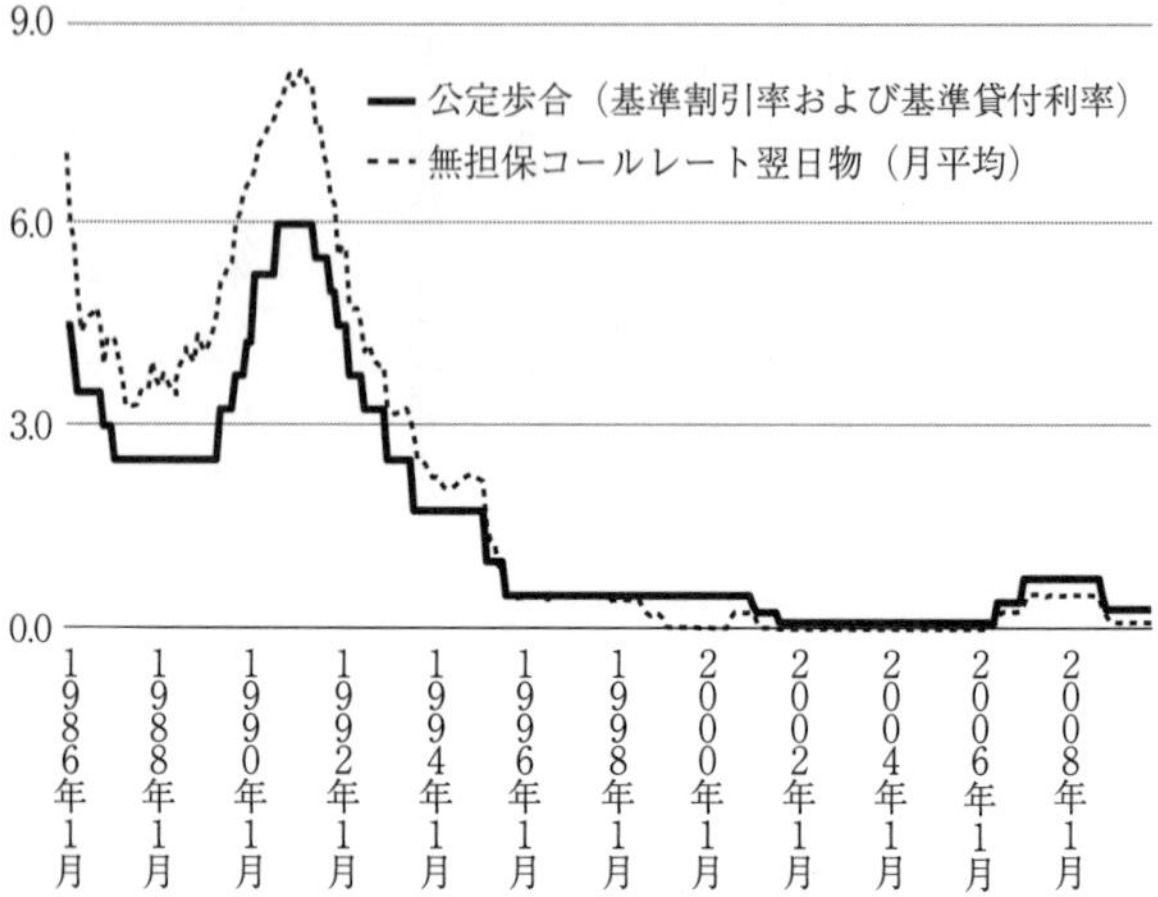

図表7-3　公定歩合および無担保コールレートの推移（%）

資料出所：日本銀行 HP（URL: https://www.boj.or.jp/ ）

行政権を規定した憲法（第六五条）の定めに抵触することはない（三木谷・石垣1998; 白川2008; 佐藤2020）。この新しい日銀法スタート時の日銀総裁が速水優である。

図表7-3は公定歩合（現在の「基準割引率および基準貸付利率」）および無担保コールレート翌日物の推移を示すものである。一九九〇年代前半までコールレートが公定歩合を上回っていたが、一九九〇年代後半には逆転が生じている。

一九九〇年代、日銀は立て続けに金融緩和を実施した。一九九五（平成七）年九月公定歩合は〇・五%にまで引き下げられた。このとき、金利の自由化が一段落したことも受け、日銀は金融市場調節に関して方針転換を図った。公定歩合や準備率を変更して金融の緩和や引締めを実施する従来の方針から、公開市場操作を通じて短期市場金利を誘導する新たな方針へと切り替えが実施されたのである。一九九八（平成一〇）年には無担保コールレート翌日物について具体的な操作目標が設定されるようになった。

一九九九（平成一一）年二月無担保コールレート翌日物の操作目標が〇・一五％に引き下げられた。速水総裁はコールレートについて「ゼロでやっていけるならばゼロでもいい」と定例記者会見で発言し、ゼロ金利政策導入を表明した（日本銀行 1999）。

二〇〇〇（平成一二）年八月、景気回復の兆しが見られたことから日銀はゼロ金利政策を解除した。この解除決定に際しては、一部の政策委員、さらに大蔵省・経済企画庁の出席者から時期尚早だと懸念する声が上がっていた。新銀行法は、日本銀行の独立性を守るものとして政府には議決延期請求権のみが認められていた。政府はこの権利を行使するものの、賛成一票に対し反対八票で否決された。ゼロ金利政策解除は、日本銀行の独立性が従来より高まったことを示す事例となった（家森 2016）。

実際に回復基調は長続きしなかったため、日銀の信頼失墜は避けられなかった。二〇〇一年三月ロンバート型貸出制度（金融機関からの申し出に対し日銀が基準金利で資金を貸し出す枠組み）がスタートするところであった。したがってゼロ金利政策解除の失敗は、「最後の貸し手」としても痛手であった。ロンバート型貸出制度を適切に運用するためにも、デフレ防止のためにも、そして信頼回復のためにも、日銀はインパクトのある金融政策を同時スタートし、そのアナウンスメント効果をねらった。ここで導入されたのが、量的緩和政策である（梅田 2011）。

量的緩和政策導入により、操作目標は無担保コールレート翌日物から日銀当座預金に切り替えられた。速水総裁はCPI（消費者物価指数）が数ヶ月間〇％以上になることを量的緩和政策の解除条件とした。この解除条件の表明を通じて、当面の間は短期金利がゼロだと見込まれるならば、やや将来の短期金利もまたゼロだと予想されることになる。ここで、短期金利が低下すれば長期金利との間に差が開くことが予想される。ただし、この金利差をねらって次々と裁定が重ねられると、金利差は縮小し、長期金利もまたゼロに近づくものと予想される。こうした金融市場の期待を通じて長期金利も低下を促せるなら、イールドカーブ（あらゆる残存期間の利回り）全体が引き下げられることになる。このような時間軸効果（policy duration effect）によるイールドカーブの引き下げを、量的緩和政策はゼロ金利政策より明確に掲げるものであった。ただし速水総裁在任中の解除はなかった。

二〇〇三（平成一五）年三月、福井俊彦が日銀総裁に就任すると量的緩和政策はさらに強化された。福井総裁は、二〇〇三（平成一五）年一〇月の会見で「政策委員の多くが、

速水優総裁		福井俊彦総裁	
設定日	設定目標	設定日	目標値
2001年3月19日	5兆円程度	2003年4月1日	17～22兆円程度
2001年8月14日	6兆円程度	2003年4月30日	22～27兆円程度
2001年9月18日	6兆円を上回る	2003年5月20日	27～30兆円程度
2001年12月19日	10～15兆円程度	2003年10月10日	27～32兆円程度
2002年10月30日	15～20兆円程度	2004年1月20日	30～35兆円程度

図表7－4　日本銀行当座預金残高の目標設定
資料出所：竹田・矢嶋（2013、表J-2、7頁）

今後の見通しにおいて、消費者物価指数の前年比変化率がゼロ％を超える」と判断するまでは解除しないと表明した（日本銀行2003）。

図表7-4は日本銀行当座預金残高の目標設定が速水・福井それぞれの総裁の時期にどのように変更されたのか、その推移を示すものである。当初は五兆円程度とされた設定目標だったが、速水総裁時代には一五～二〇兆円程度まで、さらに福井総裁時代には三〇～三五兆円程度にまで引き上げられた。

二〇〇六（平成一八）年三月操作目標が無担保コールレート翌日物に切り替えられた。量的緩和政策はここで解除された。量的緩和政策の時間軸効果はゼロ金利政策に比べると顕著に現れた。物価に関してデフレ期待を反転させるほどの効果は現れなかったものの、二〇〇一（平成一三）年頃からは資産価格についてはデフレからの好転が生じていた（竹田・慶田 2009)。

ゼロ金利政策あるいは量的緩和政策は、伝統的な枠組みからは逸脱したものであった。後年の包括的な金融緩和政策、あるいは質的・量的金融緩和政策も含め、これら一連の金融政策は非伝統的金融政策と総称されることもある。

非伝統的金融政策が導入されたことで、日銀の「最後の貸し手」としての役割も変わった。第二章で言及したように、中央銀行が流動性サポートに従事する際には、サポート先の銀行はペナルティ金利を負担するのが原則である(Bagehot 1873)。しかし、あらゆる金利が〇%に近い状況ではペナルティ金利を課すことは難しい。一方で、CPIの動向やその予測が様々な資産価格形成に影響するようになった。非伝統的金融政策下の金融調節においては、どのような資産を買い入れるかがデフレ脱却の意味でもプルーデンス政策の意味でも重要な意味を持つようになった。日銀は「最後の貸し手」ならぬ「最後の買い手」となったのである(竹田・矢嶋 2013)。

†非伝統的金融政策の継続

ゼロ金利政策および量的緩和政策は、伝統的な金融政策の枠組みから逸脱したものであった。これらの非伝統的金融政策の主眼はデフレ脱却にあったが、量的緩和政策解除後も

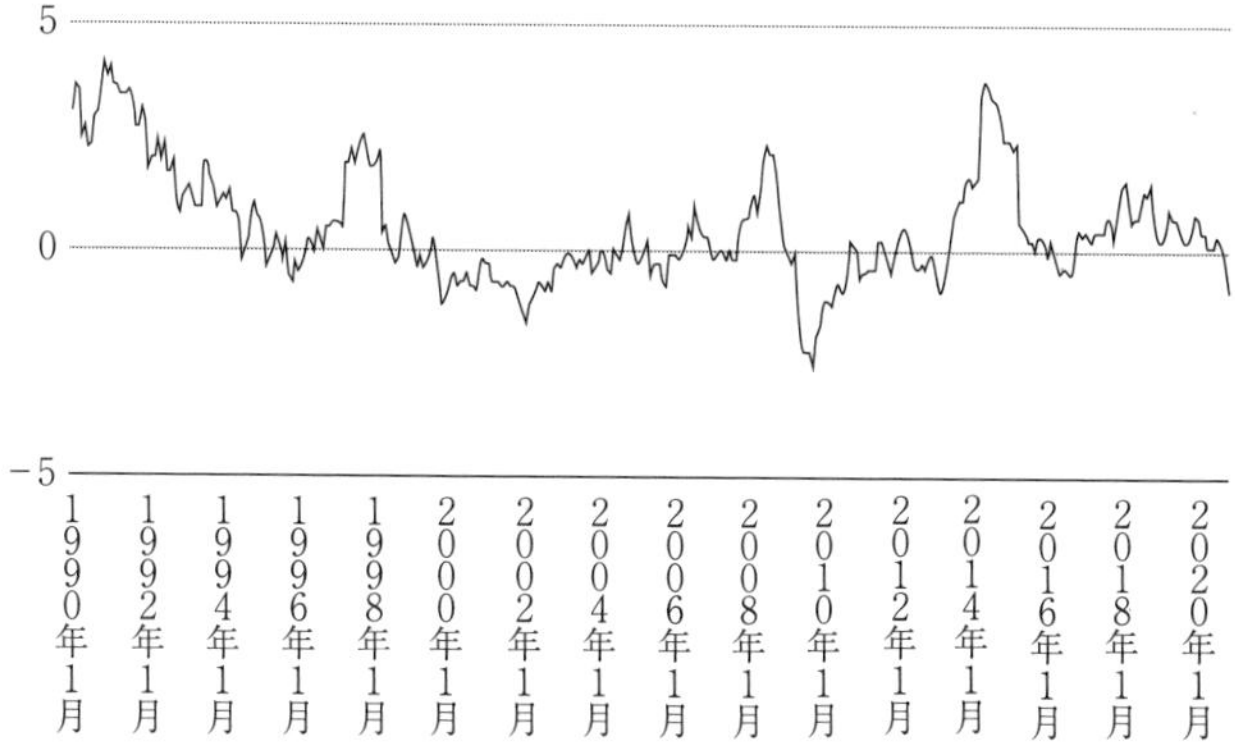

図表7-5　CPI成長率（総合、対前年同月比、%：1990-2020）
資料出所：統計局 HP（URL: www.stat.go.jp/）

慢性的なデフレ状態が到来した。図表7-5は一九九〇年代から二〇二〇年代までのCPI成長率（対前年同月比）の推移を示す。一九九七（平成九）年四月、二〇一四（平成二六）年四月、さらに二〇一九（令和元）年一〇月に消費税が増税されたこと、あるいはCPIの作成基準に一貫性がないことなど、時系列データとしての留意事項はある。とはいえ、量的緩和政策が解除された後の段階、二〇〇九（平成二一）年一〇月にはマイナス二・五%にまでCPI成長率は落ち込んでいる。

二〇〇八（平成二〇）年四月日銀総裁に就任したのが白川方明《しらかわまさあき》である。この年の九月にはリーマン・ブラザーズが破綻したことが引き金となって米国発の国際的な流動性危機が生じた。この危機の原因はサブプライム商品、つまり準富裕層向け住宅ローンを組み入れた金融商品のバブルが崩壊

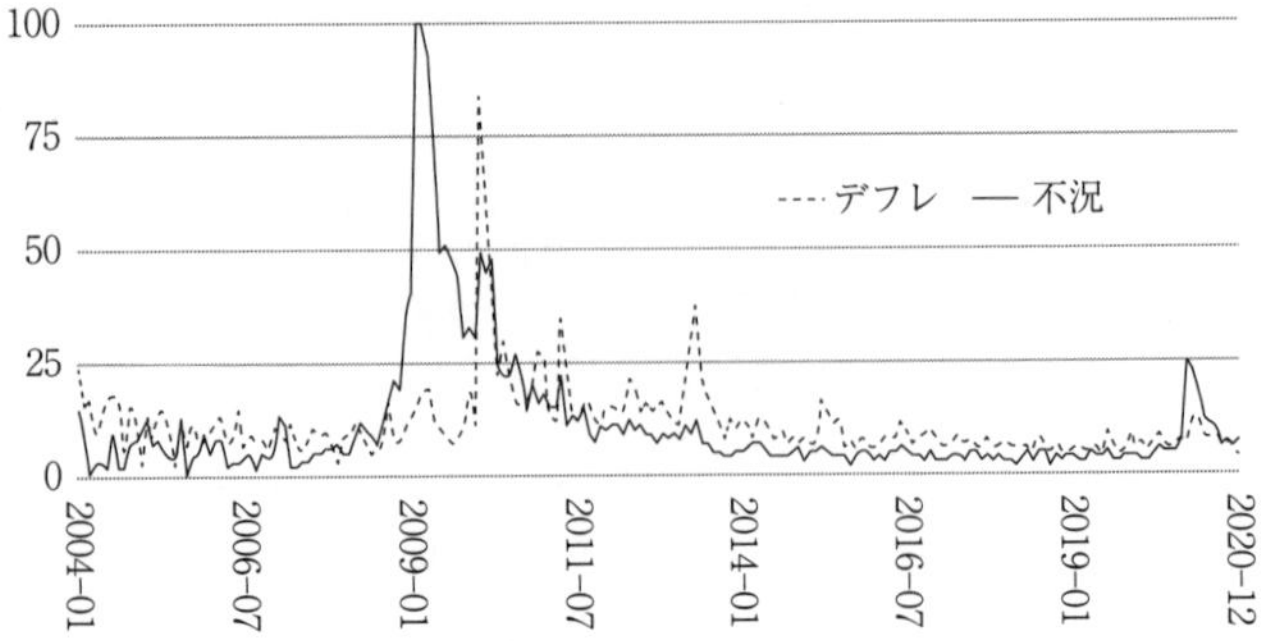

図表７−６　「不況」と「デフレ」の検索頻度
資料出所：Google トレンド（URL: https://trends.google.co.jp/）

したことにあった。同年一二月日銀は無担保コールレート翌日物の誘導目標を〇・一％前後と設定した。それでもデフレを食い止められなかったことから、デフレ脱却を求めるナラティブが広まった（白川 2018）。

図表7-6は二〇〇四（平成一六）年一月から二〇二〇（令和二）年一二月までの「デフレ」および「不況」の二語に関して日本国内からのweb検索頻度（不況のピーク時が一〇〇）の推移を描くものである。検索頻度のピークは、「不況」が二〇〇八（平成二〇）年一二月と二〇〇九（平成二一）年一月、「デフレ」が二〇〇九（平成二一）年一一月である。不況が話題となったのを後追いするかのように、デフレを話題にする、あるいは問題視する声が高まったのである。

二〇一〇（平成二二）年一〇月には無担保コール

レート翌日物の誘導目標を〇～〇・一％程度とすること、時間軸効果を活用すること、さらに買い入れ規模を増やすことの三点が方針として掲げられた。白川総裁はこの政策パッケージを「包括的な金融緩和政策」と表現した。包括的な金融政策の枠組みを表明した会見では、中央銀行が期待インフレ率に強く関与して押上げる政策についてどう思うか、記者から質問が出た。白川総裁は「純粋に理論的な魅力があることは理解できますが、これを真剣に政策のオプションとして考えていこうという人は、そう多くはない」として政策の主眼としない姿勢を強調した（日本銀行 2010）。

二〇一一（平成二三）年三月一一日東北地方太平洋沖で発生した一連の地震による災害と福島第一原子力発電所事故による災害は、本書が詳述するまでもなく、甚大な被害をもたらした。マグニチュード九・〇の本震発生は一一日金曜午後二時四六分であった。日銀ネットや主要な民間決済システムは稼動を継続することとし、その日の決済はほぼ完了していた。しかし緊急事態のなか、現金需要増大は明らかであった。翌日土曜日には被災地金融機関の多くが休日臨時営業とし、日銀の青森・仙台・福島の各支店、盛岡事務所および本店で金融機関に対する現金供給に徹し、一四日月曜には日本銀行および民間の決済システムは業務を再開することができた。東北地方に所在する日本銀行支店・事務所の現金支払いは、被災後一週間で累計約三一〇〇億円となったが、この額は前年同期の約三倍の規模に達した（日本銀行 2011）。

二〇一二（平成二四）年一二月、衆議院議員選挙で民主党政権が倒れ、第二次安倍晋三内閣が成立した。財務大臣の麻生太郎が「デフレ脱却及び円高対策を推進するため企画立案及び行政各部の所管する事務の調整担当」の国務大臣を兼任する、あるいは経済再生などを担当する内閣府特命担当大臣のポストが創設されるなど、安倍首相はデフレ脱却による経済再生を最優先課題の一つとした。安倍内閣の経済政策はアベノミクスと総称されるが、その一環として二％の物価上昇目標を二年以内で達成すると宣言したのが二〇一三（平成二五）年三月日銀総裁に就任した黒田《くろだ》東彦《はるひこ》である。黒田総裁は、日銀が直接供給するマネー、すなわちマネタリーベース（日本銀行券発行高、貨幣流通高および日銀当座預金の合計）の倍増とともに、国債、ＥＴＦ（exchange traded fund、上場投資信託）、あるいはＲＥＩＴ（real estate investment trust、不動産投資信託）を買い入れることでのイールドカーブの引き下げを目標に掲げた。これら政策パッケージは量的・質的金融緩和政策とも称された（日本銀行 2013）。

†金融政策論議——昭和初期への関心

包括的な金融緩和政策、および量的・質的金融緩和政策もまた非伝統的金融政策であることには変わりない。これら金融政策をめぐる議論では、マネーサプライやベースマネーなどのマネー変数や物価指数などの物価変数が、景気動向や生産指数など生産変数とどのような関係にあるのか、統計分析の結果に関心が向けられた。その潮流の一つとして、歴史、具体的には井上財政下の大不況と高橋財政下の景気回復とを対比させて多変量自己回帰モデル、いわゆるVAR（vector autoregression）を通じてマネー変数と生産変数との統計的関係が議論できるようになった。

VARは、時系列データを連立方程式にあてはめて変数間の関係を把握するアプローチである。マネー変数と生産変数の二変数を用いるならば、マネー変数を左辺に置く方程式と生産変数を左辺に置く方程式からなる連立方程式を想定するところが出発点となる。いずれの方程式とも一時点前など過去の二変数を右辺に含む関数とみなす。つまり二変数が過去の二変数の値にどの程度影響されているのか、その大きさが方程式右辺でのパラメータとして推定される。ただし、VARは同時点での変数間の関係について何ら特定するものではない。そのため推定されたパラメータの解釈に注意が必要となる。とりわけ金融政策では何らかのショックが発生してから政策的な対応までの時間が短いため、同時点での関係性が重要となる。そのためこうしたベーシックなVAR（basic VAR）を改良し、変数間の同時点での関係を特定することで政策的なショックの与える影響を抽出する手法として構造型ＶＡＲ（structual VAR）が開発された（Blanchard and Watoson 1984; Sims 1986; Bernanke 1986）。

昭和初期を対象としてベーシックなＶＡＲを応用した実証研究では、生産変数に対するマネーサプライあるいは物価上昇のパラメータがプラスの推定値で得られている。こうした分析結果は、とりわけ量的緩和政策を推し進めてデフレの脱却と景気回復を図る上では心強いものではある（岩田 2004; 原田 2005; 原田・佐藤 2012）。

昭和初期を対象として構造型ＶＡＲを応用した実証研究では、生産変数に対して財政支出や為替ショックの影響力が頑健である一方、金融政策の効果はそれほど大きなものとみなされていない（Cha 2003; 梅田 2006）。金融政策の十分な効果を見出す研究もあるが、変数間の制約関係についてさらなる検証を必要視したりＶＡＲ以外の分析手法を試みたりなど、結論を急ぐことはしていない（内藤 2017）。

理論分析はパラメータの存在を明示し、実証分析は具体的なパラメータの値を推定する。政策論議においては、エビデンス（政策の定量的効果に関する実証的根拠）として、外的妥当性（external validity）のあるパラメータが求められる。ここでいう外的妥当性とは、時代の違いや制度の違いなどを考慮してもなお同様の効果が観察されることを指す。しかし、その時代においてさえ効果が怪しいとなれば、ベーシックなＶＡＲによる実証結果だけでは妥当なエビデンスとして証拠不十分なのである。

「歴史の教訓」と称した言説は、受け手が納得しさえすれば政治力を持つ(第六章参照)。認識バイアスのある命題であろうが、客観的な検証がなされないナラティブさえ拡散されうるのである。なお、二者択一ともなりがちな議論がマスメディアで取り上げられる際に、一方を過大評価するバイアスのもとで感情的なナラティブが蔓延しがちな点は旧平価解禁に関する歴史研究でも指摘されている(中村2005)。

黒田総裁のもとで、ベーシックVARの結論から「歴史の教訓」を掲げて量的緩和を推奨した論者が、副総裁(岩田規久男)および審議委員(原田泰)に就任した。高橋財政を引き合いに出して、景気回復におけるマネー変数の重要性を強調する言説もまた政治的な影響力を持つに至ったのである(岡崎2017; 白川2018)。

政治の場では、エビデンスには基づかない英断と行動力が奏功することもある。実際、高橋是清が金輸出再禁止に踏み切ったことは、彼の英断と行動力の賜物ではある。だが、英断への評価は結果が伴ってこそである。残念ながら、物価上昇率が二%を上回る状態が持続しないまま日本経済はコロナ禍に晒された。高橋財政下のような速やかな景気回復、顕著な経済成長が再来することはなかった。

平成の時代にあって、日本の金融システムはコーポレート・ガバナンス面で不備を抱えていた。この点で、非伝統的金融政策はそもそもハンデを背負っていた。高橋財政に関する構造型ＶＡＲの実証研究で注目されたのは為替ショックであった。だが二〇一〇年代日本の企業行動を分析した実証研究では、輸出行動の為替感応度が何らかの理由から低下していることが明らかにされている（堀・花垣・梅田 2018）。

歴史研究は、過去の事実を明らかにする作業だが、その作業は史実に関する認識バイアスを取り除く手続きでもある。フェイクヒストリーでナラティブが形成できるなら、歴史の教訓を掲げることは武器として有用だろう。だが、その武器の有効性は政策に関わる前までの段階の話である。最終的に相手とすべきは、現実の経済なのである。現実の経済が相手だからこそ、認識バイアスを取り除く努力を続けることに意味がある。そうした手順のきっかけとして、高橋財政に対するベーシックなＶＡＲによる検証も構造ＶＡＲによる検証もともに色褪せない貢献をなしたと言える。

何のために経済学を学ぶのか、その理由を「経済学者（economists）に騙されるのを避ける手立てを学ぶため」と論じた経済学者がいる（Robinson 1978, Chapter 7）。同じことは、例えば歴史についても言えるのかもしれない。だからこそ認識バイアスを自覚することが歴史の教訓を政策論議に活かす上で不可欠なのである。歴史の教訓に必要なのは妥当なエビデンスであって、ナラティブとしての心良さではない。

終章　百年の歴史からみえてきたもの

†本書がこれまでに見てきたこと（一）――大正・昭和初期

ここから読み始める読者もいらっしゃるかもしれない。本書は一〇〇年の金融の歴史を辿ってきたが、説明に際してはある二人の人生をも追いかけてきた。なお二人が誰であるかは第三章で初めて明らかにしている。それでは、これまでの流れを本書のキーワード、「ナラティブ」をもとに総括しておきたい。

彼女たちが生まれた一九二〇（大正九）年はスペイン風邪に見舞われていた時期である。日本を含む四八カ国のデータを用いた分析では、スペイン風邪による死亡者数の多い国ではGDPが六%、消費支出が八%低下しており、株式や短期国債の利回りも低下する傾向にあった（Barro, Ursúa and Weng 2020）。ただし、日本の場合はスペイン風邪によるショックとは別の引き金が重なって「瓦落」、すなわちバブル崩壊が生じた。バブル進展の原因は「成金」のナラティブが蔓延していたことによる。このバブルは銀行貸出が支えたものであり、銀行貸出が途絶える情報が広まったことで瓦落が発生した。瓦落とともに不良債権問題が発生することになる。

不良債権問題は、やがて一九二七(昭和二)年金融恐慌の遠因となる。金融恐慌は、預金者の間で銀行もしくは銀行システムに対する危機感をイメージさせるナラティブがわずか四〇日間で拡散し、三〇行もの普通銀行を休業させるに至った事件であった。

銀行システムに対する危機感がシェアされるきっかけは震災手形である。一九二三(大正一二)年関東大震災後、震災手形として不良債権が可視化された。震災手形の処理は遅々として進まなかった。一九二七(昭和二)年三月この震災手形の処理をめぐって大蔵大臣が失言したことはセンセーショナルではあったが、失言だけでは事態は急変しなかった。そうした失言とは別に首都圏の中小規模の銀行を中心に預金取り付けが蔓延した。さらに一カ月後の四月、インターバンク取引が麻痺する事態に陥ったことで宮内省の御用金を取り扱う十五銀行が休業した。この十五銀行休業を通じて未曽有の銀行取り付けが生じた。この一連の騒動が金融恐慌である。

金融恐慌といえば片岡直温《かたおかなおはる》による失言が強調されがちであるが、この失言は金融恐慌のなかでは大した原因ではない。大臣の失言という話題性の強さから金融恐慌の解釈は誤ったナラティブとして後世に伝えられたのである。また、金融恐慌が関東大震災を遠因とする、といった捉え方にも注意が必要なのである。関東大震災は不良債権をもたらしただけでなく、むしろ震災以前からの不良債権を可視化した側面で影響したのである。なお、金融恐慌は大蔵大臣の高橋是清と日本銀行総裁の井上準之助がタッグを組んで対応に当たり、わずか一年で資金不足の銀行へのサポートを済ませた。

金融恐慌を経て、日本の金融システムはさらなる経済危機に直面した。国際金本位制復帰に伴うデフレ政策が大不況を招いた。この経済政策の音頭をとったのが井上準之助である。もともとはインフレ主義者であった井上がなぜデフレ財政を断行したのか、その理由は国際金本位制に対する彼の信頼ゆえのことであった。その信頼ゆえに、井上はデフレ政策の正当性を掲げてナラティブを拡散するキャンペーンを展開した。

続く高橋是清による経済政策の下、景気回復が実現した。ただしこの局面においては、同族企業グループが最盛期を迎えるなど、コーポレート・ガバナンスの面で非効率な企業経営が回避できた側面があることも忘れてはならない。

戦時統制および戦後改革に至る様々な段階を経て市場主導型のコーポレート・ガバナンスは徐々に機能を低下させた。とりわけ機能低下が進むのは、民間企業経営の経歴が評価されて閣僚に抜擢された小林一三が革新官僚との不和がもとで更迭されてからのことである。経営者に対するコントロール役であるはずの株主は権限が縮小され、政府が企業経営に関与するようになった。終戦後、GHQ指導により「所有権ヲ広ク分配スルコト」を理念としていわゆる戦後改革が進められ、同族企業グループは解体された。

本書が追いかける二人の女性のうちの一人は、海外でも名前が知れ渡るようになった。仕事の関係でかたやヨーロッパや満州、あるいは南方の戦地に赴き、双方とも海外にでなければ目の当たりにできない様相を記憶に刻んだ。戦争を乗り越えて彼女たちはなおも仕事を続けた。二人のうち一方は、GHQ／SCAPが掲げた民主化にとって、新時代を切り開くナラティブを拡散するための象徴的な存在ともなった。

†本書がこれまでに見てきたこと（二）――昭和戦後・平成・令和

終戦後の銀行システムは政府がインフレ抑制に着手するところからスタートした。やがて政府は銀行のバランスシート規制を強化するようになり、政府が銀行規制を通じて資金配分を誘導できるようになった。よく言われる「護送船団行政」は、政府が銀行を主導したようにも表現されるが、むしろ銀行の側が自主的に政府の要望を模索して行動するものであった。

コーポレート・ガバナンスとしては銀行主導型が主流となった。同族グループが株式持ち合いや社長会を軸としたグループとして再結集したのである。株式持ち合いを通じてM

&Aに対する防衛を図るとともに、社長会や商社の媒介によるビジネスマッチングも確保されていた。銀行は企業のマネジメントをコントロールするのではなく、むしろ経営危機時に資金面もしくは人材面で協力するサポーターであった。ただし、系列はかつての同族グループのように閉鎖的なものではなかった。系列に属するかどうか、あるいはメインバンクを持つかどうかだけでは規定できない取引関係が形成されていた。そうした関係を保持するメリットを多くの企業が享受していた。

一九五〇年代、銀行主導型のコーポレート・ガバナンスが機能しはじめるなか、戦後一〇年の節目の段階で人々は「もはや戦後ではない」として新たな局面の到来を自覚した。この言葉そのものは戦後復興の事業が一段落したことでビジネスチャンスが枯渇しはじめた危機を指摘するものであった。とはいえ、戦後復興の苦難を乗り越えて新たな時代に突入したことを多くの人々がこの言葉で実感したのである。

本書が追いかけてきた二人の女性は、一方は戦後復興の局面において全盛期と呼べる活躍を遂げた。もう一方も、いよいよ活躍の場を広げた。

一九五〇年代後半から一九六〇年代にかけて、「三種の神器」や「3C」などの謳い文句が前向きなナラティブとしてシェアされるなかで消費支出をはじめとする旺盛な国内需要が高度成長を支えた。「賃金二倍」を理念とした政府のプランは、賃金労働者ではない人々、例えば農業に従事する人々にも伝わるようにとの意図から国民所得倍増計画として実行されることになった。一〇年間で所得を倍にするというナラティブのもと、一〇年に満たない年数でその目標を達成することができた。

こうした高度成長を牽引したのは、井上準之助の失敗と高橋是清の成功を目の当たりにしたかつての若手官僚だった。岸信介にせよ、池田勇人にせよ、あるいは下村治にせよ、彼らは若い頃の記憶にある昭和初期の政治を参考材料として政策を立案し実行した。高度成長を経て、彼らは政策の場から引退する。したがって記憶としては大正・昭和初期の事情を知らない世代が次々と後継者となっていく。

一九七〇年代から八〇年代にかけて、国債発行の便宜として債券市場改革を軸として金融の自由化が進められた。実体経済が「ジャパン・アズ・ナンバーワン」を誇るほどの成長を実現したなか、人々は「財テク」ブームに沸いた。資産市場において、前向きなナラティブがシェアされたことで地価および株価のバブルが進行した。

バブルが進行する段階でも土地総量規制の必要性は議論されていた。しかし大蔵省はその発動のタイミングを遅らせてしまう。バブル崩壊後の対応においても、政府は公的資金投入に、なかなか踏み切らずにいた。公的資金投入が遅れた理由は、金融恐慌に対する誤った歴史認識を根拠とするものであった。北海道拓殖銀行、日本長期信用銀行、さらに山一證券が破綻・自主廃業を余儀なくされるなど、慢性的に継続していた金融不安はむしろピークを迎える。

コーポレート・ガバナンス面での反省から、政府はビッグバンを実施した。証券市場あるいは金融機関経営に関する抜本的な改革を通じて日本の金融システムは様変わりした。M&Aを通じて中小企業の事業承継が進むようになるなど、市場主導型のコーポレート・ガバナンスのメリットを活用する制度整備が奏功した側面は認められる。ただし、銀行システムについては改善と言えるほどの明確な成果をすぐに残すことはできなかった。

銀行は系列の枠を超えて再編せざるを得なかった。この再編は、規模の経済性や範囲の経済性をねらったものではあったが、これらの効果が現れるためには再編後に旧店舗間の情報共有など、様々な調整が必要であった。こうした調整役として金融持株会社の役割が期待されていた。だからこそ独占禁止法を改正してまでも金融持株会社を解禁したはずだった。この点で金融持株会社による調整は決して十分なものではなかった。ゼロ金利政策あるいは量的緩和政策などの非伝統的金融政策はハンデを背負って実行されたのである。

高度成長のもとでは前向きなナラティブが広まっていたが、バブルもまた前向きなナラティブが蔓延したことで進行したものであった。前者は実体経済の成長を促すナラティブであったが、後者はそうした成長に裏打ちされたものではなかった。バブル崩壊の対応は、昭和初期に比べてあまりにも遅かった。

戦後昭和・平成における金融の歴史を紐解くなかで、浮き彫りにされるのは、バブル崩壊後の政策対応の遅れである。この初動の遅れをもたらした原因は、金融政策当局のキーパーソンが、昭和初期における金融恐慌に対する政策対応について誤った歴史認識のもとに方針を打ち立てたことによるものであった。彼らは昭和初期を記憶として知らずにいる世代であった。だからこそ昭和初期の政策を頼りにしようとすれば、記憶ではなく歴史の教訓として参照するしかない。その点では、実に誠意ある態度だったとも言える。

問題は歴史の教訓をめぐって認識バイアスが生じたことである。その認識バイアスが、「失われた一〇」年、いや「失われた三〇年」とも称される日本の経済停滞の遠因となったのである。高度成長は昭和初期の失政と成功を目の当たりにした世代が導いたものであり、「失われた三〇年」は昭和初期をめぐる歴史の教訓を見誤った政策の帰結なのである。

では最後に、今一度一〇〇年ほど前の日本に立ち返ろう。

†二人の女性の物語（一七）——電波に乗って、世紀を超えて

一九二〇年代のある日、ラジオ番組で六歳の少女が唄声を披露した。

一九二〇年代と言えば、ラジオ草創期であった。一九二二（大正一一）年平和記念東京

博覧会で、朝日新聞社京橋本社とのラジオ受信機の送受信が披露された。一九二三（大正一二）年関東大震災の混乱を経て、ラジオ放送実現を望む声が強まった。一九二四（大正一三）年後藤新平を初代総裁として社団法人東京放送局が設立された。一九二五（大正一四）年には大阪・名古屋でも放送局が設立され、それぞれがラジオ放送をスタートした。一九二六（大正一五）年東京・大阪・名古屋の放送局が統合されて社団法人日本放送協会（ＮＨＫ）が設立された（吉見 1995; 日本放送協会 2001）。

開設まもないＮＨＫ大阪放送局は、京都丸物デパートの特設スタジオから記念番組を放送した。この番組で京都生まれの六歳の少女がピアノ伴奏者と呼吸を合わせて唄声を披露したのである。彼女の歌声は、「大衆」という言葉が広まり始めた当時のまさに大衆の日常のひとときを、おそらくは飾ったのだろう。

彼女の名前は村上美津。京都生まれのこの少女ミツがやがて舞台、ラジオ、さらにテレビなどで、人々を楽しませる存在となる。だが少女の歌声を聞いた当時のリスナーたちは誰もそんなことを知らない。大人たちは、金融恐慌、昭和恐慌、さらに戦争といった苦難を乗り越え、戦後復興と高度成長を支える子ども世代を育てていく。

ミツが生まれてから一〇〇年の歳月が過ぎた。政府は人生一〇〇年時代といった言葉を使うようにもなった。だが誰しもが一〇〇年間を現役で過ごせるわけではない。ミツのような生き方も、本人の努力や周りの手助け、あるいは諸々の幸せを含めた日常の積み重ねの上に成り立つものかもしれない。

二〇二〇（令和二）年COVID-19によるコロナ禍で、多くの職業が苦境に立たされた。この状況は今後もしばらく影響するだろう。人々に夢や希望を届けてくれるはずの芸能・スポーツの世界も深刻な状況に立たされている。その一方で、電波に乗せて歌声を届けることは一〇〇年前とは比べ物にならないほど簡単なことになった。多くの子どもたちが、配信された動画を楽しむだけでなく、楽曲、ダンス、コント、イラスト、あるいは試合の様子などをＳＮＳで発信するようになっている。

そんな子どもたちの誰かが、長谷川町子（一九二〇－一九九二、漫画家）、川上哲治（一九二〇－二〇一三、野球選手・監督）、三船敏郎（一九二〇－一九九七、俳優）、森光子（一九二〇－二〇一二、歌手・俳優）、あるいは原節子（一九二〇－二〇一五、俳優）のように、世紀を超えて人々の心を動かす人生を歩むのかもしれない。

では、現役世代は将来世代が前向きに人生を歩む力を育んでいるだろうか？　将来世代が希望を持てるような前向きなビジョンを提供できるだろうか？　人々に希望を与えようとする人々が希望を抱けるように、政府や社会は全方位的な配慮ができているだろうか？　我々に大きな問いが突きつけられている。

ナラティブは経済を左右する。本書が見てきたのは、ナラティブの物語の断片としての「日本金融百年史」である。

あとがき

本書の執筆に際して、筆者は金融史・経済史の様々な研究成果の恩恵を授かっている。本書の内容についてさらに掘り下げたい読者の方々は、少しでもよいので参考文献に目を通していただけると幸いである。なお、本書では取り扱うことのできなかった文献も山ほどある。日頃から金融史・経済史研究に専念なさっている方々の多くの業績に言及できない結果になったことをお詫びしたい。

ブリティッシュコロンビア大学の野田俊也氏は、第三章の暗号資産に関する叙述に関して生産的なご指摘を下さった。学習院大学の村瀬英彰氏には、第四章の叙述に関して、史実確認も含めて丁寧なご教示を頂いた。名古屋市立大学の森田雄一氏からも第六章に関してコメントを頂いた。東京証券取引所の石田慈宏氏とのディスカッションは本書執筆にとって実に有益であった。記して謝意を表したい。

筑摩書房の橋本陽介さんから本書のお話を頂いたのは、コロナ禍前の懐かしい頃のことだった。遅筆な筆者を常に励まして下さったことにお礼を申し上げたい。

末尾として、記しておきたい。本書執筆に際して強く意識した本が二冊ある。一つは中村政則著『昭和の恐慌』（小学館、一九八八年）、もう一つは寺西重郎著『工業化と金融システム』（東洋経済新報社、一九九一年）である。これら二冊をきっかけに、学生時代の筆者は経済史・金融史に対する関心を高めた。かたや本書はささやかな書物ではある。ただ、もし許されるならば、それぞれの著者である両先生に本書を捧げたい。

参考文献

第一章

秋元せき（2009）「一九二〇年代京都における都市計画展覧会の歴史的意義――都市計画にみる歴史意識」『人文学報』第九八号
石井寛治（1999）『近代日本金融史研究序説』東京大学出版会
石井寛治（2001）「戦間期の金融危機と地方銀行」石井寛治・杉山和雄編『金融危機にと地方銀行――戦間期の分析』東京大学出版会
猪木武徳・マルクス・リュッターマン（2014）『近代日本の公と私、官と民』NTT出版
今城徹・宮島英昭（2008）「補章　戦前期日本におけるM&Aの動向と特徴――二〇世紀企業M&Aデータベースを用いた検討」宮島英昭編『企業統治分析のフロンティア』日本評論社
伊牟田敏充（1976）『明治期株式会社分析序説』有斐閣
大川一司・高松信清・山本有造（1974）『長期経済統計――推計と分析（1）国民所得』東洋経済新報社
岡崎哲二（1999）『持株会社の歴史』ちくま新書
片岡豊（1988）「明治期における株主と株主総会」『経営史学』第二三巻第二号
片岡豊（1999）「戦前期の株式取引所と場外市場」『白鷗大学論集』第一三巻第二号
加藤壽宏（2010）「横浜のシルクロード」『関東学院大学文学部紀要』第一二〇号・一二一号合併号
川人貞史（1992）『日本の政党政治一八九〇－一九三七年』東京大学出版会
川本真哉・宮島英昭（2008）「戦前期日本における企業統治の有効性――経営者交代メカニズムからのアプローチ」宮島英昭編『企業統治分析のフロンティア』日本評論社
橘川武郎（1995）『日本電力業の発展と松永安左ヱ門』名古屋大学出版会

小岩信竹（1971）「政策用語としての「殖産興業」について」『社会経済史学』第三七巻第二号
越澤明（2011）『後藤新平――大震災と帝都復興』ちくま新書
小林照夫（2009）「港都横浜の一五〇年――関東大震災を境に変質した固有の港湾文化」『海事交通研究』第五八集
小林和子（2012）『日本証券史論――戦前期市場制度の形成と発展』日本経済評論社
齊藤直（2006）「株式分割払込制度を背景とした過剰投資――戦間期を対象とした集計データによる検討と樺太工業のケース」『企業法制と法創造』（早稲田大学二一世紀COE）第三巻第二号
渋沢栄一（1927）『青淵回顧録・上』青淵回顧録刊行会
渋沢栄一記念財団渋沢史料館（2010）『渋沢栄一と関東大震災――復興へのまなざし』
司法省調査局（1941）『世態調査資料第三十一号東京（一）株式取引所の実情に就て』
島善高（1994）「近代日本における「天佑」とGottesgnadentum」『早稲田人文自然科学』第四五巻
清水勘一（1918）『焼酎と塩鮭とバナナ』磯部甲陽堂
志村嘉一（1969）『日本資本市場分析』東京大学出版会
鈴木恒夫・小早川洋一・和田一夫（2009）『企業家ネットワークの形成と展開――データベースからみた近代日本の地域経済』名古屋大学出版会
高橋亀吉・森垣淑（1993）『昭和金融恐慌史』講談社
武田晴人（1986）「大正九年版『全国株主要覧』の第一次集計結果」『経済学論集』第五一巻第四号
武田晴人（2019）『日本経済史』有斐閣
武村雅之（1999）「1923年関東地震の本震直後の二つの大規模余震――強震動と震源位置」『地学雑誌』一〇八巻第四号
靏見誠良（2000）「第3章　戦前期における金融危機とインターバンク市場の変貌」伊藤正直・浅井良夫・靏見誠良（編）『金融危機と革新』日本経済評論社
鶴見祐輔・一海知義（校訂）（2006）『正伝・後藤新平　決定版8』藤原書店

寺西重郎（1982）『日本の経済発展と金融』岩波書店
寺西重郎（1991）『工業化と金融システム』東洋経済新報社
寺西重郎（2003）『日本の経済システム』岩波書店
寺西重郎（2011）『戦前期日本の金融システム』岩波書店
東京株式取引所（1938）『東京株式取引所史第三巻』
東京株式取引所調査課（1932）『東京株式取引所』
東京商工会議所（1928）『商工調査第十二号　株式取引所限月問題に関する調査』
東京電灯（1936）『東京電灯株式会社開業五十年史』
永田鐵三（1940）『株式取引所職能論』南効社
中村隆英（1985）『明治大正期の経済』東京大学出版会
南條隆・粕谷誠（2007）「株式分割払込制度と企業金融、設備投資の関係について――一九三〇年代初において株式追加払込が果たした役割を中心に」『金融研究』第二八巻第一号
日本国政事典刊行会（1956）『日本国政事典第七巻』
日本銀行統計局（1966）『明治以降本邦主要経済統計』
日本証券取引所グループ（2017）『日本経済の心臓――証券市場誕生！』集英社
橋野知子（2007）『経済発展と産地・市場・制度――明治期絹織物業の進化とダイナミズム』ミネルヴァ書房
平野正裕（2016）「第一次大戦末～戦後恐慌期における横浜生糸市場の後退過程」『横浜市史資料室紀要』第6号
宮島英昭（1995）「専門経営者の制覇」山崎広明・橘川武郎編『日本経営史4「日本的」経営の連続と断絶』岩波書店
諸井孝文・武村雅之（2004）「関東地震（一九二三年九月一日）による被害要因別死者数の推定」『日本地震工学会論文集』第四巻第四号
安場浩一郎（1999）「関東大震災後の東京の復興都市計画をめぐる言説の編制」『一九九九年度第三四回日本都市計

画学会学術研究論文集』
横浜市（1959）『横浜市史第2巻』
横浜市（1976）「補編第1章 生糸輸出の展開と生糸売込商」『横浜市史第5巻下』
横浜銀行（1961）『横浜銀行四十年史』
横山和輝（2016）『マーケット進化論——経済が解き明かす日本の歴史』日本評論社
吉川仁（2011）「第2回帝都復興審議会における伊東巳代治の反対論」『都市問題』一〇二巻二号
渡邊秀一（2017）「大正期京都における企業分布（近代京都における都市空間情報のデータベース化とその利用に関する研究）」『佛教大学総合研究所共同研究成果報告論文集』第3号
Abreu, Dilip, and Markus K. Brunnermeier. (2003). "Bubbles and Crashes," Econometrica 71 (1): 173–204.
Barlevy, Gadi. (2015). "Bubbles and Fools." Economic Perspectives, Q II : 54–76.
Chancellor, Edward. (1999). Devil Take the Hindmost: A History of Financial Speculation. Farrar Straus & Giroux.
Harrison, Michael and David Kreps. (1978). "Speculative Investor Behavior in a Stock Market with Heterogeneous Expectations," The Quarterly Journal of Economics, 92 (2): 323–336.
Hamao, Yasushi, Takeo, Hoshi, and Tetsuji Okazaki. (2009). "Listing Policy and Development of the Tokyo Stock Exchange in the Pre-War Period?" in Ito Takatoshi and Andrew K. Rose eds., Financial Sector Development in the Pacific Rim". Chicago, IL: University of Chicago Press, pp.51–87.
Hoshi, Takeo and Anil Kashyap. (2001). Corporate Financing and Governance in Japan: Road to the Future. MIT Press.
Malkiel, Burton G. (1981). A Random Walk Down Wall Street. W. W. Norton and Company.
Okazaki, Tetsuji. (2007). "Micro-aspects of Monetary Policy: Lender of Last Resort and Selection of Banks in Pre-war Japan." Explorations in Economic History 44, 657–659.

Okazaki, Tetsuji. (2016). Impact of Natural Disasters on Industrial Agglomeration: The Case of the Great Kantō Earthquake in 1923. Explorations in Economic History, 60: 52–68.

Samuelson, Paul. A. (1958). An Exact Consumption-Loan Model of Interest with or without the Social Contrivance of Money. Journal of Political Economy, 66 (6): 467–482.

Scheinkman, Jose and Wei Xiong. (2003). Overconfidence and Speculative Bubbles. Journal of Political Economy, 111 (6): 1183–1220.

Shiller, Robert J. (2019). Narrative Economics: How Stories Go Viral and Drive Major Economic Events. Princeton University Press.

Tirole, Jean. (1985). Asset Bubbles and Overlapping Generations. Econometrica, 53 (6): 1499–1528.

第二章

新井明（2017）「経済教育と算数・数学――算数・数学教育の歴史的検討から」『経済教育』三六号

石井寛治（1999）『近代日本金融史研究序説』東京大学出版会

石井寛治（2001）「第1章　戦間期の金融危機と地方銀行」石井寛治・杉山和雄編『金融危機と地方銀行――戦間期の分析』東京大学出版会

石川準吉（1962）『総合国策と教育改革案――内閣審議会・内閣調査局記録』清水書院

伊丹正博（1996）「明治中期における一大私立銀行の破綻――久次米銀行の場合」『四国大学経営情報研究所年報』第二号

伊藤修（1995）『日本型金融の歴史的構造』東京大学出版会

井上寿一（2012）『政友会と民政党――戦前の二大政党制に何を学ぶか』中公新書

伊牟田敏充（2002）『昭和金融恐慌の構造』日本経済産業調査会

岩下吉衛（1932）『作業主義郷土算術教育』明治図書

永廣顕（2000）「金融危機と公的資金導入」伊藤正直・靏見誠良・浅井良夫編『金融危機と革新——歴史から現代へ』日本経済評論社
大川一司・篠原三代平・梅村又次編、大川一司・高松信清・山本有造著（1974）『長期経済統計——推計と分析（1）国民所得』東洋経済新報社
大阪朝日新聞経済部（1928）『金融恐慌秘話』銀行問題研究会
太田哲三（1933）『金融業会計』東洋出版社
緒方潤（1927）『銀行破綻物語——某休業銀行重役の懺悔録』文雅堂
小川功（1996）「金融恐慌と機関銀行破綻—東京渡辺銀行の系列企業を中心に」『滋賀大学経済学部研究年報』Vol.3.
尾關正求（1883）『数学三千題 中』三浦源助
（URL: http://dl.ndl.go.jp/info:ndljp/pid/826400）
海後宗臣編（1962）『日本教科書体系近代編第十三巻　算数（四）』講談社
粕谷誠（2000）「金融制度の形成と銀行条例・貯蓄銀行条例」伊藤正直・靏見誠良・浅井良夫編『金融危機と革新——歴史から現代へ』、日本経済評論社
加藤俊彦（1957）『本邦銀行史論』東京大学出版会
菊池城司（2003）『近代日本の教育機会と社会階層』東京大学出版会
教育史編纂会（1938）『明治以降教育制度発達史第一巻』竜吟社（URL: http://dl.ndl.go.jp/info:ndljp/pid/1446650）
是永隆文・長瀬毅・寺西重郎（2001）「一九二七年金融恐慌下の預金取付け・銀行休業に関する数量分析——確率的預金引出し仮説対非対称情報仮説」『経済研究』第五二巻第四号
佐藤賢一（2005）『近世日本数学史——関孝和の実像を求めて』東京大学出版会
志村嘉一（1969）『日本資本市場分析』東京大学出版会

白鳥圭志（2000）「両大戦間期における銀行合同政策の形成と変容」『社会経済史学』第六六巻第三号
杉浦勢之（2001）「第5章　金融危機下の郵便貯金」石井寛治・杉山和雄編『金融危機と地方銀行――戦間期の分析』東京大学出版会
高橋亀吉（1930）『株式会社亡国論』万里閣書房
高橋亀吉（1977）『日本の企業・経営者発達史』東洋経済新報社
高橋亀吉・森垣淑（1993）『昭和金融恐慌史』講談社学術文庫
竹中靖一・川上雅（1965）『日本商業史』ミネルヴァ書房
筒井清忠（2012）『昭和戦前期の政党政治――二大政党制はなぜ挫折したのか』ちくま新書
靏見誠良（1991）『日本信用機構の確立――日本銀行と金融市場』有斐閣
靏見誠良（2000）「戦前期における金融危機とインターバンク市場の変貌」伊藤正直・靏見誠良・浅井良夫編『金融危機と革新――歴史から現代へ』日本経済評論社
寺西重郎（1982）『日本の経済発展と金融』岩波書店
中村政則（1994）『昭和の歴史2　昭和の恐慌』小学館ライブラリー
日本銀行（1962）『日本銀行沿革史』第三集第六巻
日本銀行（1969a）『日本金融史資料昭和編第24巻』
日本銀行（1969b）『日本金融史資料昭和編第25巻』
日本銀行（1982）『日本銀行職場百年下巻』
日本銀行（1983a）『日本銀行百年史第二巻』
日本銀行（1983b）『日本銀行百年史第三巻』
日本銀行（2011）「日本銀行のマクロプルーデンス面での取組み」
(URL: https://www.boj.or.jp/finsys/fs_policy/fin111018a.pdf)
平山諦（1961）『日本歴史新書　和算の歴史』至文堂

深川英俊（1998）『例題で知る日本の数学と算額』森北出版
星野喜代治（1967）『回想録』日本不動産銀行十年史編纂室
邉英治（2007）「明治維新期における大蔵省銀行検査——日本の銀行業の近代化」『エコノミア』第五八巻第二号
松原元一（1982）『日本数学教育史I 算数編（1）』風間書房
山口銀行（1999）『山口銀行史』
山崎広明（2000）『昭和金融恐慌』東洋経済新報社
山本信也（1999）「戦前小学校算術教育制度史研究——明治19年から昭和20年までの期間」熊本大学教育学部『人文科学』第四八号
矢本五郎（1957）『銀行管理会計』有斐閣
横山和輝（2005）「一九二七年昭和金融恐慌下の銀行休業要因」『日本経済研究』No.51
横山和輝（2019）「小学校算術における金融教育——歴史的パースペクティブ」名古屋市立大学経済学会ディスカッション・ペーパーNo.646
Bagehot, Walter.（1873）. Lombard Street: A Description of the Money Market, London: HS King.
Crockett, Andrew（2000）. Marrying the Micro-and Macro-prudential Dimensions of Financial Stability. BIS Speeches.
（URL: https://www.bis.org/speeches/sp000921.htm ）
Dewatripont, Mathias and Jean Tirole.（1993）. The Prudential Regulation of Banks. MIT Press, Cambridge.
Diamond, D.W. and P. H. Dybvig.（1983）. Bank Runs, Deposit Insurance, and Liquidity, Journal of Political Economy, 91（31）:401–409.
Freixas, Xavier, Bruno M. Parigi, and Jean-Charles Rochet.（2008）. Systemic Risk, Interbank Relations, and the Central Bank. in Why Are There So Many Banking Crises?, edited by Jean-Charles Rochet, pp.195–223. Princeton University Press.

Goldstein, I. and A. Pauzner. (2005). Demand-Deposit Contracts and the Probability of Bank Runs. The Journal of Finance,60 (3):1293-1327.
Gorton, Gary. (1985). "Bank's Suspension of Convertibility." The Journal of Monetary Economics 15, 177-193.
Morishima, Michio. (1984). The Good and bad Uses of Mathematics. in Economics in Disarray, edited by Wiles, Peter and Guy Routh, Basil Blackwell.
Okazaki Tetsuji. (2007). Micro-aspects of Monetary Policy: Lender of Last Resort and Selection of Banks in Pre-war Japan. Explorations in Economic History 44, 657-659.
Okazaki, Tetsuji and Koji Sakai. (2020). Capital Market Integration with Multiple Convergence Clubs: The Case of Prewar Japan. CIRJE Discussion Papers, CIRJE-F-1148.
Okazaki, Tetsuji, Michiru Sawada and Kazuki Yokoyama. (2005). Measuring the Extent and Implications of Director Interlocking in the Prewar Japanese Banking Industries. The Journal of Economic History 64, 1082-1115.
Shizume, Masato. (2017). A History of bank of Japan. Waseda Institute of political Economy Working Paper Series No.E1719.

第三章

朝日新聞（2020）「原節子を教えた中島敦先生　記録見つかる」
（URL: https://www.asahi.com/articles/ASN6273TRN5XULOB00M.html）
安達誠司（2006）『脱デフレの歴史分析』藤原書店
有本寛・坂根嘉弘（2008）「小作争議の府県パネルデータ分析」『社会経済史学』第七三巻第五号
飯田泰之・岡田靖（2004）「第6章　昭和恐慌と予想インフレ率の推計」岩田規久男編『昭和恐慌の研究』東洋経済新報社
石井寛治（1991）『日本経済史　第二版』東京大学出版会

石橋湛山（1929）「金解禁の影響と対策」石橋湛山全集編纂委員会『石橋湛山全集第六巻』東洋経済新報社
井出英策（2006）『高橋財政の研究――昭和恐慌からの脱出と財政再建への苦闘』有斐閣
伊藤修（2007）『日本の経済――歴史・現状・論点』中公新書
井上寿一（2012）『政友会と民政党――戦前の二大政党制に何を学ぶか』中公新書
井上準之助（1929）『婦人と金解禁――婦人の心得』さゞ波屋書店
今村金衛（1960）『日本の産業シリーズ12　映画産業』（高宮晋・稲葉秀三監修）有斐閣
岩田規久男（2018）「レジーム・チェンジとしての高橋是清の財政金融政策」『金融経済研究』第四〇号
宇都宮浄人（2007）「個人消費支出からみた戦間期の景気変動――LTES 個人消費支出の再推計」日本銀行金融研究所 Discussion paper No.2007-J-26.
梅田雅信（2006）「1930 年代前半における日本のデフレ脱却の背景――為替レート政策、金融政策、財政政策」『金融研究』第二五巻第一号
大内力（1963）『日本経済論（上）』東京大学出版会
大川一司・篠原三代平・梅村又次編、大川一司・高松信清・山本有造著（1974）『長期経済統計――推計と分析（1）　国民所得』東洋経済新報社
大川一司・篠原三代平・梅村又次編、大川一司・野田孜・高松信清・山田三郎・熊崎実・塩野谷祐一・南亮進著（1974）『長期経済統計8――推計と分析　物価』東洋経済新報社
岡崎哲二（2017）『経済史から考える――発展と停滞の論理』日本経済新聞出版社
尾高煌之助（1989）「二重構造」中村隆英・尾高煌之助編『日本経済史6　二重構造』岩波書店
春日豊（1980）「三池炭鉱における「合理化」の過程――反動恐慌～昭和恐慌」『三井文庫論叢』第一四号
加瀬和俊（2011）『失業と救済の近代史』吉川弘文館
加藤幹郎（2006）『映画館と観客の文化史』中央公論新社
勝又浩（2004）『中島敦の遍歴』筑摩書房

金子良事（2013）『日本の賃金を歴史から考える』旬報社
川島三郎（1934）「三池鉱業所に於けるコールドリルに就て」『日本鉱業会誌』五〇巻 五八七号
橘川武郎（1995）『日本電力業の発展と松永安左ヱ門』名古屋大学出版会
公社債引受協会（1980）『日本公社債市場史』
坂井豊貴（2019）『暗号通貨VS.国家――ビットコインは終わらない』SBクリエイティブ
坂根嘉弘（2010）「Ⅵ 近代」木村茂光編『日本農業史』吉川弘文館
志村嘉一（1969）『日本資本市場分析』東京大学出版会
社会局労働部（1972）『昭和八年労働運動年報』明治文献
松竹歌劇団（1978）『レビューと共に半世紀――松竹歌劇団50年のあゆみ』国書刊行会
スメサースト，リチャード・J.（2010）鎮目雅人・早川大介・大貫摩里訳『高橋是清』東洋経済新報社
瀬川裕司（2017）『『新しき土』の真実――戦前日本の映画輸出と狂乱の時代』平凡社
鎮目雅人（2009）『世界恐慌と経済政策――「開放小国」日本の経験と現代』日本経済新聞出版社
戦前期官僚制研究会（1981）『戦前期日本官僚制の制度・組織・人事』東京大学出版会
宝塚歌劇団（1964）『宝塚歌劇五十年史』
竹中半壽（1956）『我国公社債制度の沿革』酒井書店
長幸男（2001）『昭和恐慌――日本ファシズム前夜』岩波現代文書
寺西重郎（2003）『日本の経済システム』岩波書店
寺西重郎（2011）『戦前期日本の金融システム』岩波書店
東洋経済新報社（1950）『昭和産業史第二巻』
富永憲生（1986）「一九三二～三六年の日本経済――産業関連表による分析」原朗編『近代日本の経済と政治』山川出版社
内閣統計局（1933）『昭和五年国富調査報告』．

中村尚史（2017）「第5章　戦間期の商業と公益事業　第4節　電力・ガス事業の生成と発展」深尾京司・中村尚史・中林真幸『日本経済の歴史4　近代2』岩波書店
中村政則（1994）『昭和の歴史2　昭和の恐慌』小学館ライブラリー
中村宗悦（2004）「第3章　金解禁をめぐる新聞メディアの論調」、岩田規久男編『昭和恐慌の研究』東洋経済新報社
中山千夏（1993）『タアキイ――水の江瀧子伝』新潮社
西川浩司（2017）「日本におけるマーケティング概念の紹介・導入と合理化運動――産業合理化審議会設置までの動向」『龍谷大学経営学論集』第五六巻第二・三号
日本経営史研究所（1971）『日本銀行作成労働統計Ⅱ』雄松堂書店
日本銀行（1948）『満州事変以後の財政金融史』
日本銀行（1966）『明治以降本邦主要経済統計』
日本銀行（1968）『日本金融史資料昭和編第21巻』
日本銀行（1969）『日本金融史資料昭和編第23巻』
橋口勝利（2016）「昭和恐慌と日本綿業――第11次操業短縮と服部商店」『社会経済史学』第八二巻第四号
長谷川安兵衛（1938）『株式会社の諸問題』東京泰文社
兵藤釗（1967）「第四章第三節　昭和恐慌と労働運動」隅谷三喜男編『日本資本主義と労働問題』東京大学出版会
深尾京司・攝津斉彦（2017）「巻末付録　生産物価・所得の推定」深尾京司・中村尚史・中林真幸『日本経済の歴史4　近代2』岩波書店
藤野嘉藏（1934）「シーメンス・コールドリルの特性に就て」『日本鉱業会誌』五〇巻五八号
松村敏（1989）「製糸業の危機と生糸売込問屋の経営――一九二〇年代～昭和恐慌期の原合名会社」『国立歴史民俗博物館研究報告』第一九号
南亮進・牧野文夫（2017）「所得と資産の分配」深尾京司・中村尚史・中林真幸『日本経済の歴史4　近代2』岩

波書店
水の江瀧子（1988）『ひまわり婆っちゃま』婦人画報社
三和良一（2003）『戦間期日本の経済政策史的研究』東京大学出版会
山口和雄（1982）「三井の製糸金融と生糸貿易」『横浜市史補巻』
横浜市（1976）「補編第1章 生糸輸出の展開と生糸売込商」『横浜市史第5巻下』
横山和輝（2018）『日本史で学ぶ経済学』東洋経済新報社
Cha, Myung Soo.（2003）, Did Takahashi Korekiyo Rescue Japan from the Great Depression?, The Journal of Economic History, 63（1）: 127–144.
Eichengreen, Barry, and Peter Temin,（2000）. The Gold Standard and the Great Depression, Contemporary European History, 9: 183–207.
Keynes, John M.（1923）. A Tract on Monetary Reform, in the Collected Writings of John Maynard Keynes IX., Macmillan Press.
Mitchener, Kris James, Masato Shizume, and Marc D. Weidenmier.（2010）."Why Did Countries Adopt the Gold Standard? Lessons from Japan." The Journal of Economic History 70（1）: 27–56.

第四章

李敬淑（2017）「満映という幻の舞台――雑誌『満州映画』と李香蘭」『人文社会科学論叢』二六号
石井妙子（2019）『原節子の真実』新潮文庫
井上雅雄（2002）「戦前昭和期映画産業の発展構造における特質――東宝を中心として」『立教経済学研究』第五六巻二号
今村金衛（1960）『日本の産業シリーズ12 映画産業』（高宮晋・稲葉秀三監修）有斐閣
岩本憲児（2009）『占領下の映画――解放と検閲』森話社

大川一司・篠原三代平・梅村又次編、大川一司・高松信清・山本有造著（1974）『長期経済統計——推計と分析（1）国民所得』東洋経済新報社
大蔵省昭和財政史編集室（1957）『昭和財政史第11巻　金融（下）』
大阪毎日新聞社・東京日日新聞社編（1929）『日本金融資本戦』先進社
大島通義・井出英策（2006）『中央銀行の財政社会学―現代国家の財政赤字と中央銀行』知泉書館
岡崎哲二（1999）『持株会社の歴史——財閥と企業統治』ちくま新書
岡崎哲二・奥野正寛編（1993）『現代日本経済システムの源流』日本経済新聞出版
粕谷誠（2019）『コア・テキスト経営史』新世社
川北英隆（1995）『日本型株式市場の構造変化——金融システムの再編成とガバナンス』東洋経済新報社
橘川武郎（1996）『日本の企業集団』有斐閣
公社債引受協会（1980）『日本公社債市場史』
小林和子（1995）『株式会社の世紀——証券市場の一二〇年』日本経済評論社
小林英夫（1995）『「日本株式会社」を創った男——宮崎正義の生涯』小学館
佐藤政則（2021）「戦時銀行統合と地域公益」『金融経済研究』第四三号
清水洋（2019）「第五章　イノベーションはマネジメントできるか」『野生化するイノベーション　日本経済「失われた20年」を超える』新潮選書
杉浦勢之（1996）「戦後復興期の銀行・証券」橋下寿朗編『日本企業システムの戦後史』東京大学出版会
瀬川美能留（1986）『私の証券昭和史』東洋経済新報社
多田井喜生（2014）『昭和の迷走——「第二満州国」に憑かれて』筑摩選書
通商産業省（1964）『商工政策史第11巻』
寺西重郎（1993）「第3章　メインバンク・システム」岡崎哲二・奥野正寛編『現代日本経済システムの源流』日本経済新聞出版

寺西重郎（2011）『戦前期日本の金融システム』岩波書店
寺西重郎・長瀬毅（2018）「高度成長と金融」深尾京司・中村尚文・中林真幸編『岩波講座　日本経済の歴史第5巻　現代1　日中戦争期から高度経済成長期（一九三七－一九七二）』岩波書店
東海銀行（1961）『東海銀行史』
東京証券業協会（1971）『証券外史』東洋経済新報社
東宝株式会社（1963）『東宝三十年史』
東洋経済新報社（1950）『昭和産業史第二巻』
梅井義雄（1979）「財閥という言葉――政商とともに日本製」中川敬一郎・森川英正・由井常彦編『近代日本経営史の基礎知識［増補版］』有斐閣ブックス
中川右介（2018）『松竹と東宝――興行をビジネスにした男たち』光文社
中村隆英（2017）『日本の経済統制――戦時・戦後の経験と教訓』ちくま学芸文庫
中村政則（1994）『昭和の歴史2　昭和の恐慌』小学館ライブラリー
名古屋市（1954）『大正昭和名古屋市史第五巻　金融交通篇』
波形昭一（1990）「第一部　円ブロックの形成と崩壊　第五章　南方占領地の通貨・金融政策」伊牟田敏充編『戦時体制下の金融構造』日本評論社
日活株式会社（1962）『日活五十年史』
日本映画協会（1942）『映画年鑑昭和18年版』
日本経済研究会（1935）『全国銀行業績総覧』
日本興業銀行（1970）『社債一覧』
日本銀行（1948）『満州事変以後の財政金融史』
日本銀行（1956）『本邦株式取引仕法の概要と問題点』
日本銀行（1983）『日本銀行百年史第三巻』

日本銀行（1984）『日本銀行百年史第四巻』
日本証券取引所グループ（2017）『日本経済の心臓――証券市場誕生！』集英社
橋野知子（2007）『経済発展と産地・市場・制度――明治期絹織物業の進化とダイナミズム』ミネルヴァ書房
筈見恒夫（1947）『映画五十年史』鱒書房
馬場鍈一（1935）『講演集第14編　財政と金融に関する若干の問題』金融研究会
原節子（1946）「手帖抄」『新潮』二〇一七年一月号
平山賢一（2019）『戦前・戦時期の金融市場――一九四〇年代化する国債・株式マーケット』日本経済新聞出版
広田四哉（1995）「旧資産階級の没落」中村政則・天川晃・尹健次・五十嵐武士編『戦後日本　占領と戦後改革2』岩波書店
堀久作（1962）「私が日活に入社してから」日活株式会社『日活五十年史』
満鉄調査部（1938）『満州経済年報』改造社
三井広報委員会（2019）「三井の歴史」（URL: https://www.mitsuipr.com/history/）
宮島英昭（1995）「専門経営者の制覇」山崎広明・橘川武郎編『日本経営史4「日本的」経営の連続と断絶』岩波書店
宮島英昭（2004）『産業政策と企業統治の経済史――日本経済発展のミクロ分析』有斐閣
宮島英昭（2007）『日本のM&A――企業統治・組織効率・企業価値へのインパクト』東洋経済新報社
村瀬英彰（2016）『新エコノミクス金融論（第2版）』日本評論社
明治大正史刊行会（1929）『明治大正会社史第一巻』実業之世界社
持株会社整理委員会（1951）『日本財閥とその解体　資料』
森光子（2009）『人生はロングラン　私の履歴書』日本経済新聞社
矢沢惇（1978）「商法改正」有沢広巳編『日本証券史』日本経済新聞社

安岡重明（2004）「第一章　三井家の人びととの対談の意義」安岡重明編『三井財閥の人びと――家族と経営者』同文舘出版

山一証券（1952）『証券市場再建譜』

山口猛（2000）『哀愁の満州映画――満州国に咲いた活動屋たちの世界』三天書房

山崎志郎（2009）『戦時金融金庫の研究――総動員体制下のリスク管理』日本経済評論社

Allen, Franklin and Douglas Gale. (2000). Comparing Financial Systems. The MIT Press, Cambridge.

Berle, Adolf A. Jr., and Gardiner C. Means. (1932). The Modern Corporation and Private Property. New York, Macmillan.

Bertrand, Marianne, and Sendhil Mullainathan (2003). Enjoying the Quiet Life? Corporate Governance and Managerial Preferences. The Journal of Political Economy, 111 (5):1043–1075.

Dewatripont, Mathias and Jean Tirole. (1993). The Prudential Regulation of Banks. MIT Press, Cambridge.

Fama, Eugene F. and Michael C. Jensen. (1983). Separation of Ownership and Control. The Journal of Law & Economics, 26 (2): 301–325.

Hoshi, Takeo and Anil Kashyap. (2001). Corporate Financing and Governance in Japan: Road to the Future. MIT Press.

La Porta, Rafael, Florencio Lopez - de - Silanes, Andrei Shleifer and Robert W. Vishny. (1997). Legal Determinants of External Finance . Journal of Finance, 52 (3): 1131–1150.

Manne, Henry G. (1965). Mergers and the Market for Corporate Control. Journal of Political Economy, 73: 110–112.

Okuyama, Yoko. (2021). Empowering Women Through Radio: Evidence from Occupied Japan. Mimeo.
(URL:http://papers.okuyamayoko.com/Okuyama_Womens_radio_in_Occupied_Japan.pdf)

Saito, Makoto. (2017). On Wartime Money Finance in the Japanese Occupied Territories during the Pacific War:

The cCase of Instant Reserve Banks as Bad Central Banks. Discussion Papers 2017-03, Graduate School of Economics, Hitotsubashi University.
Shleifer, A. and R. Vishny. (1990). The Take-Over Wave of the 1980s. Science, 249: 745-49.
Williamson, Oliver E. (1996). The Mechanisms of Governance. Oxford University Press.

第五章

青木昌彦・関口格（1996）「8章　状態依存型ガバナンス」青木昌彦・奥野正寛編『経済システムの比較制度分析』東京大学出版会
青木昌彦・堀宣昭（1996）「9章　メインバンク・システムと金融規制」青木昌彦・奥野正寛編『経済システムの比較制度分析』東京大学出版会
青地正史（2015）『もはや戦後ではない経済白書の男・後藤譽之助』日本経済評論社
浅井良夫（1993）「Ⅷ　資本自由化と国際化への対応」中村政則編『日本の近代と資本主義――国際化と地域』東京大学出版会
浅井良夫（2015）『ＩＭＦ８条国移行――貿易・為替自由化の政治経済史』日本経済評論社
蟻川靖浩・宮島英昭（2015）「銀行と企業の関係：歴史と展望」『組織科学』第四九巻一号
石井妙子（2019）『原節子の真実』新潮文庫
石井晋（2002）「第8章　海運業の資金・投資調整」岡崎哲二・奥野正寛・植田和男・石井晋・堀宣昭編集『戦後日本の資金配分』東京大学出版会
石川弘義（1983）『欲望の戦後史』廣済堂
石川弘義（2001）「三種の神器」石川弘義・津金澤聰廣・有末賢・佐藤健二・島崎征介・薗田碩哉・鷹橋信夫・田村穣生・寺出浩司・吉見俊哉編『大衆文化事典』弘文堂
石橋湛山（1958）「私の履歴書」『私の履歴書第六集』日本経済新聞社

伊藤修（1995）『日本型金融の歴史的構造』東京大学出版会

伊藤正直（2002）「戦後ハイパー・インフレと中央銀行」IMES Discussion Paper No. 2002-J-35（日本銀行金融研究所）

伊藤正直（2012）「第2章　国民所得倍増計画と財政・金融政策」原朗編『高度成長展開期の日本経済』日本経済評論社

井上理恵（2011）『菊田一夫の仕事――浅草・日比谷・宝塚』社会評論社

植田和男（2002）「第1章　マクロ的背景」岡崎哲二・奥野正寛・植田和男・石井晋・堀宣昭編集『戦後日本の資金配分』東京大学出版会

エコノミスト編集部（1999a）『証言・高度成長期の日本（上）』毎日新聞社

エコノミスト編集部（1999b）『証言・高度成長期の日本（下）』毎日新聞社

江見康一・伊東政吉・江口英一（1988）『長期経済統計5　貯蓄と通貨』東洋経済新報社

大蔵省財政史室（1984）『昭和財政史――終戦から講和まで　第12巻金融（1）』

大蔵省財政史室（1999）『昭和財政史―昭和27～48年度第19巻　統計』

岡崎哲二（1995）「戦後日本の金融システム――銀行・企業・政府」森川英正・米倉誠一郎編『日本経営史5　高度成長を超えて』岩波書店

岡崎哲二（2002）「第2章　資金・投資調整システムの形成」岡崎哲二・奥野正寛・植田和男・石井晋・堀宣昭編集『戦後日本の資金配分』東京大学出版会

奥野正寛（2002）「第9章　市場と政府の経済理論――市場拡張的見解」岡崎哲二・奥野正寛・植田和男・石井晋・堀宣昭編集『戦後日本の資金配分』東京大学出版会

尾高煌之助・牧野達治（2018）「機械産業主導の時代を考える――IO表による一九三五-七三年期の一解釈」一橋大学経済研究所、Discussion Paper Series A No.676.

小幡欣治（2008）『評伝　菊田一夫』岩波書店

菊地浩之（2005）『企業集団の形成と解体――社長会の研究』日本経済評論社
菊地浩之（2017）『三井・三菱・住友・芙蓉・三和・一勧 日本の六大企業集団』KADOKAWA
岸信介（1983）『岸信介回顧録――保守合同と安保改定』廣済堂出版
北岡伸一（2017）『日本政治史――外交と権力［増補版］』有斐閣
金融制度研究会（1970）『金融制度調査会資料／別巻 金融制度調査会答申集』金融財政事情研究会
草野厚（2012）『歴代首相の経済政策全データ・増補版』角川書店
小池良司（2020）「一九四〇年代の家計消費の補間」『経済研究』Vol.70 No.4.
香西泰（2001）『高度成長の時代――現代日本経済史ノート』日本経済新聞出版
後藤新一（1990）『昭和金融史――21世紀への展望』時事通信社
小林和子（2015）「日本の戦後インフレーションと証券市場」『証券経済研究』第八九号
貞廣彰（2005）『戦後日本のマクロ経済分析』東洋経済新報社
沢井実・谷本雅之（2016）『日本経済史—近世から現代まで』有斐閣
沢木耕太郎（2006）『危機の宰相』魁星出版
清水たくや（2006）「あの日あの時6 昭和二十一年 日本を刷新した十日間――発券局ＯＢの追想に見る「新円切り替え」」日本銀行『広報誌にちぎん』2006年No.6.
下村治（1957）「成長的活況か循環的好況か――後藤氏批判の誤りと私の景気観」『金融財政事情』8（12）
週刊朝日（1988）『値段史年表 明治・大正・昭和』朝日新聞社
白鳥圭志（2017）『戦後日本金融システムの形成』八朔社
鈴木淑夫（2016）『試練と挑戦の戦後金融経済史』岩波書店
全国銀行協会連合会（1997）『銀行協会五十年史』
館龍一郎（1982）『金融政策の理論』東京大学出版会
田中彰（2012）『戦後日本の資源ビジネス――原料調達システムと総合商社の比較経営史』名古屋大学出版会

田中眞澄（2003）『小津安二郎周游』文藝春秋
寺西重郎（1982）『日本の経済発展と金融』岩波書店
寺西重郎（2003）『日本の経済システム』岩波書店
寺西重郎・長瀬毅（2018）「高度成長と金融」深尾京司・中村尚文・中林真幸編『岩波講座　日本経済の歴史第5巻　現代1　日中戦争期から高度経済成長期（一九三七－一九七二）』岩波書店
内閣制度百年史編纂委員会（1985）『内閣制度百年史　下巻』内閣官房
中村隆英・宮崎正康（2003）『岸信介政権と高度成長』東洋経済新報社
西川俊作・腰原久雄（1981）「一九三五年の投入産出表――その推計と含意」中村隆英編『戦間期の日本経済分析』山川出版社
日本銀行（1948）『満州事変以後の財政金融史』
日本銀行（1966）『明治以降本邦主要経済統計』
日本銀行（1967）『戦後わが国金融制度の再構成――昭和二〇年八月～二七年』
日本銀行（1985）『日本銀行百年史第5巻』
日本銀行貯蓄推進部（1960）「戦後における貯蓄増強方策」総合研究開発機構（ＮＩＲＡ）戦後経済政策資料研究会編『国民所得倍増計画資料第37巻小委員会審議経過・部会資料』日本経済評論社
日本経営史研究所（1976）『回顧録 三井物産株式会社』
蓮實重彦（2016）『監督小津安二郎〔増補決定版〕』ちくま学芸文庫
原朗（2012）「第1章　経済計画と東海道新幹線」原朗編『高度成長展開期の日本経済』日本経済評論社
原節子（1954）「私の好きな女の型」『丸』一九五四年一月号
一橋大学経済研究所（1961）『解説　日本経済統計――特に戦後の分析のために』岩波書店．
広田真一（2012）「企業の財務リスクとメインバンクの役割――関係的契約アプローチ」『早稲田商学』第 431 巻
樋渡展洋（1991）『戦後日本の市場と政治』東京大学出版会

深尾京司・攝津斉彦（2018）「序章第1節　成長とマクロ経済」深尾京司・中村尚史・中林真幸『日本経済の歴史5現代1　日中戦争期から高度成長期（一九三七－一九七二）』岩波書店
深津真澄（1993）「「五十五年体制」の素性を明かす」『日本記者クラブ会報』第二七八号
藤井信幸（2012）『池田勇人――所得倍増でいくんだ』ミネルヴァ書房
星野進保（2003）『政治としての経済計画』総合研究開発機構編、日本経済評論社
堀内行蔵（2007）『下村治博士と日本経済　高度成長論の実践とゼロ成長ビジョンの含意』日本政策投資銀行設備投資研究所
升味準之輔（1969）『現代日本の政治体制』岩波書店
御厨貴（2016）『戦後をつくる　追憶から希望への透視図』吉田書店
宮澤喜一（1991）『戦後政治の証言』読売新聞社
宮島英昭（2004）『産業政策と企業統治の経済史』有斐閣
三和良一（2012）『経済政策史の方法　緊縮財政の系譜』東京大学出版会
民放五社調査研究会（1964）『日本の消費者』ダイヤモンド社
村瀬英彰（1995）「株式所有構造と役員賞与の決定」『日本経済研究』No.29
森光子（2009）『人生はロングラン　私の履歴書』日本経済新聞出版
谷ヶ城秀吉（2019）「高度成長下における日本の貿易と総合商社」堀和生・萩原充編『〝世界の工場〟への道―20世紀東アジアの経済発展』京都大学学術出版会
谷沢弘毅（2014）『近現代日本の経済発展　下巻』八千代出版
横浜銀行（1961）『横浜銀行四十年史』
吉川洋（2012）『高度成長　日本を変えた六〇〇〇日』中公文庫
四方田犬彦（2014）『日本映画史110年』集英社新書
Aoki, Masahiko.（1994）. Monitoring Characteristics of the Main Bank system: An Analytical and Developmental

View. In M. Aoki and H. Patrick (eds.), The Japanese Main Bank System: Its Relevancy for Developing and Transforming Economies. Oxford University Press.

Hayashi, Fumio. (1997). The Main Bank System and Corporate Investment: An Empirical Reassessment. NBER Working Papers 6172.

Hoshi Takeo. and Anil Kashyap. (2001). Corporate Financing and Governance in Japan: Road to the Future. MIT Press.

Mincer, Jacob. (1958). Investment in Human Capital and Personal Income Distribution. Journal of Political Economy, 66 (4): 281-302.

Miwa, Yoshiro and L. Mark Ramseyer. (2005). Does Relationship Banking Matter? The Myth of the Japanese Main Bank. Journal of Empirical Legal Studies, 2 (2): 261-302.

Sheard, Paul. (1994). Main Banks and the Governance of Financial Distress. In M. Aoki and H. Patrick (eds.), The Japanese Main Bank System: Its Relevancy for Developing and Transforming Economies. Oxford University Press.

Shiller, Robert J. (2019). Narrative Economics: How Stories Go Viral and Drive Major Economic Events. Princeton University Press.

第六章

有岡律子（2004）「銀行の自己資本比率規制と銀行行動」『福岡大学経済学論叢』第四八巻第三・四号

石原定和（1981）『戦後証券市場の構造分析』千倉書房

井上智夫・清水千弘・中神康博（2010）「10　資産税制と『バブル』」内閣府経済社会総合研究所企画・監修、井堀利宏編『バブル／デフレ期の日本経済と経済政策5　財政政策と社会保障』慶應義塾大学出版会

A（1987）「財テク列島・日本の落とし穴」毎日新聞社『週刊エコノミスト』第六五巻二一号

永廣顕（2000）「金融危機と公的資金導入」伊藤正直・靎見誠良・浅井良夫編『金融危機と革新――歴史から現代へ』日本経済評論社
遠藤勝裕（1995）『阪神大震災　日銀神戸支店長の行動日記』日本信用調査株式会社
太田哲三（1933）『金融業会計』東洋出版社
翁邦雄・白川方明・白塚重典（2000）「資産価格バブルと金融政策――一九八〇年代後半の日本の経験とその教訓」『金融研究』第一九巻第四号
奥田真也（2001）「銀行の貸倒引当金設定をめぐる会計政策――税務政策・自己資本比率規制への対応の観点から」『一橋論叢』第一二六巻第五号
小沢隆一（1999）「戦後日本の予算政治と憲法学説（二）」『静岡大学法政研究』三巻三・四号
影浦順子（2010）「下村治経済理論の一考察――経済成長と金融調整のあり方をめぐって」Core Ethics, Vol.6
川北英隆（1995）『日本型株式市場の構造変化』東洋経済新報社
河原久（2002）『山一証券失敗の本質』PHP 研究所
菊地浩之（2015）『日本の長者番付――戦後億万長者の盛衰』平凡社新書
及能正男（1994）『日本の都市銀行の研究――その生成・発展と現況課題の解明』中央経済社
黒木祥弘（1999）『金融政策の有効性――「適切」かつ「機動的」な運営を求めて』東洋経済新報社
香西泰・伊藤修・有岡律子（2000）「バブル期の金融政策とその反省」『金融研究』第一九巻第四号
公社債引受協会（1980）『日本公社債市場史』
小林和子（1995）『株式会社の世紀――証券市場の１２０年』日本経済評論社
児嶋隆（2015）『銀行の不良債権処理と会計・監査』中央経済社
小島庸平（2021）『サラ金の歴史――消費者金融と日本社会』中公新書
財務省財務総合政策研究所財政史室（2004）『昭和財政史――昭和四九～六三年度（第五巻）国債・財政投融資』東洋経済新報社

C.O.E. オーラル・政策研究プロジェクト（2005）『水上萬里夫オーラル・ヒストリー』政策研究大学院大学（平成一六年度文部科学省科学研究費補助金［特別推進研究（COE）］研究成果報告書［課題番号］12CE2002）
鹿野嘉昭（1994）『日本の銀行と金融組織』東洋経済新報社
ジャン＝リュック・ゴダール（2012）『映画史（全）』（奥村昭夫訳）ちくま学芸文庫
白川方明（2018）『中央銀行――セントラルバンカーの経験した39年』東洋経済新報社
杉浦勢之（2000）「一九六五年の証券危機――封じられた『金融危機』の構図」伊藤正直・靏見誠良・浅井良夫編『金融危機と革新――歴史から現代へ』日本経済評論社
総務省統計局（2011）『政府統計 平成21年全国消費実態調査』（URL: http://www.stat.go.jp/data/zensho/2009/keisu/pdf/yoyaku.pdf）
高橋正彦（2012）「預金保険制度の歴史と基本的課題」『預金保険研究』第一四号
谷守正行（2004）「銀行管理会計の歴史的考察」『原価計算研究』二八巻二号
東京証券取引所（1966）『東京証券取引所20年史』
寺西重郎（2003）『日本の経済システム』岩波書店
西野智彦（2019）『平成金融史――バブル崩壊からアベノミクスまで』中公新書
西畑一哉（2012）「平成金融危機における責任追及の心理と真理――Public Anger（世論の怒り）の発生と対処」『信州大学経済学論集』第六三号
日本銀行（1986）『日本銀行百年史第六巻』
日本銀行政策委員会（1996）『平成7年　年次報告書』
日本銀行政策委員会（1999）「『信用秩序維持のためのいわゆる特融等に関する4原則の適用について』に関する件」（URL: https://www.boj.or.jp/announcements/release_1999/gjji99056.htm/）.
野口悠紀雄（1987）「バブルで膨らんだ地価」『週刊東洋経済臨時増刊　近代経済学シリーズ77』一一月二六日号

野村證券（1976）『野村證券株式会社50年史』
橋本寿朗（1999）「山一證券の経営破綻と銀行管理下の再編――一九六五年証券恐慌と山一証券―」『証券経済研究』第二一号
蓮實重彦（1983）『監督 小津安二郎』筑摩書房
福田慎一（2009）「7バブル崩壊後の金融市場の動揺と金融政策」内閣府経済社会総合研究所企画・監修、吉川洋編『バブル/デフレ期の日本経済と経済政策2 デフレ経済と金融政策』慶應義塾大学出版会
福田慎一・粕谷宗久・中島上智（2007）「非上場企業に「追い貸し」は存在したか?」『金融研究』第二六巻第一号
藤原賢哉（2006）『金融制度と組織の経済分析――不良債権問題とポストバブルの金融システム』中央経済社
保坂直達（1987）「金融恐慌を呼ぶ過熱マネーゲーム」毎日新聞社『週刊エコノミスト』第六五巻三二号
細野薫（2010）『金融危機のミクロ経済分析』東京大学出版会
堀内昭義（1994）「第10章 金融国際化と金融規制」堀内昭義編『金融（講座・公的規制と産業5）』NTT出版
堀内昭義・花崎正晴・松下佳菜子（2014）「序章 日本の金融経済と企業金融の動向」堀内昭義・花崎正晴・中村純一編『日本経済 変革期の金融と企業行動』東京大学出版会
南亮進・牧野文夫（2018）「序章第3節 所得と資産の分配」深尾京司・中村尚史・中林真幸編『岩波講座日本経済の歴史第6巻 現代2 安定成長期から構造改革期』岩波書店
宮島英昭・蟻川靖浩（1999）「金融自由化と企業の負債選択――一九八〇年代における顧客プールの劣化」財務省財務総合政策研究所編『フィナンシャル・レビュー』（通号49）
諸井勝之助・米田准三（1978）『利益管理』銀行研修社
預金保険機構（2020）『令和元年度預金保険年報』
蠟山昌一（1986）『金融自由化』東京大学出版会
脇田成（2008）『日本経済のパースペクティブ――構造と変動のメカニズム』有斐閣
Abreu, Dilip, and Markus K. Brunnermeier. (2003). “Bubbles and Crashes,” Econometrica 71 (1): 173-204.

Abolafia, Mitchel Y. (2010). Can Speculative Bubbles Be Managed? An Institutional Approach. Strategic Organization, 8 (1) 93-100.

Barlevy, Gadi. (2015). "Bubbles and Fools." Economic Perspectives, Q II : 54-76.

Cargill, Thomas F. (2000). What Caused Japan's Banking Crisis? In Hoshi, Takeo and Hugh T. Patrick (eds.). (2000). Crisis and Change in the Japanese Financial System. Kluwer Academic Publishers.

Caballero, Ricardo J., Takeo Hoshi, and Anil K. Kashyap. (2008). Zombie Lending and Depressed Restructuring in Japan. American Economic Review, 98 (5): 1943-77.

Diamond, D.W. and P. H. Dybvig. (1983). Bank Runs, Deposit Insurance, and Liquidity,. Journal of Political Economy, 91 (31):401-409.

Friedman, Milton and Schwartz, Anna J. (1963). A Monetary History of the United States, 1867-1960. Princeton University Press.

Hoshi, Takeo and Anil Kashyap. (2001). Corporate Financing and Governance in Japan: Road to the Future. MIT Press.

Jalil, Andrew J. (2015). A New History of Banking Panics in the United States, 1825-1929: Construction and Implications. American Economic Journal: Macroeconomics, 7 (3): 295-330.

Mlhaupt, Curtis and Geoffrey Miller. (1997). Cooperation, Conflict, and Convergence in Japanese Finance: Evidence from the 'Jusen' Problem. Law and Policy in International Business, 29 (1): 1-78.

Peek, Joe and Eric S. Rosengren. (2003). Unnatural Selection: Perverse Incentives and the Misallocation of Credit in Japan. NBER Working Paper 9643.

Romer, Christina D., and David H. Romer. (2004). A New Measure of Monetary Shocks: Derivation and Implications. American Economic Review 94 (4): 1055-1084.

Samuelson, Paul. A. (1958). An Exact Consumption-Loan Model of Interest with or without the Social Contrivance of Money. Journal of Political Economy, 66 (6): 467-482.

Shiller, Robert J. (2019). Narrative Economics: How Stories Go Viral and Drive Major Economic Events. Princeton University Press.

Shiller, Robert J. (2020). Popular Economic Narratives advancing the Longest U.S. Economic Expansion 2009-2019. NBER (National Bureau of Economic research) Working Paper 26857.

Teeter, Preston and Jörgen Sandberg. (2016). Cracking the Enigma of Asset bubbles with Narratives. Strategic Organization, 15 (1): 91-99.

Tirole, Jean J. (1985). Asset Bubbles and Overlapping Generations. Econometrica, 53 (6): 1499-1528.

Uchida, Hirofumi and Ryuichi Nakagawa. (2007). Herd Behavior in the Japanese Loan Market. Journal of Financial Intermediation, 16 (4): 555-583.

Vogel, Ezra F. (1979). Japan as Number One: Lessons for America. Harvard University Press.

第七章・終章

岩田規久男編（2004）『昭和恐慌の研究』東洋経済新報社

岩木宏道（2016）「銀行の融資姿勢が企業の資金調達行動に及ぼす影響」『金融経済研究』第三八号

内田浩史（2010）『金融機能と銀行業の経済分析』日本経済新聞出版

内田浩史（2016）『金融』有斐閣

梅田雅信（2006）「一九三〇年代前半における日本のデフレ脱却の背景——為替レート政策、金融政策、財政政策」『金融研究』第二五巻第一号

梅田雅信（2011）『日銀の政策形成——議事録等にみる、政策判断の動機と整合性』東洋経済新報社

岡崎哲二（1999）『持株会社の歴史——財閥と企業統治』ちくま新書

岡崎哲二（2017）『経済史から考える 発展と停滞の論理』日本経済新聞出版

岡田悟（2008）「M&Aによる中小企業の事業承継」『情報と調査』第六二〇号
岡本至（2004）『官僚不信が金融危機を生んだ』弘文堂
小川一夫（2007）「第5章　金融危機と雇用調整――一九九〇年代における日本の経験」林文夫編『金融の機能不全』勁草書房
奥和義（2017）「第12章　バブル経済とその後」石井里枝・橋口勝利編『MINERVA スタートアップ経済学　日本経済史』ミネルヴァ書房
小倉義明・内田浩史（2008）「金融機関の経営統合とソフトな情報の毀損」『経済研究』第五九巻第二号
粕谷宗久（1993）『日本の金融機関経営――範囲の経済性、非効率性、技術進歩』東洋経済新報社
金融財政事情研究会（1987）『専門金融機関制度のあり方について――金融制度調査会専門委員会報告』
経済企画庁（1996）『平成8年度年次経済報告』
経済企画庁（1997）『平成9年度年次経済報告』
鯉渕賢・福田慎一（2007）「第4章　銀行破綻処理と中小企業――ショック療法の功罪」林文夫編『金融の機能不全』勁草書房
小宮隆太郎編（2002）『金融政策論議の争点――日銀批判とその反論』日本経済新聞出版
佐藤幸治（2020）『日本国憲法論（第2版）』成文堂
C.O.E. オーラル・政策研究プロジェクト（2005）『水上萬里夫オーラル・ヒストリー』政策研究大学院大学（平成16年度文部科学省科学研究費補助金［特別推進研究（COE）］研究成果報告書［課題番号］12CE2002）
白川方明（2008）『現代の金融政策――理論と実際』日本経済新聞社
白川方明（2018）『中央銀行――セントラルバンカーの経験した39年』東洋経済新報社
滝澤美帆・鶴光太郎・細野薫（2007）「買収防衛策導入の動機――経営保身仮説の検証」RIETI Discussion Paper Series 07-J-03.
竹田陽介・慶田昌之（2009）「6　負債デフレ論とデフレ心理」内閣府経済社会総合研究所企画・監修、吉川洋編

『バブル／デフレ期の日本経済と経済政策2　デフレ経済と金融政策』慶應義塾大学出版会
竹田陽介・矢嶋康次（2013）『非伝統的金融政策の経済分析――資産価格からみた効果の検証』日本経済新聞出版
中小企業庁（2013）『中小企業白書２０１３』
鶴光太郎・前田佐恵子・村田啓子（2019）『日本経済のマクロ分析』日本経済新聞出版
内藤友紀（2017）『１９３０年代における日本の金融政策――時系列分析を用いた定量的分析』関西大学出版部
中川右介（2016）『ＳＭＡＰと平成』朝日新書
中村宗悦（2005）『経済失政はなぜ繰り返すのか―メディアが伝えた昭和恐慌』東洋経済新報社
西野智彦（2019）『平成金融史――バブル崩壊からアベノミクスまで』中公新書
日本銀行（1997）「総裁談話・北海道拓殖銀行について」
(URL: https://www.boj.or.jp/announcements/press/danwa/dan9711b.htm/)
日本銀行（1999）「総裁定例記者会見要旨（二月一六日）」
(URL: https://www.boj.or.jp/announcements/press/kaiken_1999/kk9902c.htm)
日本銀行（2003）「政策委員会議長記者会見要旨（一〇月一〇日）」
(URL: https://www.boj.or.jp/announcements/press/kaiken_2003/kk0310b.htm)
日本銀行（2010）「総裁定例記者会見（一〇月二八日）要旨」
(URL: https://www.boj.or.jp/announcements/press/kaiken_2010/kk1010d.pdf)
日本銀行（2011）「東日本大震災におけるわが国決済システム・金融機関の対応――金融・決済機能の維持に向けて」
(URL: https://www.boj.or.jp/research/brp/ron_2011/data/ron110624a.pdf)
日本銀行（2013）「総裁・副総裁就任記者会見（三月二一日）要旨」
(URL: https://www.boj.or.jp/announcements/press/kaiken_2013/kk1303e.pdf)
日本政策金融公庫（2009）『中小企業の事業承継に関するアンケート調査』

日本放送協会（2001）『20世紀放送史』ＮＨＫ放送文化研究所
服部泰彦（2001）「長銀の経営破綻とコーポレート・ガバナンス」『立命館経営学』第四〇巻第四号
原田泰（2005）「昭和恐慌期のマネーと銀行貸出は、どちらが重要だったか」『経済分析』内閣府経済社会総合研究所、第一七七号
原田泰・佐藤綾野（2012）『昭和恐慌と金融政策』日本評論社．
深尾京司（2020）『一橋大学経済研究叢書67 世界経済史から見た日本の成長と停滞』岩波書店
別冊商事法務編集部（2007）『ブルドックソース事件の法的検討――買収防衛策に関する裁判経過と意義（別冊商事法務No. 311）』商事法務
堀敬一（1998）「銀行業の費用構造の実証研究」『金融経済研究』第一五号．
堀雅博・花垣貴司・梅田政徳（2018）「為替レートと企業業績　企業レベルのパネルデータによる分析」安達誠司・飯田泰之編『デフレと戦う金融政策の有効性――レジーム転換の実証分析』日本経済新聞出版社
堀内昭義・花崎正晴・松下佳菜子（2014）「序章　日本の金融経済と企業金融の動向」堀内昭義・花崎正晴・中村純一編『日本経済　変革期の金融と企業行動』東京大学出版会
三木谷良一・石垣健一（1998）『中央銀行の独立性』東洋経済新報社
森光子（2009）『人生はロングラン　私の履歴書』日本経済新聞社
矢野利裕（2016）『ジャニーズと日本』講談社現代新書
家森信善（2016）『金融論』中央経済社
吉見俊哉（1995）『「声」の資本主義』講談社選書メチエ
渡辺努（2009）「9　四半世紀の物価変動」内閣府経済社会総合研究所企画・監修、吉川洋編『バブル／デフレ期の日本経済と経済政策2　デフレ経済と金融政策』慶應義塾大学出版会
渡邉秀明（2009）『長銀四十六年の興亡――彼の体験記録より』創英社／三省堂書店
Bagehot, Walter. (1873). Lombard Street: A Description of the Money Market, London: HS King.

Barro, Robert J., José F. Ursúa and Joanna Weng. (2020). The Coronavirus and the Great Influenza Pandemic: Lessons from the "Spanish Flu" for the Coronavirus's Potential Effects on Mortality and Economic Activity. NBER Working Paper No.26866.

Bernanke, Ben S. (1986). Alternative Explanations of the Money-Income Correlation. Carnegie-Rochester Conference Series on Public Policy 25: 49–99.

Black, Sandra E., and Philip E. Strahan. (2002). Entrepreneurship and Bank Credit Availability. Journal of Finance, 57 (6): 2807–2833.

Blanchard, Oliver J. and Mark W. Watson. (1984). Are Business Cycles All Alike? NBER Working Paper No.1392.

Cha, Myung Soo. (2003), Did Takahashi Korekiyo Rescue Japan from the Great Depression?, The Journal of Economic History, 63 (1): 127–144.

Fukao, Kyoji, Tsutomu Miyagawa, Hak K. Pyo and Keun Hee Rhee. (2009). Estimates of Multifactor Productivity, ICT Contributions and Resource Reallocation Effects in Japan and Korea. RIETI Discussion Paper Series, No. 09-E-021.

Hoshi, T. and A.Kashyap. (2001). Corporate Financing and Governance in Japan: Road to the Future. MIT Press.

Horiuchi, Akiyoshi and Katsutoshi Shimizu. (2001). Did Amakudari Undermine the Effectiveness of Regulator Monitoring in Japan? Journal of Banking and Finance, 25 (3): 573–596.

Leland, Hayne E. and David H. Pyle. (1977). Informational Asymmetries, Financial Structure, and Financial Intermediation. Journal of Finance, 32 (2): 371–387.

Panzer, John C., and Robert D. Willig. (1977). Economies of Scale and Economies of Scope in Multi-Output Production. Quarterly Journal of Economics, 91 (3): 481–493.

Petersen, Mitchell A., and Raghuram G. Rajan. (1994). The Benefits of Lending Relationships: Evidence from

Small Business Data. Journal of Finance ,49 (1): 3-37.

Robinson, Joan. (1978). Contributions to Modern Economics. Blackwell Publishers.

Shiller, Robert J. (2019). Narrative Economics: How Stories Go Viral and Drive Major Economic Events. Princeton University Press.

Shleifer, Andrei. and Lawrence H. Summers (1988). Breach of Trust in Hostile Takeovers. in A. Auerbach (eds.), Corporate Takeovers: Causes and Consequences. University of Chicago Press.

Sims, Christopher A. (1986). Are Forecasting Models Usable for Policy Analysis? Federal Reserve Bank of Minneapolis Quarterly Review, 10: 2-16.

Stein, Jeremy C. (2002). Information Production and Capital Allocation: Decentralized versus Hierarchical Firms. Journal of Finance, 57 (5): 1891-1921.

ちくま新書
1593

日本《に》本《ほん》金融《きんゆう》百年《ひゃくねん》史《し》

二〇二一年八月一〇日　第一刷発行

著　者　横山和輝（よこやま・かずき）

発行者　喜入冬子

発行所　株式会社　筑摩書房
東京都台東区蔵前二-五-三　郵便番号一一一-八七五五
電話番号〇三-五六八七-二六〇一（代表）

装幀者　間村俊一

印刷・製本　三松堂印刷　株式会社

ISBN978-4-480-07415-7 C0233

ちくま新書

002
経済学を学ぶ
岩田規久男

交換と市場、需要と供給などミクロ経済学の基本問題から財政金融政策などマクロ経済学の基礎までを、現実の経済問題に即した豊富な事例で説く明快な入門書。

336
高校生のための経済学入門
小塩隆士

日本の高校では経済学をきちんと教えていないようだ。本書では、実践の場面で生かせる経済学の考え方をわかりやすく解説する。お父さんにもピッタリの再入門書。

701
こんなに使える経済学
——肥満から出世まで
大竹文雄編

肥満もたばこ中毒も、出世も談合も、経済学的な思考を上手に用いれば、問題解決への道筋が見えてくる！　経済学のエッセンスが実感できる、まったく新しい入門書。

785
経済学の名著30
松原隆一郎

スミス、マルクスから、ケインズ、ハイエクを経てセンまで。各時代の危機に対峙することで生まれた古典には混沌とする経済の今を捉えるためのヒントが満ちている！

1006
高校生からの経済データ入門
吉本佳生

データの収集、蓄積、作成、分析。数字で考える「頭」は、情報技術では絶対に買えません。高校生でも、そして大人でも、分析の技法を基礎の基礎から学べます。

1061
青木昌彦の経済学入門
——制度論の地平を拡げる
青木昌彦

社会の均衡はいかに可能なのか？　現代の経済学を主導した碩学の知性を一望し、歴史的な連続／不連続性のなかで、ひとつの社会を支えている「制度」を捉えなおす。

928
高校生にもわかる「お金」の話
内藤忍

お金は一生にいくら必要か？　お金の落とし穴って何だ？　AKB48、宝くじ、牛丼戦争など、身近な喩えでわかりやすく伝える、学校では教えない「お金の真実」。

ちくま新書

035
ケインズ
――時代と経済学
吉川洋
マクロ経済学を確立した20世紀最大の経済学者ケインズ。世界経済の動きとリアルタイムで対峙して財政・金融政策の重要性を訴えた巨人の思想と理論を明快に説く。

831
現代の金融入門【新版】
池尾和人
情報とは何か。信用はいかに創り出されるのか。金融の本質に鋭く切り込みつつ、平明かつ簡潔に解説した定評ある入門書。金融危機の経験を総括した全面改訂版。

991
増税時代
――われわれは、どう向き合うべきか
石弘光
無策な政治により拡大した財政赤字を解消し、社会保障制度を破綻させないためにはどうしたらよいのか？　国民生活の質の面から公平性を軸に税財制を考える一冊。

1023
日本銀行
翁邦雄
アベノミクスで脱デフレに向けて舵を切った日銀は、本当に金融システムを安定させられるのか。金融政策の第一人者が、日銀の歴史と多難な現状を詳しく解説する。

1069
金融史の真実
――資本システムの一〇〇〇年
倉都康行
懸命に回避を試みても、リスク計算が狂い始めるとき、金融危機は繰り返し起こる。「資本システム」の歴史を概観しながら、その脆弱性と問題点の行方を探る。

1032
マーケットデザイン
――最先端の実用的な経済学
坂井豊貴
腎臓移植、就活でのマッチング、婚活パーティー!?　お金で解決できないこれらの問題を解消する画期的な思考を解説する。経済学が苦手な人でも読む価値あり！

822
マーケティングを学ぶ
石井淳蔵
市場が成熟化した現代、生活者との関係をどうデザインするかが企業にとって大きな課題となる。著者はここを起点にこれからのマーケティング像を明快に提示する。

ちくま新書

842
組織力——宿す、紡ぐ、磨く、繋ぐ
高橋伸夫
経営の難局を打開するためには、〈組織力〉を宿し、紡ぎ、磨き、繋ぐことが必要だ。新入社員から役員まで、組織人なら知っておいて損はない組織論の世界。

869
35歳までに読むキャリア《しごとえらび》の教科書——就・転職の絶対原則を知る
渡邉正裕
会社にしがみついていても、なんとかなる時代ではなくなった。どうすれば自分の市場価値を高めて、望む仕事に就くことができるのか？　迷える若者のための一冊。

565
使える！　確率的思考
小島寛之
この世は半歩先さえ不確かだ。上手に生きるには、可能性を見積もり適切な行動を選択する力が欠かせない。確率のテクニックを駆使して賢く判断する思考法を伝授！

884
40歳からの知的生産術
谷岡一郎
マネジメントの極意とは？　時間管理・情報整理・知的生産の3ステップで、その極意を紹介。ファイル術からアウトプット戦略まで、成果をだすための秘訣がわかる。

1042
若者を見殺しにする日本経済
原田泰
社会保障ばかり充実させ、若者を犠牲にしている日本経済に未来はない。若年層が積極的に活動し、失敗しても取り返せる活力ある社会につくり直すための経済改革論。

1046
40歳からの会社に頼らない働き方
柳川範之
誰もが将来に不安を抱える激動の時代を生き抜くには、どうするべきか？「40歳定年制」で話題の経済学者が、新しい「複線型」の働き方を提案する。

1232
マーケティングに強くなる
恩蔵直人
「発想力」を武器にしろ！　ビジネスの伏流を読み解き、現場で考え抜くためのヒントを示す。仕事に活かせる実践知を授ける、ビジネスパーソン必読の一冊。

ちくま新書

930
世代間格差
――人口減少社会を問いなおす
加藤久和
年金破綻、かさむ医療費、奪われる若者雇用――。年齢によって利害が生じる「世代間格差」は、いかに解消できるか？　問題点から処方箋まで、徹底的に検証する。

965
東電国有化の罠
町田徹
国民に負担を押し付けるために東京電力は延命させられた！　その裏には政府・官僚・銀行の水面下での駆け引きがあった。マスコミが報じない隠蔽された真実に迫る。

1277
消費大陸アジア
――巨大市場を読みとく
川端基夫
中国、台湾、タイ、インドネシア……いま盛り上がるアジア各国の市場や消費者の特徴・ポイントを豊富な実例で解説する。成功する商品・企業は何が違うのか？

1065
中小企業の底力
――成功する「現場」の秘密
中沢孝夫
国内外で活躍する日本の中小企業。その強さの源は何か？　独自の技術、組織のつくり方、人材育成……。多くの現場取材をもとに、成功の秘密を解明する一冊。

1054
農業問題
――ＴＰＰ後、農政はこう変わる
本間正義
戦後長らく続いた農業の仕組みが、いま大きく変わろうとしている。第一人者がコメ、農地、農協の問題を分析し、ＴＰＰ後を見据えて日本農業の未来を明快に描く。

902
日本農業の真実
生源寺眞一
わが国の農業は正念場を迎えている。いま大切なのは食と農の実態を冷静に問いなおすことだ。農業政策の第一人者が現状を分析し、近未来の日本農業を描き出す。

1443
ドル化とは何か
――日本で米ドルが使われる日
土田陽介
財政破綻に陥った新興国で進む「ドル化」。自国通貨と共に外国通貨を利用するこの現象を通じて、通貨危機の足音が着実に忍び寄る日本経済の現状を分析する。